Schnelleinstieg SAP Business Technology Platform® (BTP)

Services und Integration

Tobias Steckenborn

AF557683

Willkommen bei Espresso Tutorials!

Unser Ziel ist es, SAP-Wissen wie einen Espresso zu servieren: Auf das Wesentliche verdichtete Informationen anstelle langatmiger Kompendien – für ein effektives Lernen an konkreten Fallbeispielen. Viele unserer Bücher enthalten zusätzlich Videos, mit denen Sie Schritt für Schritt die vermittelten Inhalte nachvollziehen können. Besuchen Sie unseren YouTube-Kanal mit einer umfangreichen Auswahl frei zugänglicher Videos:

https://www.youtube.com/user/EspressoTutorials.

Kennen Sie schon unser Forum? Hier erhalten Sie stets aktuelle Informationen zu Entwicklungen der SAP-Software, Hilfe zu Ihren Fragen und die Gelegenheit, mit anderen Anwendern zu diskutieren:

http://www.fico-forum.de.

Eine Auswahl weiterer Bücher von Espresso Tutorials:

- Tobias Steckenborn:
  Schnelleinstieg in SAP® Cloud Platform Workflow
  http://5427.espresso-tutorials.de
- Eik Sunke:
  Cloud-Entwicklung in SAP HANA®
  http://5516.espresso-tutorials.de
- Jörg Böke:
  Schnelleinstieg in SQLScript für SAP HANA®
  http://5519.espresso-tutorials.de
- Viktor Laufer, Rüdiger Deppe:
  ABAP-Programmierung unter SAP S/4HANA®
  http://5533.espresso-tutorials.de
- Johannes Gerbershagen:
  Praxishandbuch SAP® Gateway
  http://5648.espresso-tutorials.de

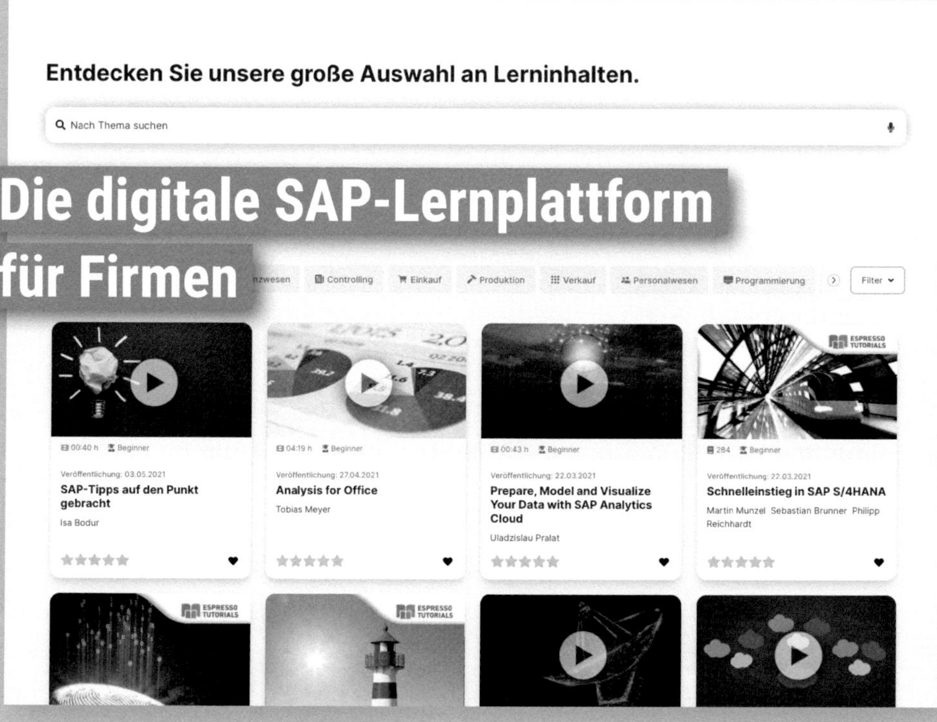

Qualifizieren Sie Ihre Mitarbeiter
ohne Reisekosten und externe Referenten

- 500+ E-Books und Videos in den Sprachen DE, EN, FR, PT, JP, ES
- Laufende Aktualisierung mit neuen Inhalten
- Zugang via Webbrowser oder App (iOS/Android)
- Staffelpreise abhängig von Anzahl der User

Die Lernplattform:
http://et.training

7-Tage-Testzugang kostenfrei und unverbindlich:
http://free.espresso-tutorials.de

Erhalten Sie Ihr individuelles Angebot:
http://angebot.espresso-tutorials.de

Bibliografische Information der Deutschen Nationalbibliothek
Die Deutsche Nationalbibliothek verzeichnet diese Publikation in der Deutschen Nationalbibliografie; detaillierte bibliografische Daten sind im Internet über https://portal.dnb.de abrufbar.

Tobias Steckenborn
Schnelleinstieg SAP Business Technology Platform® (BTP)– Services und Integration

ISBN:	978-3-960123-71-2
Lektorat:	Anja Achilles
Korrektorat:	Team Wallmow 65
Coverdesign:	Philip Esch
Coverfoto:	© AndSus | ID 227241901 – stock.adobe.com
Satz & Layout:	Johann-Christian Hanke

1. Auflage 2022

© Espresso Tutorials GmbH, Gleichen 2022

URL: *www.espresso-tutorials.de*

Das vorliegende Werk ist in allen seinen Teilen urheberrechtlich geschützt. Alle Rechte sind vorbehalten, insbesondere das Recht der Übersetzung, des Vortrags, der Reproduktion und der Vervielfältigung. Espresso Tutorials GmbH, Bahnhofstr. 2, 37130 Gleichen, Deutschland.

Ungeachtet der Sorgfalt, die auf die Erstellung von Text und Abbildungen verwendet wurde, können weder der Verlag noch die Autoren oder Herausgeber für mögliche Fehler und deren Folgen eine juristische Verantwortung oder Haftung übernehmen.

Feedback:
Wir freuen uns über Fragen und Anmerkungen jeglicher Art. Bitte senden Sie diese an: *info@espresso-tutorials.com*.

Inhaltsverzeichnis

Vorwort

Thomas Stutenbäumer schrieb 2015 in seinem SAP-Praxishandbuch ABAP, dass der ABAP-Programmierer von heute nicht nur detailliertes technisches Wissen über ABAP benötigt, sondern sich auch in die Lage des Anwenders versetzen und dessen Erwartungen verstehen muss. Im SAP-Umfeld ist es seit langem üblich, Anwendungssoftware On-Premises zu entwickeln und SAP-Standardprodukte von Entwicklern und Beratern auf Basis des ABAP-Applikationsservers erweitern und individualisieren zu lassen. Zum ABAP-Applikationsserver gehören eine Entwicklungsumgebung, Modularisierungs- und Schnittstellentechnologien sowie Werkzeuge für das Software-Lifecycle-Management. Damit verfügt der ABAP-Applikationsserver in einem einzigen Tool über alles, was ein Entwickler für die Entwicklung von Anwendungen, von der Quellcodeverwaltung bis zum Transportmanagement, benötigt. Die meisten Entwickler nahmen diesen Aspekt bei der ABAP-Programmierung als gegeben hin und hinterfragten ihn in der Regel nicht weiter.

In Anbetracht der steigenden Popularität von Cloud-Plattformen und abonnementbasierten Vertriebsmodellen wird sich die SAP nicht mehr allein auf diese Form der Closed-Source-Programmierung mit Erweiterungsmodellen verlassen können. Sobald sich Kunden und Partner im Cloud-Umfeld bewegen, werden Entwickler mit Konzepten und Architekturen konfrontiert, die sich von denen der On-Premises-Lösungen unterscheiden. Das Fehlen der bisherigen integralen Entwicklungsumgebung des ABAP-Applikationsservers stellt Entwickler vor ganz neue Herausforderungen.

Für die Cloud-Entwicklung wurden bereits viele Konzepte entwickelt, darunter Microservices, Zwölf-Faktoren-App, Continuous Delivery und DevOps. Entwickler können zur Anwendungserstellung aus verschiedensten Entwicklungssprachen, Frameworks, Werkzeugen und Services wählen. Diese haben jedoch oft nur eine begrenzte Lebensdauer.

Die Geschwindigkeit, mit der sich heutige Unternehmen oder ganze Branchen wandeln, innovative Geschäftsmodelle definiert und neue

Fähigkeiten auf den Markt gebracht werden, ist beispiellos. Zudem gilt es, mit den Bedürfnissen der Kunden Schritt zu halten. Anpassungsfähige und flexible moderne Technologien sind notwendig, um die digitale Transformation von Unternehmen Wirklichkeit werden zu lassen. So entstehen ständig neue Services sowie Cloud-Umgebungen, und auch ältere Services werden kontinuierlich an neue Anforderungen angepasst.

Die Rolle der SAP bei diesem Wandel ist, sicherzustellen, dass Unternehmen Zugang zu den jeweils passenden digitalen Technologien haben. Die SAP Business Technology Platform (BTP) ermöglicht es Unternehmen, schnell auf Innovationen zuzugreifen, sie zu entwickeln und einzusetzen, während SAP S/4HANA den stabilen digitalen Kern bildet. Für SAP-Entwickler ist es heute unerlässlich, die Rolle der SAP BTP für die digitale Transformation, ihre Leistungsfähigkeit und ihr Entwicklungspotenzial zu verstehen. Entwickler, die sich mit SAP BTP beschäftigen, sehen sich daher mit folgenden Fragen konfrontiert:

- Warum sollte ich eine Cloud-Plattform nutzen?
- Wie können wir von der Entwicklung der Cloud-Technologie profitieren?
- Wie kann ich Anwendungen in SAP BTP entwickeln?
- Wie sollte ich Cloud-native Anwendungen entwickeln?
- Welche Schritte sind erforderlich, um SAP-BTP-Anwendungen mit anderen verfügbaren Diensten und Anwendungen zu integrieren?

Dieses Buch bietet Ihnen einen Überblick über SAP BTP. Sie lernen die Grundlagen der Cloud-Entwicklung mit SAP BTP kennen, indem Sie die theoretischen Konzepte und praktischen Implementierungsmethoden verstehen. Ich versuche nicht, jeden Aspekt dieser Plattform abzudecken, sondern zeige Ihnen exemplarisch verschiedene der verfügbaren Dienste zusammen mit einer leicht zu verstehenden Beispielanwendung.

Das Buch ist für Beratungsunternehmen und interne IT-Abteilungen von Anwenderunternehmen nützlich. Architekten, Berater und Entwickler können sich mit SAP BTP als Entwicklungsplattform vertraut machen. Sie lernen, wie sie die Grundlagen von SAP BTP auf ihre geschäftlichen Herausforderungen anwenden, um ihre Cloud-Projekte auf den Weg zu bringen.

Das erwartet Sie im Buch

Das erste Kapitel befasst sich mit der Cloud-Entwicklung und den Vorteilen, die sie bietet.

Kapitel 2 führt Sie in SAP BTP und die zugehörigen Laufzeitumgebungen, insbesondere Cloud Foundry, ein.

In Kapitel 3 widmen wir uns der Erstellung von Cloud-nativen Anwendungen. Sie lernen die Anforderungen an diesen Programmtyp kennen und erfahren, mit welchen Programmiermodellen SAP diesen gerecht wird. Im weiteren Verlauf des Kapitels erstellen Sie eine Anwendung mit dem SAP Cloud Application Programming Model und verknüpfen diese mit Services der SAP Business Technology Platform.

Kapitel 4 macht Sie mit den verschiedenen Bereitstellungsvarianten vertraut und erläutert, wie Sie diese automatisieren können, um Ihre Anwendung auf SAP BTP verfügbar zu machen. Außerdem erhalten Sie einen kurzen Überblick über die Anwendungsskalierung und Protokollierungsoptionen.

Die Kapitel 3 und 4 sind betont praxisorientiert, weshalb ich empfehle, sie in der vorgegebenen Reihenfolge zu lesen. Die Beispielanwendung entwickelt sich von Kapitel zu Kapitel und die Funktionalitäten bauen teilweise aufeinander auf.

Kapitel 5 fasst verschiedene Dienste zusammen, die der Beispielanwendung zusätzliche Funktionalität verleihen können. Dazu gehören etwa SAP Integration Suite und SAP Workflow Management, die selbst ganze Bücher füllen, wie diesbezügliche Werke zeigen. Ich gehe daher nicht im Detail auf die Dienste ein, sondern liste sie auf und gebe Beispiele, wie sie in der Anwendung eingesetzt werden können.

Am Ende des Buches sollten Sie mit den Grundlagen von SAP BTP vertraut sein und wissen, wie Sie weitere Kenntnisse für bestimmte Services selbständig erwerben und anwenden.

Codebeispiele zum Download

Die in diesem Buch verwendeten Codebeispiele werden Ihnen unter *https://es-tu.de/kQ71xD* zum Download zur Verfügung gestellt. Die zip-Datei enthält eine .tar-Datei sowie eine ausführliche Erläuterung, wie diese zu verwenden ist.

Danksagung

Ohne die Unterstützung von Albert, Alexander, Jannes, Julia, Hidir, Martin, Peter und Tobias, die mich mit Fachwissen, technischem Knowhow und ihrem Engagement unterstützt haben, wäre es mir nicht möglich gewesen, dieses Buch zu schreiben. Auch Anja Achilles und weitere Mitarbeiter des Espresso-Tutorials-Teams standen mir mit Rat und Tat zur Seite, überprüften die Inhalte, lektorierten und gestalteten das Buch. Vielen Dank für all eure Unterstützung und euren Beitrag!

Ich hoffe, dass dieses Buch für Sie, lieber Leser, ein guter Begleiter für Ihre ersten Schritte mit der SAP Business Technology Platform sein wird. Aller Anfang ist schwer, aber Sie werden auch das mit Bravour meistern – da bin ich mir sicher. Die Tatsache, dass Sie das Buch gekauft haben, zeigt mir, dass Sie am Lernen interessiert sind, und dieses Interesse wird Sie dazu bringen, jede Herausforderung zu meistern. Sollten Sie einmal nicht weiterkommen, können Sie mich auf LinkedIn oder über eine andere Kommunikationsplattform erreichen. Wie ein afrikanisches Sprichwort sagt: »Wenn du schnell gehen willst, geh allein. Wenn du weit gehen willst, geh mit anderen.«

Beste Grüße und eine erfolgreiche Reise!

Tobias Steckenborn

In den Text sind Kästen eingefügt, um wichtige Informationen besonders hervorzuheben. Jeder Kasten ist zusätzlich mit einem Piktogramm versehen, das diesen genauer klassifiziert:

Hinweis

Hinweise bieten praktische Tipps zum Umgang mit dem jeweiligen Thema.

Beispiel

Beispiele dienen dazu, ein Thema besser zu illustrieren.

! Achtung

Warnungen weisen auf mögliche Fehlerquellen oder Stolpersteine im Zusammenhang mit einem Thema hin.

Die Form der Anrede

Um den Lesefluss nicht zu beeinträchtigen, verwenden wir im vorliegenden Buch bei personenbezogenen Substantiven und Pronomen zwar nur die gewohnte männliche Sprachform, meinen aber gleichermaßen Personen weiblichen und diversen Geschlechts.

Hinweis zum Urheberrecht

Sämtliche in diesem Buch abgedruckten Screenshots unterliegen dem Copyright der SAP SE. Alle Rechte an den Screenshots hält die SAP SE. Der Einfachheit halber haben wir im Rest des Buches darauf verzichtet, dies unter jedem Screenshot gesondert auszuweisen.

1 Die Vorteile der Cloud

In diesem ersten Kapitel gebe ich Ihnen einen Überblick über die Möglichkeiten, Software in der Cloud auszuführen. Wir beginnen mit den verschiedenen »... as-a-Service«-Optionen für das Hosting von Cloud-Anwendungen: den sogenannten Cloud-Servicemodellen. Welche Modelle gibt es? Worauf sollten Sie achten und wie passt die SAP Business Technology Platform dazu?

Nehmen wir einmal an, Sie haben Unternehmenssoftware gekauft oder entwickelt. Wo führen Sie diese Software aus? Vor zwei Jahrzehnten war das eine einfache Entscheidung, denn Sie hatten im Wesentlichen nur zwei Optionen: entweder auf einem physischen oder einem virtuellen Server. Mit dem Aufkommen von Cloud Computing eröffnen sich Ihnen mehr Möglichkeiten. Lassen Sie mich damit beginnen, einige Argumente für die Entwicklung in der Cloud zu formulieren. Was spricht dafür? Was genau sind die neuen Möglichkeiten und worauf müssen Sie achten?

1.1 Vorteile durch Cloud Computing

Der Begriff *Cloud Computing* beschreibt die Bereitstellung von IT-Infrastruktur und Rechenleistung über das Internet. Ein entscheidender Vorteil hierbei ist, dass durch die gemeinsame Nutzung der Infrastruktur Anwendungen schneller, flexibler und mit Kostenvorteilen verfügbar gemacht werden können. So wird unter dem Begriff beispielsweise die technische Infrastruktur von Anbietern wie Alibaba, Amazon, Microsoft oder Google geführt.

Durch die Nutzung derartiger Angebote reduziert sich der Aufwand der Unternehmens-IT zur Gewährleistung von Hardwareverfügbarkeit und Sicherheit. So kann sie sich auf die Erstellung von Anwendungen für die Fachabteilungen konzentrieren. Für Unternehmen gibt es damit mehrere gute Gründe, sich für Cloud-Computing-Angebote zu entscheiden:

- **Kosten:** Mit Cloud Computing entfallen die Kosten für die Einrichtung und den Betrieb eigener Rechenzentren, Hardware oder IT-Ressourcen zur Verwaltung und Wartung der IT-Infrastruktur. Sie können genau die Dienste oder Infrastruktur nutzen, die sie auch tatsächlich benötigen. Für die Bezahlung existieren zwei gängige Modelle: abonnementbasiert oder verbrauchsabhängig. Damit sinken die Einstiegshürden, und es erfolgt eine Verlagerung von Investitionsausgaben (CapEx) hin zu Betriebsausgaben (OpEx).
- **Produktivität:** Die Einrichtung und die Verwaltung von Rechenzentren sind in der Regel mit erheblichem Aufwand verbunden. Dazu gehören die Installation von Hardware, die Durchführung von Software-Patches und andere zeitaufwendige IT-Management-Aufgaben. Da sich beim Cloud Computing der Betreiber des jeweiligen Angebots um viele dieser Aufgaben kümmert, können sich die Unternehmen auf wichtigere Geschäftsziele konzentrieren. Mit der Verfügbarkeit von Cloud-Computing-Services auf Abruf und im Self-Service stellen Infrastrukturanbieter schnell große Rechenkapazität zur Verfügung. Dies gibt Unternehmen mehr Flexibilität und reduziert den Planungsdruck in Bezug auf die IT-Hardwarekapazität.
- **Sicherheit:** Cloud Computing vereinfacht die Datensicherung, Notfallwiederherstellung und Geschäftskontinuität bei gleichzeitiger Senkung der damit verbundenen Kosten. Die Anbieter stellen Richtlinien, Technologien und Kontrollen bereit, die die Sicherheit Ihrer IT-Umgebungen stärken. Dies hilft, Ihre Daten, Anwendungen und Infrastruktur vor potenziellen Bedrohungen zu schützen. Außerdem können Sie Ihre Daten über mehrere redundante Standorte im Netzwerk des Cloud-Anbieters spiegeln. Da der Anbieter Audits durchführt, ergeben sich daraus ebenfalls Vorteile hinsichtlich der Compliance.
- **Globale Skalierung:** Die Fähigkeit zur elastischen Skalierung ist ein weiterer Vorteil. Ihr System lässt sich, abhängig von Ihrer speziellen Anwendung und Ihrem Cloud-Anbieter, sowohl

horizontal als auch vertikal skalieren. Sie können also flexibel mehrere Instanzen Ihrer Anwendung bereitstellen oder Ihrer Anwendung mehr Speicher zuweisen und dadurch den passenden Umfang an IT-Ressourcen zum benötigten Zeitpunkt anbieten. Dabei können Sie den geografischen Standort, an dem Ihre Anwendungen zur Verfügung gestellt werden sollen, abhängig vom Anbieter wählen. Diese Art von geografischer Redundanz wäre für kleinere Unternehmen sonst kaum finanzierbar.

Ein Großteil der Cloud-Computing-Angebote lässt sich in fünf grundlegende Servicemodelle einteilen:

- *Infrastructure as a Service* (IaaS)
- *Containers as a Service* (CaaS)
- *Platform as a Service* (PaaS)
- *Functions as a Service* (FaaS)
- *Software as a Service* (SaaS)

Diesen Begriffen bzw. Modellen werden Sie häufig begegnen. Alle bieten unterschiedliche Vorteile und Gründe, warum Sie sie verwenden sollten. Lassen Sie mich die Modelle also beschreiben und ihre empfohlenen Einsatzbereiche skizzieren.

1.2 Unterscheidung und Zusammenspiel der Servicemodelle

Die genannten Servicemodelle sind allesamt praktikable Optionen für spezielle Anwendungsfälle. So finden sich gute Gründe für die Verwendung von Infrastructure as a Service und dafür, Ihre Anwendungen in Container zu packen und sie auf einem *Orchestrator* laufen zu lassen. Es kann aber genauso von Vorteil sein, Ihren Code auf einer Plattform oder als Funktion laufen zu lassen. Es gibt gut nachvollziehbare Entscheidungskriterien für das eine oder das andere Modell, die ich Ihnen im Weiteren erläutern möchte.

☛ Keines der Servicemodelle ist für alle Einsatzmöglichkeiten zu empfehlen

Sie sollten darauf achten, dass Sie nicht ein einziges Modell für alle Anwendungsfälle wählen. Für umfassendere Systeme aus mehreren Anwendungen werden Sie in der Praxis oft mehrere Servicemodelle kombinieren.

Jedes Servicemodell bietet seine ganz eigenen Funktionalitäten. Für einen ersten Überblick können Sie den gesamten IT-Stack aufschlüsseln. Gehen wir davon aus, dass Sie einen IT-Stack in neun Schichten unterteilen:

1. **Netzwerk:** Schicht des Stacks, die der Software den Austausch von Informationen und Daten mit anderen Rechnern ermöglicht
2. **Speicherplatz:** Speicherschicht, in der die Anwendungsdaten und die Daten des Betriebssystems abgelegt werden
3. **Server:** physikalischer Server mit CPUs und Speicher
4. **Virtualisierung:** Entkopplung zwischen physischen Servern und virtuellen Maschinen
5. **Betriebssystem:** grundlegende rechnerische und administrative Funktionen
6. **Datenbanken:** effiziente, konsistente und dauerhafte Speicherung großer Datenmengen
7. **Laufzeiten und Bibliotheken:** sofortige Bereitstellung von Programmierschnittstellen und Grundfunktionen; Dienstprogramme (Bibliotheken) bieten fertige Funktionen
8. **Sicherheit und Integration:** Dienste und Werkzeuge zum Schutz der Anwendung vor unberechtigtem Zugriff
9. **Anwendung**

Wenn Sie die einzelnen Bereiche in Hinblick auf die Verantwortlichkeiten des Cloud-Service-Anbieters im jeweiligen Servicemodell betrachten, entsteht eine Treppe (siehe Abbildung 1.1). Von IaaS zu SaaS steigt die Verantwortung des Cloud-Service-Providers und sinkt die des Kunden. Für den Kunden bedeutet dies eine reduzierte Komplexität und erhöhte Effizienz. Diesen Vorteilen steht jedoch eine Abnahme des Gestaltungsspielraums für den Kunden gegenüber.

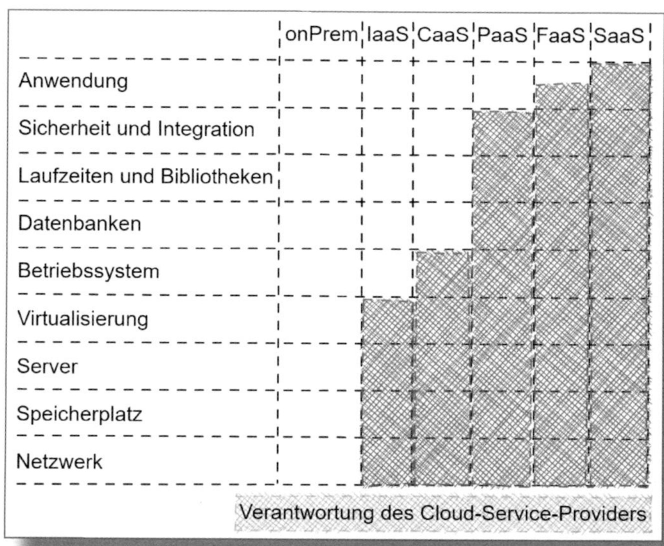

Abbildung 1.1: Servicemodelltreppe

Eine andere Perspektive erhalten Sie, wenn Sie das Zusammenspiel der Servicemodelle betrachten. Die Servicemodelle bauen aufeinander auf und bedingen sich gegenseitig. Deshalb werden sie auch als *Cloud Computing Stack* bezeichnet (siehe Abbildung 1.2):

- **IaaS** bildet die unterste Schicht des Cloud Computing Stacks, da es Recheninfrastruktur als Service anbietet. Je nach Bedarf, z. B. zur Bewältigung von Lastspitzen, können Sie Rechenleistung und Speicher für eine Anwendung nutzen, ohne selbst permanent die maximale Rechenleistung vorhalten zu müssen.
- **CaaS**-Lösungen sind eine Teilmenge von IaaS. Sie lassen sich zwischen IaaS und PaaS einordnen, da sie auf IaaS basieren und Teil von PaaS-Lösungen sein können.

- **PaaS** läuft auf der virtualisierten Infrastruktur eines IaaS-Anbieters, die aus Speicher, Netzwerkkomponenten und Rechenleistung besteht, sodass die angebotenen Dienste nutzungsabhängig skalierbar sind. Um mehr Kontrolle über die Softwarebereitstellung zu ermöglichen, können PaaS auch CaaS-Lösungen und damit Container nutzen.
- **FaaS**-Angebote werden typischerweise auf PaaS- oder CaaS-Lösungen ausgeführt.
- **SaaS**-Lösungen wiederum können auf allen bisher genannten Servicemodellen basieren.

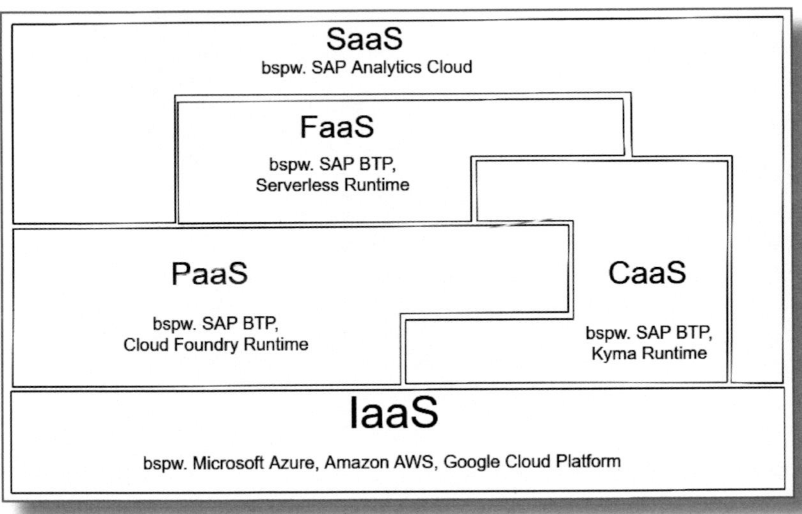

Abbildung 1.2: Cloud Computing Stack

Ein grundsätzliches Verständnis der Servicemodelle und ihrer Unterschiede wird Ihnen helfen, das für Ihre aktuellen Geschäftsziele am besten geeignete zu wählen. Ich möchte Ihnen daher die einzelnen Modelle etwas genauer vorstellen.

1.2.1 Infrastructure as a Service

Bei IaaS geht es um die Bereitstellung von reiner Rechenleistung auf Abruf. Es beschreibt eine API-fähige Infrastruktur, mit der Sie auf einer grundlegenden Infrastruktur aufbauen können. Die Bereitstellung dieser Rechenleistung ist elastisch und wird in der Regel an die Anforderungen Ihrer Anwendungsarbeitslasten angepasst.

Da Sie den größten Teil der Verantwortung übernehmen und auf einer Infrastrukturebene arbeiten, bietet Ihnen dieses Modell große Flexibilität. Sie erhalten viele Vorteile: von On-Demand-Kapazität und API-Fähigkeit für die Automatisierung bis hin zur schnellen Skalierung auf der Ebene der virtuellen Maschinen. Sie können nahezu alles auf dieser Infrastruktur betreiben. Aber es verlangt auch Kompromisse. Denn Sie übernehmen einen großen Teil der Verantwortung, indem Sie vom Betriebssystem aufwärts alles verwalten.

Der Anbieter des Service betreibt die Hardware, richtet das Rechenzentrum ein und kümmert sich um die Kühlung und Stromversorgung. Sie sind für die Erstellung von VM-Images sowie die Anbindung von Servern verantwortlich, um diese virtuellen Maschinen für Ihre Anwendungen vorzubereiten. Diese Anwendungen erfordern die Installation von Treibern oder die Konfiguration anspruchsvoller Webserver, Softwarepakete und mehr. Sie müssen nicht nur patchen und die richtige Netzwerktopologie einrichten, sondern auch dafür sorgen, dass Sie die verschiedenen Server in Ihrer Infrastruktur über eine Art Lastausgleich verbinden.

Wann empfiehlt sich IaaS?

Bevor Sie sich für IaaS entscheiden, sollten Sie darüber nachdenken, welche Kontrolle und Flexibilität Sie in Bezug auf die Verwendung von Hardware und die Bereitstellung von Anwendungen benötigen. Falls Sie ein hohes Maß an Kontrolle und Flexibilität benötigen, sind dies vernünftige Indizien für den Einsatz von IaaS. Wenn Sie jedoch Anwendungen schnell und kostengünstig mit einem kleinen Team bereitstellen möchten, die Details der Hardware und der Bereitstellung für Sie aber zweitrangig erscheinen, sollten Sie besser eine geeignetere Option wählen.

1.2.2 Containers as a Service

Container sind eine beliebte Methode, um Software zu verpacken und in verschiedenen Umgebungen bereitzustellen. CaaS-Angebote konzentrieren sich auf die Orchestrierung derart containerisierter Software. Da sich die Container, anders als beispielsweise eine VM, das Betriebssystem teilen, ergeben sich weitere Vorteile: ein reduzierter Speicherplatzbedarf und eine geringere Startzeit. Demnach erhalten Sie auch bei CaaS On-Demand-Kapazität und schnelle Skalierung.

Angebote dieses Servicemodells sind in der Regel nicht so rudimentär wie reine IaaS-Modelle. Sie bieten oft zusätzliche Erleichterungen für die Softwareentwicklung, wie z. B. die Verwaltung von Secrets, beispielsweise Passwörtern und Zertifikaten, oder zusätzliche Komponenten, wie die Erkennung nutzbarer Dienste.

CaaS verwalten Ihre Container-Images und integrieren die verschiedenen Komponenten, aus denen Ihre Anwendung besteht. Dabei müssen Sie immer noch den zugrunde liegenden Server-Stack und sogar den Anwendungs- und Webserver-Stack innerhalb des Containers ausführen, da Sie sozusagen einen kompletten IT-Stack innerhalb eines Container-Images betreiben.

Ein solches Modell eignet sich für eine breite Palette von Anwendungsfällen. Dazu gehört beispielsweise der Betrieb von kommerziellen Softwarepaketen. Ebenso gibt es eine wachsende Zahl von Datenbanken, die in einem Container laufen. Kurzlebige Software ist ebenfalls ein geeigneter Anwendungsfall, da man Container schnell einrichten, starten und stoppen kann. Das Verschieben von Anwendungen von einer IT-Umgebung in eine andere, ohne sie neu zu gestalten, kann ebenfalls praktikabel sein. Sie würden dies als *Lift and Shift* von Legacy-Anwendungen in die Cloud bezeichnen.

☛ Worin besteht der Unterschied zwischen IaaS und CaaS?

Sie können sich CaaS als eine Untermenge von IaaS vorstellen; eine Abstraktionsschicht, die die Verwaltung von Softwareumgebungen erleichtert und gleichzeitig ein hohes Maß an Kontrolle darüber bietet, wie Anwendungen ausgeführt werden. Im Vergleich zu einem reinen IaaS-Ansatz reduziert die Verwendung von CaaS die Komplexität für Entwickler. Allerdings müssen sich diese immer noch intensiv mit der zugrunde liegenden Infrastruktur ihrer Anwendung auseinandersetzen.

1.2.3 Platform as a Service

Platform as a Service als Begriff ist unscharf. Darunter fallen codeorientierte Plattformen wie Cloud Foundry, auf denen Sie Anwendungen programmieren, erstellen und bereitstellen können, aber auch eine Reihe restriktiver Lösungen, bei denen Sie Softwarelösungen mit wenig oder gar keinem Code in einer abstrakten Sandbox anfertigen.

PaaS deckt demnach das Spektrum von codeorientierten bis hin zu No-Code-Plattformen ab. Diese Ansätze eint der Versuch, eine Ebene über die Infrastruktur hinauszugehen. Der Fokus liegt auf einer Anwendungsschicht, auf der Sie Applikationen bereitstellen und verwalten. Sie müssen sich weder um die Infrastruktur noch um die Einrichtung von *Load Balancing* (Lastverteilung) oder Netzwerken kümmern.

PaaS-Lösungen bieten Zugang zu Ressourcen, die für die Bereitstellung einer breiten Palette von Softwarelösungen benötigt werden, angefangen bei einfachen cloudbasierten Programmen bis hin zu ausgereiften Cloud-gestützten Unternehmensanwendungen. Somit entfallen sowohl die Kosten als auch die Komplexität von Erwerb und Verwaltung der Softwarelizenzen, der zugrunde liegenden Infrastruktur und Middleware, der Container-Orchestratoren wie *Kubernetes* oder der Entwicklungswerkzeuge und anderen Ressourcen. Zu den Vorteilen dieser Schicht gehören On-Demand-Kapazität, sehr schnelle Skalierung und spezifische Funktionen für die betriebene Software, nicht nur für die reine Infrastruktur. Die Konfiguration des Netzwerks, der Protokollierung und der Überwachung erfolgt oft automatisch.

Zu dieser Ebene existieren üblicherweise Vorgaben, wie bestimmte Arten von Anwendungen betrieben werden sollten. So fördert PaaS typischerweise den Aufbau von *Scale-out-Anwendungen*, auch »horizontale Skalierung« genannt. Sie sollten also Ihre Anwendung so entwerfen, dass sie durch Hinzufügen weiterer Instanzen skaliert, statt den Speicher und die Rechenleistung einer einzelnen Instanz zu erhöhen. Unter Umständen begrenzt die Plattform den maximalen Speicherplatz oder die maximale Speichermenge einer einzelnen Instanz. Allerdings bestehen häufig Erweiterungsoptionen, um diese Vorgaben außer Kraft zu setzen.

Was liegt bei diesem Modell in Ihrer Verantwortung? Typischerweise verwalten Sie Anwendungs- und Sicherheitsrichtlinien. Sie patchen auf der Anwendungsebene, beispielsweise in Bezug auf die Abhängigkeiten innerhalb des Quelltextes. Normalerweise unternehmen Sie nichts unterhalb des Anwendungscodes. Sie patchen keine Webserver oder Betriebssysteme, das übernimmt der Anbieter des Dienstes für Sie. Bestimmte Plattformen erlauben Ihnen jedoch eine gewisse Kontrolle darüber, entweder durch Spezifikationen in Ihrem Code oder durch die Möglichkeit, Container einzusetzen.

Charakteristisch ist außerdem, dass Sie keine kommerzielle Software auf PaaS ausführen. Üblich ist die Ausführung von kundeneigener Software für Windows oder Linux, Web- und Streaming-Anwendungen, APIs oder Batch-Jobs.

☛ An wen richten sich PaaS-Angebote?

Sie können sich PaaS als ein integriertes Zuhause für Ihre selbstentwickelten Anwendungen vorstellen. Platform-as-a-Service-Angebote richten sich an Anwendungsentwickler, da sie die Anwendungsentwicklung vereinfachen und eine Umgebung zum Entwickeln, Testen, Bereitstellen und Verwalten von Software zur Verfügung stellen. Der Entwickler muss sich nicht um die zugrunde liegende Infrastruktur kümmern, sondern kann sich auf die Anwendungsentwicklung konzentrieren.

1.2.4 Functions as a Service

FaaS-Angebote involvieren eine ereignisgesteuerte, kurzlebige Datenverarbeitung. Gelegentlich wird dies als »Serverless« bezeichnet, aber das ist nicht ganz korrekt. FaaS ist die Rechenkomponente von Serverless.

Dabei erhalten Sie eine Menge an On-Demand-Kapazität sowie automatische Skalierung, ohne die dafür sonst typische Konfiguration. Sie haben einen verwalteten Ressourcenverbrauch, einen vollständig vom Anbieter zur Verfügung gestellten und betriebenen Stack, und Sie sehen im Prinzip nichts außerhalb Ihres Codes. Sie müssen sich also nicht um Patching, Infrastrukturmanagement oder einen Webserver bemühen. Das macht die Einrichtung einfach und schnell.

Stattdessen bekommen Sie ereignisgesteuerte Hooks, über die Sie Funktionen erstellen können, die auf Ereignisse wie Datenbankänderungen oder bestimmte Aktionen reagieren. Sie setzen sich direkt mit Ihrem Code auseinander und passen ihn in das Programmiermuster ein, das durch das FaaS-Angebot vorgegeben wird. Das heißt, Sie haben bei der Erstellung Ihrer Anwendung im Vergleich zu den bisher vorgestellten Services eine geringere Flexibilität. Es handelt sich bei FaaS um die rechenorientierte Laufzeitumgebung, die Sie am stärksten auf einen bestimmten Programmieransatz oder eine konkrete Sprache einschränkt.

Was ist Ihre Aufgabe bei FaaS? Sie verwalten hauptsächlich den Anwendungscode und dessen Abhängigkeiten. Sie kümmern sich in der Regel weder um das Management von Skalierungsrichtlinien noch um das Patchen der Infrastruktur. Bei der Verwendung von FaaS kümmert sich der Anbieter um alle Infrastrukturaspekte und die zugrunde liegende Webserver-Software. So kann sich der Anwendungsentwickler voll auf den Programmcode für die jeweilige Funktion konzentrieren.

Die Funktionen skalieren automatisch und unabhängig voneinander, und Sie zahlen in der Regel nur dann für die Ressourcen, wenn Sie sie nutzen. Sobald die Nachfrage sinkt, passt sich FaaS automatisch an. Nach der Ausführung der Funktion hört alles auf: Kein Code läuft, kein Server ist im Leerlauf, und es entstehen keine Kosten.

☛ Wann empfiehlt sich der Einsatz von FaaS?

Ich empfehle FaaS vor allem für dynamische Workloads oder geplante Aufgaben, die keine tiefere Kontrolle außerhalb des Funktionscodes erfordern. Sie können damit beispielsweise statische Webseiten betreiben, Datenänderungen synchronisieren, Echtzeitstreaming-Analysen für Daten durchführen oder eine API hosten.

1.2.5 Software as a Service

Kommen wir abschließend noch zu *Software as a Service*. Bei SaaS kaufen Sie fertige Software über das Internet, konfigurieren sie und können direkt in die Nutzung einsteigen. Wenn Sie also eine Anwendung benötigen, können Sie sich dafür entscheiden, diese Software zu kaufen, anstatt sie selbst zu programmieren. Eine solche Software könnte sowohl ein umfängliches ERP- bzw. CRM-System, ein Telefoniesystem oder aber nur eine kleinere Funktion wie etwa ein Suchtool sein, das Sie einbinden möchten. Es handelt sich dabei um gebrauchsfertige Software mit einigen Konfigurationsmöglichkeiten. In diesem Modell verwalten Sie keine Infrastruktur. Sie kümmern sich nur um die API-Ebene für die Benutzer und konfigurieren die Software. Alles andere betreut der Anbieter.

Typischerweise umfassen SaaS-Anwendungen eine deutlich standardisierte Funktionalität, was die Wartungskosten minimiert und dem Anbieter ermöglicht, die Software zu einem attraktiven Preis zu offerieren. Im Gegenzug erhält jeder Kunde die gleiche Funktionalität. Sie können die meisten SaaS-Anwendungen jedoch anpassen, indem Sie sie konfigurieren oder eigene Erweiterungen hinzufügen. Auf diese Weise lässt sich ein Standard-Look-and-Feel überschreiben, oder Sie konfigurieren eigene Geschäftslogik und Trigger. In SAP bezeichnet man diese Form der Konfiguration als *Customizing*. Allerdings sind solche Anpassungen nur im vom Anbieter vorgesehenen Rahmen möglich.

Wenn das Customizing nicht ausreicht, können Kunden In-App-Erweiterungen erstellen, indem sie z. B. einen in S/4HANA Cloud integrierten, webbasierten Editor verwenden, über den sie Benutzeroberflächen, Datenbanktabellenspalten, Berichte und mehr an Ihre unternehmensspezifischen Anforderungen anpassen. Umfangreichere Erweiterungen lassen sich beispielsweise mit der *SAP Business Technology Platform (SAP BTP)* umsetzen. Sie realisieren diese also außerhalb von S/4HANA Cloud, außerhalb des Kerns. In diesem Zusammenhang spricht man von einer *Side-by-Side-Erweiterung*. Dabei bleiben die Kernfunktionalitäten und das zugrunde liegende Coding für alle Kunden stets unverändert. Diese Option wird beispielsweise durch APIs realisiert, die den Zugriff auf die Daten der Anwendung ermöglichen.

Zusätzliche Erweiterungsmöglichkeiten bieten sogenannte Webhooks und Events:

- Mit *Webhooks* können Anwendungen anderen Anwendungen Informationen in Echtzeit zur Verfügung stellen. Die SaaS-Anwendung wird dabei in der Regel so konfiguriert, dass sie bestimmte URLs aufruft, wenn gewisse Ereignisse eintreten. Dabei stellt sie eine HTTP-Anfrage an Ihre Anwendung (gewöhnlich ein POST), die einige Daten enthält, und Sie sind für deren Interpretation verantwortlich. Bei dieser Art der Erweiterung sind die SaaS-Anwendung und die Erweiterung eng miteinander verbunden, da sie die URL der externen Anwendung gezielt aufrufen.

- Bei *Events* besteht die übliche Methode darin, sie in einer Art Event Broker zu veröffentlichen. Interessierte Clients können dort Themen abonnieren und dann auf die Events reagieren. Berücksichtigt man, dass die SaaS-Anwendung nichts von den Anwendungen wissen muss, die die Events abonnieren, ist dies eine ziemlich entkoppelte Erweiterungsmethode. In Abschnitt 3.6.2 werden wir uns eingehender mit Events befassen.

Welches Servicemodell wählen?

Sie wissen, dass Ihr Vorhaben mit den eingebauten Anpassungsoptionen nicht realisierbar ist. Es gibt jedoch ein Ereignis, auf das Sie mit einer anderen Anwendung reagieren könnten. Mit welchem Servicemodell lässt sich das am besten umsetzen? Da uns in diesem Fall nur sehr wenige Informationen vorliegen, wäre die typische Beraterantwort: »Es kommt darauf an«. Ich möchte allerdings behaupten, dass ich gute Gründe habe, Sie von genau einem Modell überzeugen zu können:

Dass IaaS die richtige Wahl wäre, glaube ich nicht. Sie würden viel Zeit damit zubringen, Maschinen miteinander zu verbinden und Standardaufgaben zu erledigen. Sie könnten diese Zeit sinnvoller nutzen.

Stattdessen empfehle ich für dieses Beispiel FaaS. Hier würde sich z. B. Serverless Runtime für SAP BTP anbieten, um Erweiterungen in einer serverlosen Umgebung zu erstellen.

Für umfangreichere Erweiterungen oder das Schreiben in einer bestimmten Programmiersprache wäre ein PaaS-Angebot die bessere Wahl, da es Ihnen mehr Flexibilität und dennoch eine gute Effizienz mit einer schnellen Wertschöpfung bietet.

Für welches der Servicemodelle auch immer Sie sich entscheiden: Es wird höchstwahrscheinlich auf anderen Stacks aufgebaut sein, um die Sie sich die meiste Zeit nicht kümmern müssen. Letztlich könnten

CaaS-, PaaS-, FaaS- und SaaS-Angebote auf IaaS von beispielsweise Alibaba, Amazon, Microsoft oder Google laufen.

Anhand dieses kleinen Beispiels zeigt sich, dass es manchmal schwierig ist, die Servicemodelle klar voneinander zu unterscheiden. Zudem mischen viele Angebote mehrere Modelle, je nachdem, welche Dienstleistungen Sie erwerben. So ermöglicht beispielsweise Cloud Foundry, ein PaaS-Angebot, auch die Bereitstellung von Docker-Containern. Sie müssen dennoch eine bewusste Entscheidung treffen, wie viel Flexibilität gegenüber wie viel Effizienz Sie benötigen und das passende Modell wählen.

In diesem Buch werde ich mich auf einen Platform-as-a-Service-Dienst konzentrieren, der auf der SAP Business Technology Platform verfügbar ist: die *Cloud Foundry Runtime*. Im nächsten Abschnitt erkläre ich, warum PaaS für die meisten Entwickler kundenindividueller Erweiterungen von Standardsoftware eine ausgezeichnete Wahl ist.

1.3 Warum PaaS eine ausgezeichnete Wahl für Entwickler ist

Im Gegensatz zu den eher infrastrukturorientierten Modellen IaaS und CaaS ist PaaS anwendungsorientiert. Es bietet viele Vereinfachungen für Entwickler, indem diese beispielsweise keine Infrastruktur aufbauen oder komplizierte Umgebungen einrichten müssen. Derartige Grundlagen werden zumeist von der in diesem Modell eingesetzten Plattform automatisch im Hintergrund vorgenommen. Eine solche Plattform verfügt in der Regel außerdem über eine Netzwerkautomatisierung, sodass das Verbinden Ihrer Anwendung mit einem routingfähigen Endpunkt, das Einrichten von Load Balancern, DNS- und Firewall-Konfigurationen, automatisch oder zumindest unkompliziert vonstattengeht.

Folgende weitere Eigenschaften lassen sich ebenfalls für die im Rahmen von PaaS angebotenen Plattformen formulieren:

- Protokollierungs- und Überwachungsfunktionen: Diese sammeln Protokolle, die Ihnen helfen, den Zustand Ihrer Anwendung zu überwachen – idealerweise, ohne Produkte von Drittanbietern hinzuziehen zu müssen.
- Bereitstellung und Verwaltung von Basisdiensten: Dazu gehören z. B. ein zentrales Anwendungsprotokoll, eine automatische Skalierung oder Autorisierungs- bzw. Authentifizierungsfunktionen. Ihre Anwendung muss sich dann nur mit diesen Diensten verbinden, um Zugriff auf eben diese Funktionalitäten zu erhalten.
- Skalierung direkt auf der Plattform: Wenn Sie mehr Instanzen Ihrer Anwendung erstellen, sollten Sie sich nicht damit beschäftigen müssen, beispielsweise einen Router zu aktualisieren, damit dieser von neuen Instanzen erfährt.
- Effizienz durch Mehrsprachenakzeptanz der meisten PaaS-Angebote: Typischerweise liegen verschiedene Anwendungen in unterschiedlichen Programmiersprachen vor, die Sie alle in dieselbe Anwendungsumgebung einbinden können, statt für jede Programmiersprache eine eigene Umgebung einzusetzen. Der Schlüssel dafür ist, dass innerhalb der Plattform dieselben Richtlinien für alle Anwendungen zum Einsatz kommen, wie etwa dieselben Nutzungsrichtlinien, Protokollierungstechniken oder dasselbe Autorisierungsmodell. So erhalten Sie die Vorteile jeder Entwicklungssprache, die Anwendungen selbst sind aber in einem Governance-Modell gekapselt, das es wesentlich vereinfacht, ihre Systeme im großen Maßstab zu verwalten.
- Automatische Bereitstellung Ihrer Anwendungen: Die meisten Plattformen oder darauf aufbauende Dienste unterstützen Sie bei der Automatisierung Ihrer Deployments. So kommen Sie in wenigen Schritten vom Quellcode zu einer laufenden, erreichbaren Anwendung. Sie starten eine Aktivität in Ihrem Source Control Repository, und danach erfolgt ein automatisiertes Deployment anstelle eines mehrstufigen Prozesses mit manuellen Commits und spezifischen Skripten, die Sie ausführen müssen. Im Idealfall ist die gesamte Pipeline bis zur Produktion automatisiert.

Daraus leiten sich etliche gute Gründe ab, warum PaaS meines Erachtens eine ausgezeichnete Wahl für Entwickler ist: Mit PaaS können Sie viele der Routinetätigkeiten vermeiden, die Sie bei der Verwendung von IaaS oder CaaS durchführen müssten, und bleiben dennoch einigermaßen flexibel. Außer von einer schnelleren Markteinführung profitieren Sie von einer guten Entwicklererfahrung, da sich die Plattformschicht um zahlreiche Basisaktivitäten wie die Wiederherstellung nach Ausfällen, die Überwachung neuer Knoten und das Einrichten der richtigen Kommunikationsprotokolle kümmert.

Aus diesem Abschnitt sollten Sie mitnehmen, dass Cloud Computing, neben anderen Vorteilen, Eigenentwicklungen für die meisten Unternehmen zugänglicher und erschwinglicher macht. Dabei bietet sich Ihnen eine breite Palette von Optionen für die Entwicklung und Bereitstellung Ihrer Anwendungen in der Cloud.

Im nächsten Abschnitt gebe ich Ihnen einen Überblick über die SAP Business Technology Platform, ihre Eigenschaften, Funktionen und wie sie zu den vorgestellten Cloud-Servicemodellen passt.

2 Kernelemente der SAP Business Technology Platform

Dieses Kapitel beschreibt die Kernkomponenten der SAP Business Technology Platform und zeigt die wichtigsten Aspekte auf, die Sie über Anwendungsentwicklung und Integration wissen sollten. Im Praxisteil führe ich Sie durch die Erstellung eines Testkontos, um Ihnen eine konkrete Vorstellung davon zu geben, wie sich die Plattform verhält. Sie lernen zudem die zentralen Merkmale der verfügbaren Laufzeitumgebungen kennen, die Sie im Verlauf dieses Buches einsetzen werden.

SAP BTP ist eine Transformationsplattform mit einer Reihe von Werkzeugen und Produkten, die Sie dazu nutzen können, SAP- und Drittanbieteranwendungen sowie Datenbestände zu integrieren und zu erweitern. Die Plattform ermöglicht die Umwandlung von Daten in Aktionen, indem sie Datenbank- und Datenmanagement, Anwendungsentwicklung und -integration sowie Analytik und intelligente Technologien zusammenführt. SAP nennt es die »Plattform für intelligente Unternehmen«. Damit Unternehmen kluge Entscheidungen treffen können, werden sie ermächtigt, Datensilos zu beseitigen, bestehende Anwendungen zu erweitern/integrieren oder neue zu entwickeln, Strategien mit Analysen und zuverlässigen Daten voranzutreiben und intelligente Technologien für kontinuierliche Geschäftsinnovationen zu nutzen.

Mit dieser Beschreibung sollte Ihnen klar geworden sein, dass SAP BTP kein Platform-as-a-Service-Angebot ist. Es ist keines der bereits erwähnten Cloud-Servicemodelle, sondern eine Gruppierung verschiedener SAP-Angebote mit unterschiedlichen Servicemodellen. Aber darauf komme ich später noch zu sprechen. Lassen Sie mich zunächst beschreiben, was die SAP Business Technology Platform auszeichnet.

SAP hat die Plattform für die Anforderungen von reiferen Unternehmen entwickelt. Durch die offene Architektur der Plattform lassen sich gewachsene IT-Landschaften einfach erweitern sowie On-Premises- und Cloud-Landschaften miteinander verbinden, um neue Funktionen zu entwickeln und gleichzeitig bestehende Investitionen zu nutzen. Diese Verbindung deutet bereits auf den entscheidenden Aspekt hin: SAP bindet die Plattform in Ihr Ökosystem ein. Sie können vorgefertigte Prozesse und Integrationen zu verschiedenen SAP-Lösungen nutzen. Mit dem *Cloud Connector* lassen sich Ihre On-Premises-ERP-Systeme sicher mit der SAP Business Technology Platform und Ihren SAP-Cloud-Lösungen verbinden, etwa mit SAP S/4HANA Cloud.

2.1 Anwendungsbereiche der SAP BTP

SAP gruppiert die angebotenen Lösungen in vier Bereiche mit unterschiedlichen Schwerpunkten (siehe Abbildung 2.1):

1. Database & Data Management
2. Analytics
3. Intelligent Technologies
4. Application Development & Integration

Die jeweiligen Lösungen betreibt SAP zum Teil auf der Infrastruktur unterschiedlicher Anbieter, darunter Microsoft, Amazon, Google und Alibaba.

2.1.1 Database & Data Management

Im Mittelpunkt von SAP BTP stehen Datenbanken und Datenmanagementprodukte, mit denen Sie Unternehmensdaten verwalten, steuern, integrieren und analysieren, um fundierte Geschäftsentscheidungen treffen zu können. Diese Daten sind überall ausführbar und lassen sich

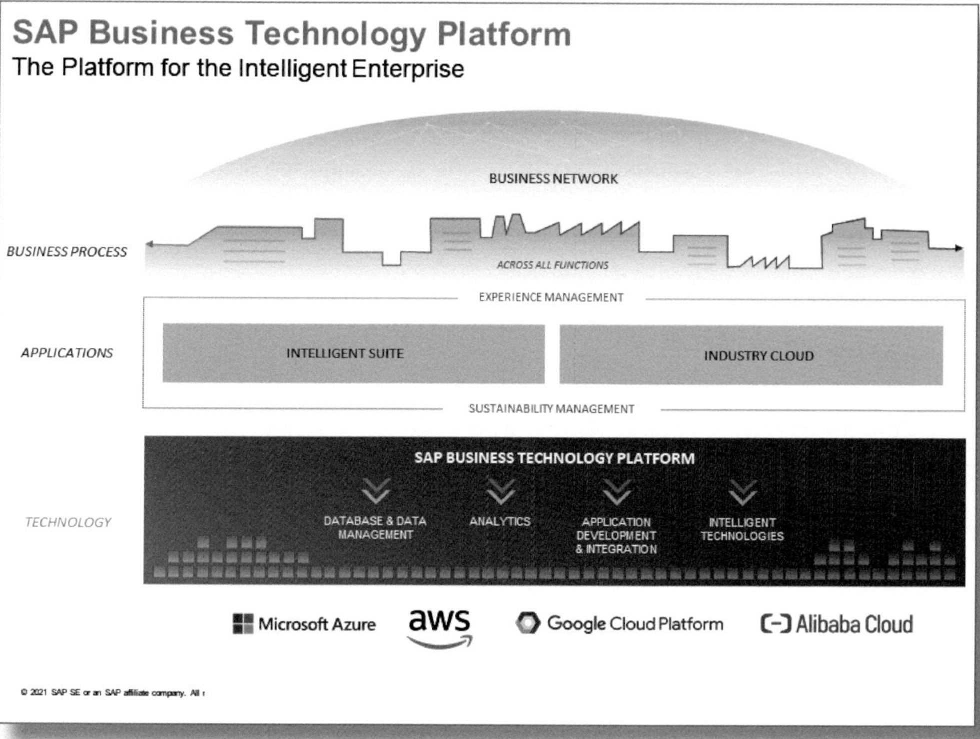

Abbildung 2.1: Übersicht SAP Business Technology Platform

über verschiedene Landschaften hinweg verbinden, sodass Sie ein umfassendes System von Stammdaten aufbauen und verwalten können.

- Datenbanklösungen: z. B. SAP HANA und SAP HANA Cloud
- Datenmanagementlösungen: z. B. SAP Master Data Governance und SAP Data Intelligence sowie Partnererweiterungen

2.1.2 Analytics

Der Bereich Analytics gibt Ihnen Werkzeuge für maschinelles Lernen, künstliche Intelligenz, Business Intelligence und Augmented Analytics an die Hand, um aus Ihren Unternehmensdaten Erkenntnisse in Echtzeit zu gewinnen. Dabei werden vergangene und aktuelle Situationen analysiert und gleichzeitig zukünftige Szenarien simuliert. Zu diesen Werkzeugen zählen:

- Business-Intelligence-Lösungen: z. B. SAP Analytics Cloud und SAP BusinessObjects Business Intelligence Suite
- Unternehmensplanungslösungen: z. B. SAP Business Planning and Consolidation
- Data-Warehousing-Lösungen: z. B. SAP Data Warehouse Cloud, SAP BW/4HANA und SAP HANA

Eine klare Abgrenzung zwischen den Bereichen ist nicht immer möglich, wie Sie am Beispiel von SAP HANA sehen können. Dies ist auch nicht notwendig. Sie sollten jedoch wissen, wo Sie suchen müssen.

2.1.3 Intelligent Technologies

Dieser Anwendungsbereich der Plattform ermöglicht es Ihnen, mit neuen Technologien Schritt zu halten. Sie können künstliche Intelligenz, robotergestützte Prozessautomatisierung, maschinelles Lernen und das Internet der Dinge (IoT) nutzen, um die Apps und Prozesse bereitzustellen oder zu verbessern, die Ihr Unternehmen benötigt. Als Beispiele seien genannt:

- künstliche Intelligenz: z. B. SAP Conversational AI und SAP Intelligent Robotic Process Automation
- IoT: z. B. SAP Edge Services und SAP Internet of Things

Bei den drei bisher beschriebenen Bereichen der SAP Business Technology Platform handelt es sich hauptsächlich um SaaS-Lösungen; Lösungen, auf die ich in diesem Buch weitestgehend verzichten werde. Einigen dieser Dienste werden Sie jedoch bei der Entwicklung von Anwendungen häufiger begegnen, wie etwa den verschiedenen Datenbanken. So werden wir beispielsweise in Abschnitt 3.6.1 SAP HANA Cloud für die Datenpersistenz verwenden.

2.1.4 Application Development & Integration

Mit dem vierten Bereich kommen wir zum Schwerpunkt dieses Buches: den Themen Anwendungsentwicklung und -integration. Er umfasst verschiedene Werkzeuge, Dienste und Programmiermodelle für die Integration, Erweiterung und Entwicklung von Softwarelösungen. Die Services dieses Bereichs wurden ursprünglich unter der Bezeichnung »SAP Cloud Platform« geführt. Im Februar 2020 hat die SAP diese in SAP BTP integriert, um der Tatsache Rechnung zu tragen, dass die cloudbasierte Plattform von SAP eine der wichtigsten Säulen der SAP Business Technology Platform ist. Somit ist die frühere SAP Cloud Platform keine eigenständige Komponente mehr, sondern bildet einen wesentlichen Bestandteil des breiteren Plattformangebots (siehe Abbildung 2.2).

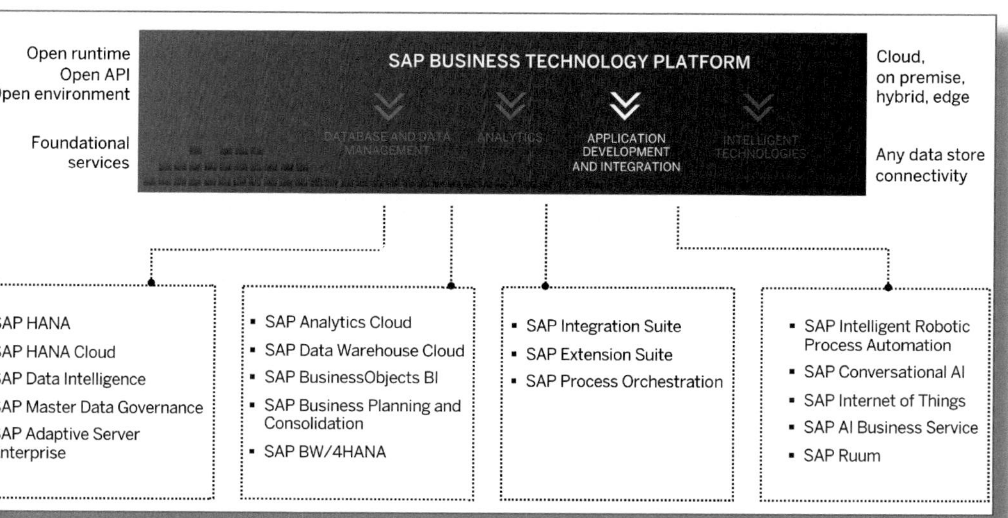

Abbildung 2.2: Übersicht zum Bereich »Anwendungsentwicklung und -integration«

Die Integrations- und Erweiterungsmöglichkeiten sind seither unter den Namen *SAP Integration Suite* und *SAP Extension Suite* zusammengefasst (siehe Abbildung 2.3). Wie bereits erwähnt, ist die Möglichkeit, SAP-Lösungen zu integrieren und zu erweitern, einer der Hauptvorteile der SAP BTP. Lassen Sie uns daher einen genaueren Blick auf beide Suiten werfen, um ihre Bestandteile zu verstehen.

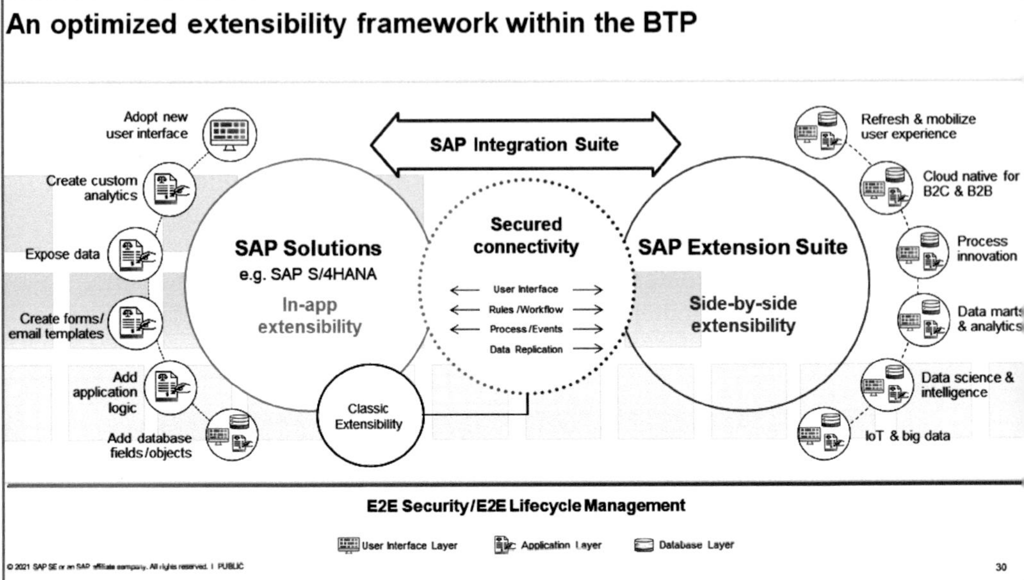

Abbildung 2.3: Rahmengerüst für Erweiterungen innerhalb von SAP BTP

SAP Extension Suite

Die SAP Extension Suite umfasst Werkzeuge und Lösungen zur Verbesserung der Entwicklungseffizienz und Produktivität. Sie sind flexibel in der Wahl des Entwicklungsansatzes und der Laufzeit. So können Sie Ihren Kunden über Anwendungen hinweg konsistente Erfahrungen liefern, Geschäftsprozesse über Standardlösungen hinaus automatisieren und verbessern sowie Anwendungen entwickeln, die On-Premises- und Cloud-Abläufe erweitern, etwa, indem Sie auf Ereignisse Ihres On-Premises-Systems in einem Service auf SAP BTP reagieren.

Außerdem können Sie Services mit Geschäftsregeln, Workflows und einer intelligenten, robotergestützten Prozessautomatisierung nutzen. Diese Dienste ermöglichen auch den späteren Anwendern, das Verhalten Ihrer Lösungen ohne die Unterstützung von Programmierern zu beeinflussen.

Die SAP unterteilt diese Suite in drei Hauptbereiche (siehe Abbildung 2.4):

1. *Digital Experience*
2. *Digital Process Automation*
3. *Development Efficiency*

Im Zusammenspiel helfen Ihnen diese Bereiche, die Anwendungsentwicklung auf der SAP Business Technology Platform zu vereinfachen, ohne die Kernanwendungen in Ihren ERP-Systemen zu beeinträchtigen. Sie können sowohl für den Einsatz in komplexen Unternehmen optimierte Frameworks als auch Low-Code-Lösungen und vorgefertigte Geschäftsprozesse einsetzen, um Ihre betriebliche Flexibilität, Effizienz und Konsistenz zu erhöhen.

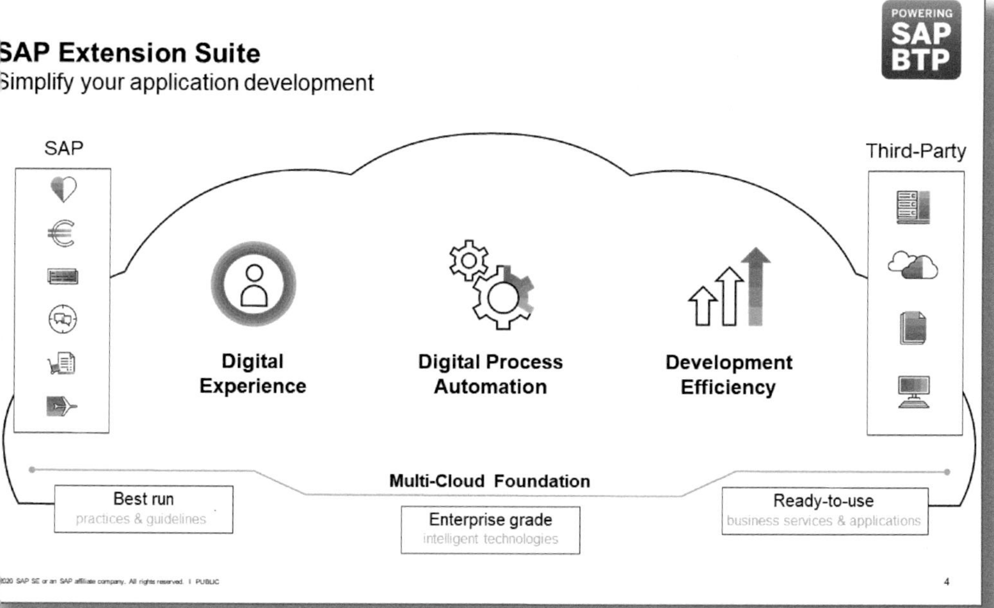

Abbildung 2.4: Übersicht der SAP BTP Extension Suite

Digital Experience konzentriert sich darauf, Menschen, Daten und Prozesse mit einem ansprechenden Nutzererlebnis zu verbinden. Die darauf abgestimmten Lösungen konzentrieren sich auf die Bereitstellung eines einheitlichen, kontextabhängigen und personalisierten Zugangs zu den benötigten Informationen. Sie erstellen Oberflächen, die Ihre Mitarbeiter, Kunden und Partner zu mehr Interaktion einladen und ein besseres Gesamterlebnis bewirken. Das Angebot reicht von Chatbots über Webseiten bis hin zu mobilen Geräten, einschließlich Lösungen wie SAP Conversational AI, SAP Launchpad und SAP Mobile Services.

Digital Process Automation zielt darauf ab, Geschäftsprozesse zu automatisieren, zu verbessern und zu individualisieren. Im Wesentlichen bedeutet das, digitale Arbeitsabläufe auf Ihre Geschäftsanforderungen zuzuschneiden, Entscheidungen mithilfe von Geschäftsregeln zu automatisieren und KI-gestützte Bots zur Automatisierung sich wiederholender und manueller Aufgaben einzusetzen. SAP bietet Ihnen außerdem vordefinierte Prozessinhalte für mehr Flexibilität bei der Anpassung Ihrer Geschäftsprozesse. Zu diesen Lösungen gehören *SAP Workflow Management* für eine Automatisierung und anschließende Transparenz der Arbeitsabläufe und Entscheidungen sowie *SAP iRPA* zur Automatisierung sich wiederholender Aufgaben.

Development Efficiency befasst sich mit dem schnellen Erstellen, Bereitstellen, Verbessern und Warten von Unternehmensanwendungen. Daher ist dieser Bereich am stärksten auf die Entwicklung fokussiert, einschließlich der verschiedenen Programmieransätze, Werkzeuge und Laufzeiten. Letztere haben einen erheblichen Einfluss auf die in Abschnitt 2.1 besprochenen Servicemodelle. Daher werde ich auf die Laufzeiten in Abschnitt 2.3 noch ausführlicher eingehen. Zu den Angeboten in diesem Bereich gehören das *Business Application Studio*, eine integrierte Entwicklungsumgebung (siehe Abschnitt 3.3) und *SAP Continuous Integration and Delivery* zur Konfiguration und Ausführung vordefinierter CI/CD-Pipelines, mit denen Ihr Code automatisch getestet, erstellt und bereitgestellt wird (siehe Abschnitt 4.3).

Extension Suite im Einsatz

Sie erstellen Ihre Anwendung und Prozesse sowie die zugehörigen Schnittstellen mithilfe von Programmieransätzen wie dem *SAP*

Cloud Application Programming Model (CAP) oder dem *SAP ABAP RESTful Application Programming Model (RAP)* (vgl. Abschnitt 3.2) und dem *Workflow Service* (siehe Abbildung 2.5). Diese Anwendungen und Schnittstellen führen Sie in den bereitgestellten Laufzeitumgebungen aus. Mit DevOps-Services, wie dem CI/CD-Service, automatisieren Sie den Bereitstellungsprozess, um Ihren manuellen Aufwand zu reduzieren. Nutzern stellen Sie die Anwendungen und Schnittstellen über unterschiedliche Interaktionskanäle bereit, etwa eine mit SAPUI5 erstellte Webseite, mit dem Mobile Development Kit erstellte mobile Kanäle oder einen durch SAP Conversational AI betriebenen Chatbot.

Mit der im nächsten Abschnitt beschriebenen SAP Integration Suite erhalten Sie anschließend Unterstützung für die Anbindung Ihrer Anwendung an Drittanbieterservices.

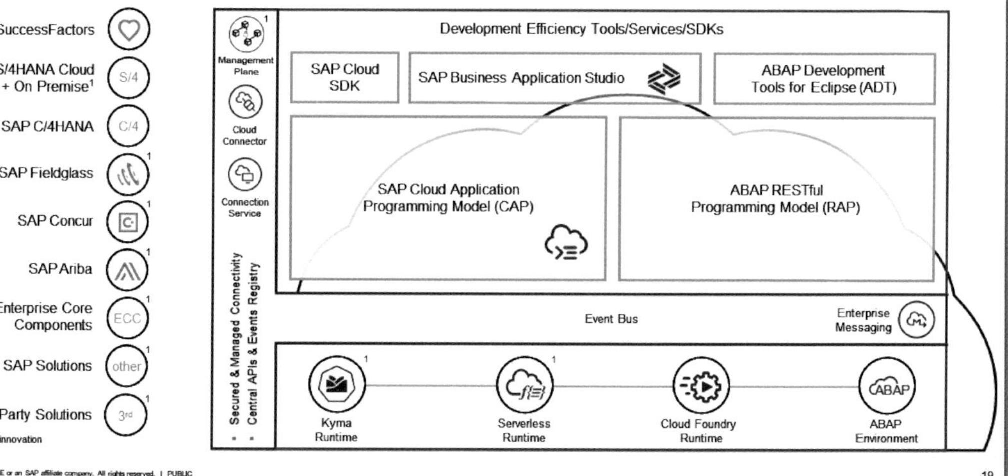

Abbildung 2.5: Erweiterte Übersicht der SAP BTP Extension Suite

In diesem Buch werden Sie hauptsächlich mit Lösungen aus der Extension Suite arbeiten. Sie werden das *SAP Business Application Studio* verwenden, um eine Anwendung mit dem Programmieransatz SAP Cloud Application Programming Model zu erstellen. Diese Anwendung werden Sie auf der Cloud Foundry Runtime bereitstellen und dabei die unterstützenden Dienste von Cloud Foundry nutzen. Anschließend automatisieren Sie den Bereitstellungsprozess mithilfe des Service SAP Continuous Integration and Delivery. Mit anderen Worten: Es gibt noch eine Menge zu entdecken!

SAP Integration Suite

Die Lösungen der SAP Integration Suite bilden die Integrationsschicht der SAP Business Technology Platform, wobei verschiedene Ansätze der Zusammenführung von Anwendungen und Prozessen unterstützt werden. Zu den Leistungen gehören vorgefertigte Integrationen, die von SAP verwaltet und aktualisiert werden, sowie ein harmonisierter Zugriff auf beliebte Cloud-Anwendungen von Drittanbietern (siehe Abbildung 2.6).

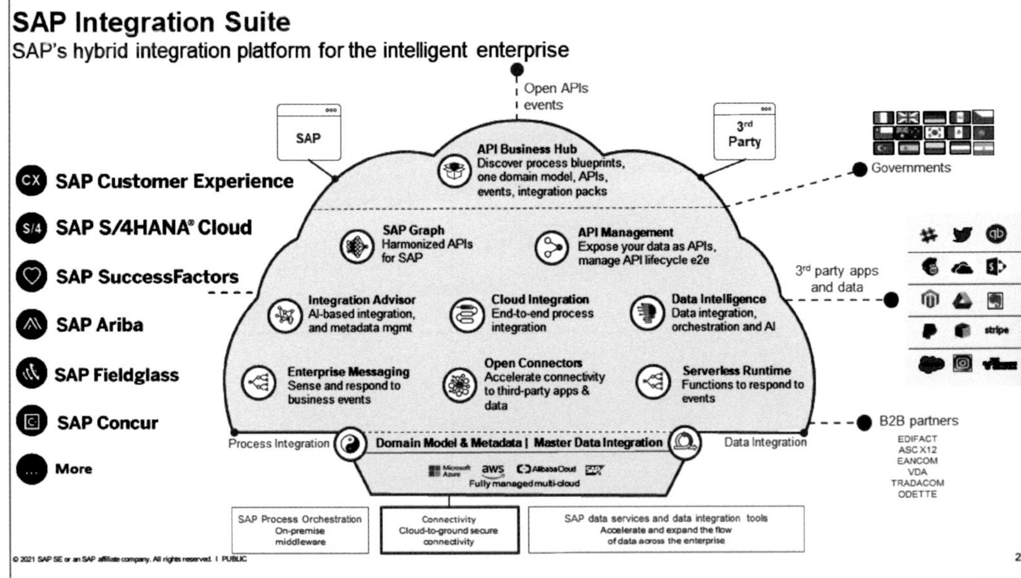

Abbildung 2.6: Übersicht der SAP BTP Integration Suite

Innerhalb der SAP Integration Suite ist die erste Komponente, auf die Sie normalerweise stoßen, der *SAP API Business Hub*. Lassen Sie sich von diesem Namen nicht täuschen. Hier geht es nicht nur um APIs. Er ist dazu da, digitale Inhaltspakete von SAP und ausgewählten Partnern zu entdecken und zu konsumieren. Dazu gehören unter anderem APIs, CDS-Views, Ereignisse, Integrationen und Workflows.

Der SAP API Business Hub verfügt über eine Art Testwerkzeug, nicht nur für APIs, sondern auch für die Erkundung des *SAP One Domain Model (ODM)*. Dabei handelt es sich um ein einziges, kohärentes Domänenmodell für die intelligente Suite von SAP, das den digitalen Kern und SAP-Cloud-Anwendungen umfasst. Als harmonisiertes Domänenmodell für anwendungsübergreifend verteilte Objekte schafft ODM die Grundlage für eine konsistente Sicht auf Stammdaten in der gesamten hybriden Landschaft. Die Abbildung von Objekten auf ein zentrales Domänenmodell ermöglicht es, dass Anwendungen verschiedene Sprachen sprechen und Konfigurations- sowie Transaktionsdaten abgeglichen werden.

SAP API Management übernimmt die Rolle des API Business Hub für Ihre Schnittstellen. Sie können es nutzen, um Ihre Daten als APIs offenzulegen und den Zugriff darauf zu verwalten, etwa durch die Festlegung der Art oder des Volumens von Anfragen, die eine bestimmte Rolle stellen darf.

Darüber hinaus werden verschiedene Integrations-, Anbindungs- und Verknüpfungsansätze angeboten, wie ereignisbasierte (über SAP Event Mesh) oder Punkt-zu-Punkt-Integrationen (über SAP Cloud Integration). Außerdem sind Open Connectors verfügbar, um die Konnektivität zu Anwendungen und Daten von Drittanbietern zu beschleunigen. Darunter befindet sich der Konnektivitätsbereich, zu dem der Cloud Connector gehört. Dieser ermöglicht eine nahtlose Konnektivität zwischen Cloud und On-Premises mit einer einzigen Anmeldung der Benutzer im Frontend mit Verwendung bis hin zum Backend.

Im Laufe des Buches werden Sie aus dem gesamten Portfolio der Integration Suite im Detail nur mit SAP Event Mesh in Kontakt kommen, und zwar im Rahmen der von Ihrer Anwendung ausgelösten Ereignisse (Abschnitt 3.6.2).

2.1.5 Fazit

Ein einzelnes Servicemodell kann die Business Technology Platform nicht kategorisieren, da es sich trotz ihres Namens nicht um ein reines Platform-as-a-Service-Angebot handelt. SAP BTP vereint mehrere Produktangebote, und das im Einzelfall zugrunde liegende Servicemodell hängt vom jeweiligen Angebot ab. Diejenigen zur Anwendungsentwicklung und -integration umfassen Laufzeitumgebungen mit verschiedenen Servicemodellen, die Sie zum Aufbau und zur Erweiterung Ihrer Lösungen verwenden können. Ich werde diese in Abschnitt 2.3 beschreiben.

☛ Übersicht der verfügbaren Services

Wenn Sie die unterschiedlichen auf der SAP Business Technology Platform verfügbaren Services erkunden möchten, besuchen Sie *https://discovery-center.cloud.sap/*.

Als Nächstes erstellen Sie Ihr SAP-BTP-Testkonto. Dieses Konto können Sie während des gesamten Buches verwenden, um die Themen praktisch zu erarbeiten. Sie können jedes Beispiel, das ich in den folgenden Kapiteln geben werde, mit diesem Testkonto nachvollziehen.

2.2 Erstellen eines Testkontos

In diesem Abschnitt führe ich Sie durch die Erstellung Ihres Testkontos, mit dem Sie in späteren Kapiteln nicht nur auf die Administrationsoberfläche, das SAP BTP Cockpit, sondern auch auf eine Entwicklungsumgebung zugreifen, verschiedene Dienste nutzen und Ihre eigene Anwendung bereitstellen werden.

Der erste Schritt besteht darin, dass Sie ein SAP-Konto anlegen – das ist unkompliziert und schnell erledigt:

1. Wenn Sie noch kein Konto für ein SAP-System haben, besuchen Sie bitte die URL *https://account.hana.ondemand.com*. Dies ist die Startseite des SAP BTP Cockpit, dem zentralen Verwaltungsportal der SAP Business Technology Platform.

2. Wählen Sie dort die Schaltfläche REGISTER, um das Registrierungsformular zu öffnen.

3. Sie werden nun nach einigen Daten wie E-Mail-Adresse, Name und Passwort gefragt. Füllen Sie diese Felder aus.

4. Prüfen Sie Ihr E-Mail-Postfach auf eine Willkommens-E-Mail und klicken Sie auf den darin enthaltenen Link, um Ihr Konto zu aktivieren. Sie erhalten daraufhin eine Erfolgsmeldung.

5. Mit Ihrer E-Mail-Adresse und Ihrem Passwort können Sie sich nun unter *https://account.hanatrial.ondemand.com* anmelden.

☛ Favorit für Startseite des SAP-BTP-Testkontos

Sie werden die Startseite im Weiteren noch häufig besuchen. Ich empfehle Ihnen daher, die URL *https://account.hanatrial.ondemand.com* in Ihren Browser-Favoriten zu speichern.

Wie bereits erwähnt, stellt die SAP ihre Plattform über die Infrastruktur verschiedener IaaS-Anbieter bereit. Das Unternehmen verfolgt damit eine Multi-Cloud-Strategie, bei der Sie wählen können, welchen Anbieter und Standort Sie nutzen möchten. Dies ist auch beim Anlegen Ihres Testkontos der Fall. Hier können Sie zwischen verschiedenen Rechenzentren wählen (Abbildung 2.7). Ich empfehle, das Ihnen geografisch am nächsten gelegene zu wählen. Für ein produktives Konto sollten Sie sich dagegen auf den Standort Ihrer potenziellen Kunden konzentrieren. Bestätigen Sie Ihre Auswahl mit CREATE ACCOUNT.

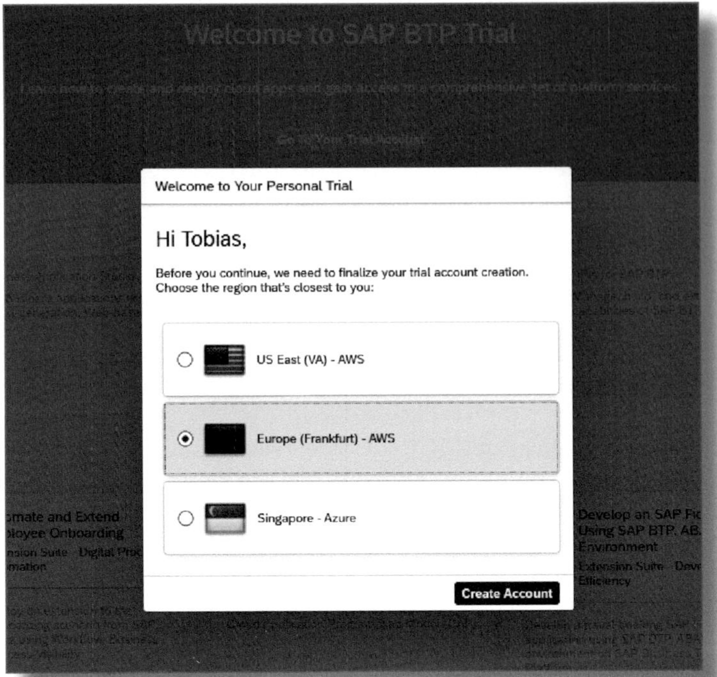

Abbildung 2.7: Auswahl der Region bei Erstellung eines Testkontos

Es erscheint daraufhin ein Bildschirm, der Sie über den aktuellen Status des Einrichtungsprozesses informiert (siehe Abbildung 2.8). Auf diesem finden Sie bereits fünf Begriffe, die ich in den folgenden Abschnitten behandeln werden:

- REGION
- GLOBAL ACCOUNT
- SUBACCOUNT
- ORG
- SPACE

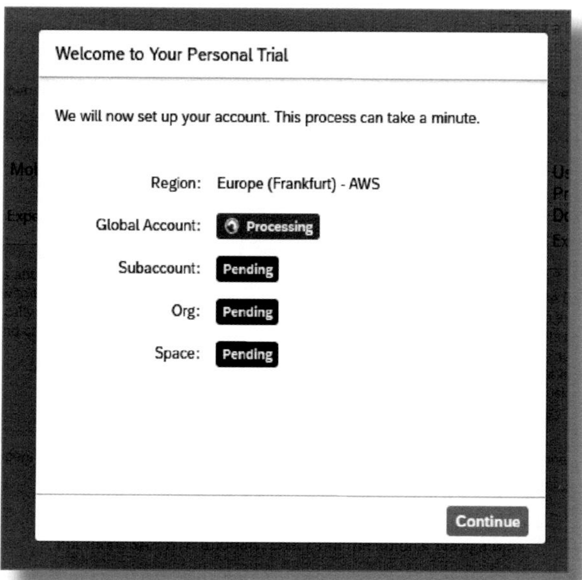

Abbildung 2.8: Status des Einrichtungsprozesses

Warten Sie kurz, bis der Einrichtungsvorgang abgeschlossen ist, und wählen Sie CONTINUE (siehe Abbildung 2.9).

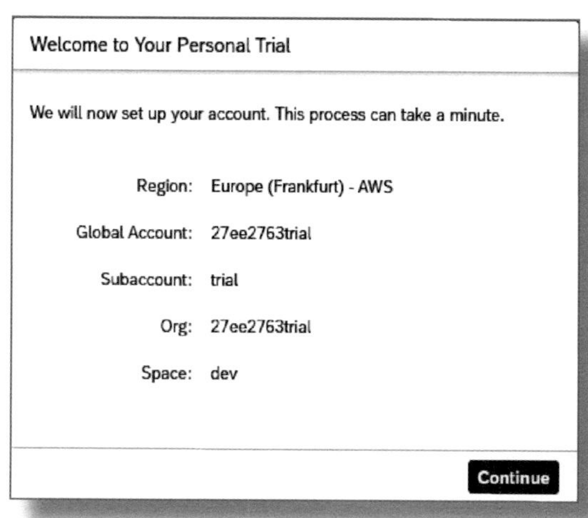

Abbildung 2.9: Abgeschlossener Einrichtungsprozess

Ihr Konto wurde nun erstellt. Sie befinden sich auf der Startseite des Testkontos und können die ersten Schritte auf SAP BTP unternehmen (siehe Abbildung 2.10).

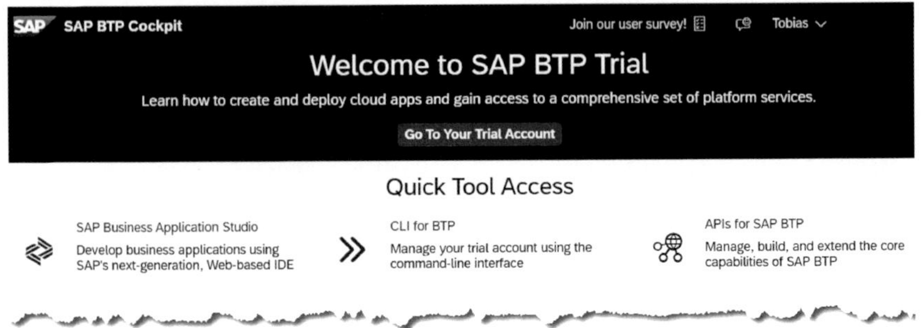

Abbildung 2.10: Startseite des Testkontos

2.2.1 Global Account

Öffnen Sie das SAP BTP Cockpit, indem Sie auf GO TO YOUR TRIAL ACCOUNT klicken. Sie befinden sich nun automatisch in Ihrem Global Account (siehe Abbildung 2.11). Ein *Global Account* wird verwendet, um Subaccounts, Mitglieder, Berechtigungen und Kontingente zu verwalten.

Es gibt zwei Arten von Global Accounts: *Unternehmenskonten* (bezahlt) und *Testkonten* (kostenlos). Der Typ bestimmt die Preisgestaltung, Nutzungsbedingungen, Ressourcen, verfügbaren Dienstleistungen sowie den Umfang der verwendbaren Funktionalitäten und des möglichen Supports.

In der produktiven Umgebung haben Sie zunächst die Möglichkeit, aus allen Global Accounts zu wählen, bei denen Sie Mitglied sind. Ein Global Account entspricht dabei der Realisierung eines mit der SAP abgeschlossenen Vertrags.

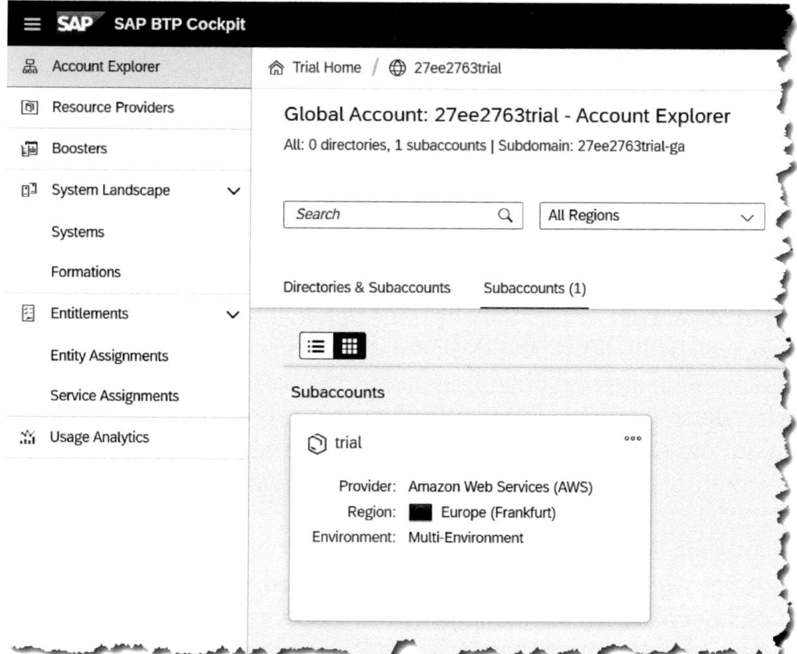

Abbildung 2.11: Übersichtsseite eines Global Accounts

In SAP BTP heißen alle verfügbaren externen Abhängigkeiten *Services*. Dies können z. B. Datenbanken, Messaging-Systeme oder eine Dokumentenverwaltung sein. Für jeden Service stehen ein oder mehrere Servicepläne zur Verfügung.

Ein *Serviceplan* stellt die Kosten und Funktionalitäten für eine konkrete Variante eines bestimmten Service dar. So kann eine Datenbank mit verschiedenen Größen von X-Small bis X-Large (ähnlich einem T-Shirt-Sizing) konfiguriert werden, die Ausdruck unterschiedlicher Konfigurationen (mehr Kerne, mehr RAM, mehr Festplattenspeicher, mehr Bandbreite usw.) sind und jeweils einem Serviceplan entsprechen.

Bei der Verwendung Ihres Testkontos oder dem Kauf eines Unternehmenskontos sind Sie berechtigt (entitled), einen bestimmten Umfang von Ressourcen zu nutzen. Dazu gehört beispielsweise die Speichermenge, die Ihren Anwendungen zugewiesen werden kann.

Ein *Anspruch* (ENTITLEMENT) ist Ihr Recht, eine Ressource bereitzustellen und zu verbrauchen. Mit anderen Worten: Ansprüche sind die Servicepläne, zu deren Nutzung Sie berechtigt sind.

Ein *Kontingent* (QUOTA) definiert den maximal zulässigen Verbrauch einer Ressource, d. h., welchen Leistungsumfang eines Serviceplans Sie nutzen dürfen. Einige Servicepläne verwenden numerische Kontingente, was bedeutet, dass Sie die Anzahl der in einem Subaccount verfügbaren Einheiten erhöhen oder verringern können. Je nach Service stellen diese Einheiten unterschiedliche Messgrößen dar und können sich auf die Anzahl der Service-Instanzen, Anwendungen oder Routen auswirken, die Sie in einem Subaccount verwenden dürfen.

Es gibt auch Servicepläne, bei denen das Kontingent als SHARED UNITS angezeigt wird. Für diese Servicepläne können Sie keine Kontingente auf Subaccount-Ebene festlegen. Ihre Subaccounts verwenden die auf dem Global Account verfügbaren Ressourcen. Die Art der verfügbaren Ressourcen hängt von dem jeweiligen Service ab. Zum Beispiel bezieht sich der SAP Alert Notification Service für SAP BTP auf die Anzahl der API-Aufrufe. Wenn Sie drei Subaccounts zur Nutzung des Dienstes berechtigen, können diese den Service nutzen. Die Verteilung der Nutzung auf den Subaccounts ist nicht relevant. Alle teilen sich das globale Limit der API-Aufrufe.

Berechtigungen und Kontingente werden auf der Ebene des Global Accounts gekauft und verwaltet, von wo aus sie auf Verzeichnisse und Subaccounts verteilt werden, die sie verbrauchen.

Wenn Sie im Reiter ENTITLEMENTS in den Abschnitt ENTITY ASSIGNMENTS navigieren und bei SELECT ENTITIES auf den automatisch erstellten Subaccount *trial* filtern (siehe Abbildung 2.12), können Sie sehen, dass Ihrem Subaccount bereits automatisch Berechtigungen und die entsprechenden Kontingente zugeordnet sind.

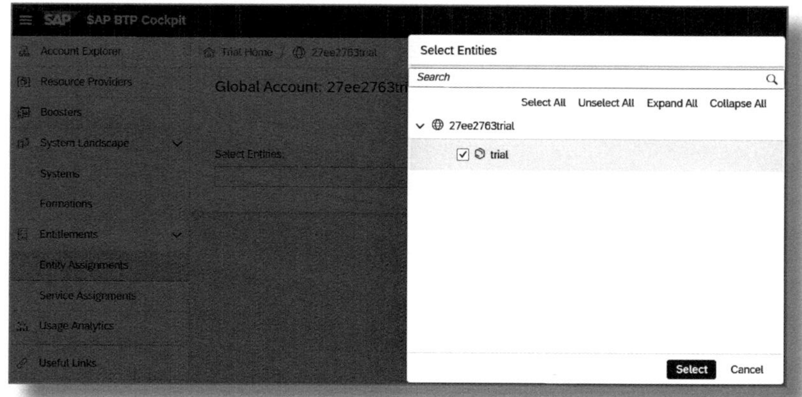

Abbildung 2.12: Zuweisung von Ansprüchen – Auswahl der Entitäten

In einem Unternehmenskonto würden Sie die Funktion CONFIGURE ENTITLEMENTS im Reiter ENTITLEMENTS verwenden, um Ihre verfügbaren Berechtigungen Ihren verschiedenen Subaccounts zuzuweisen (siehe Abbildung 2.13).

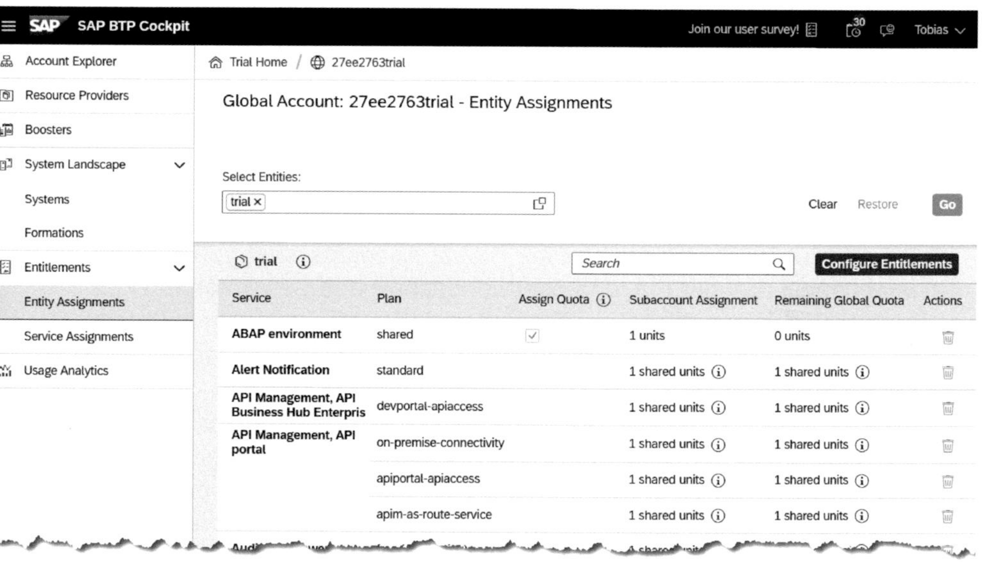

Abbildung 2.13: Zuweisung von Berechtigungen zur Servicenutzung im Global Account

Weiterhin finden Sie im Global Account eine Reihe von geführten interaktiven Prozessen, die es Ihnen ermöglichen, Services von SAP BTP auszuwählen, zu konfigurieren und zu nutzen. Diese nennen sich *Booster*. Sie können sich auch Verbrauchsanalysen anzeigen lassen und spezielle Systeme Ihrer Systemlandschaft, beispielsweise ein S/4HANA-Cloud-System, hinterlegen.

Außerdem verwalten Sie innerhalb des Global Accounts RESOURCE PROVIDERS, die es Ihnen ermöglichen, Dienste verschiedener Infrastrukturanbieter in Ihren Subaccounts zu verwenden. Nehmen wir z. B. an, Sie haben einen Vertrag mit Microsoft Azure und bereits Dienstleistungen wie Azure Database for PostgreSQL erworben. In diesem Fall können Sie Ihr Microsoft-Azure-Konto als Ressourcenanbieter in SAP BTP registrieren und den PostgreSQL-Service über Ihre Subaccounts zusammen mit anderen von SAP angebotenen Diensten konsumieren, unabhängig davon, ob Ihr Subaccount bei AWS betrieben wird.

Global Accounts sind keiner Region, keinem Infrastrukturanbieter und keiner Laufzeitumgebung zugeordnet. Diese Zuordnung findet erst auf der Ebene der Subaccounts statt.

2.2.2 Subaccount

Subaccounts strukturieren Global Accounts entsprechend den Anforderungen Ihrer Organisation und Ihres Projekts (siehe Abbildung 2.14). Die Subaccounts innerhalb eines Global Accounts sind voneinander unabhängig. Bei der Planung Ihrer Landschaft und Gesamtarchitektur sollten Sie das in Bezug auf Sicherheit, Mitgliederverwaltung, Datenmanagement, Datenmigration, Integration und mehr berücksichtigen.

Jeder Subaccount ist einer Region zugeordnet, also einem physischen Standort eines Infrastrukturanbieters, an dem Anwendungen, Daten oder Dienste gehostet werden. Die Ihrem Subaccount zugeordnete Region muss nicht direkt mit Ihrem physischen Standort verbunden sein. Beispielsweise könnten Sie sich in Europa befinden, aber Ihr Subaccount wird in den Vereinigten Staaten betrieben.

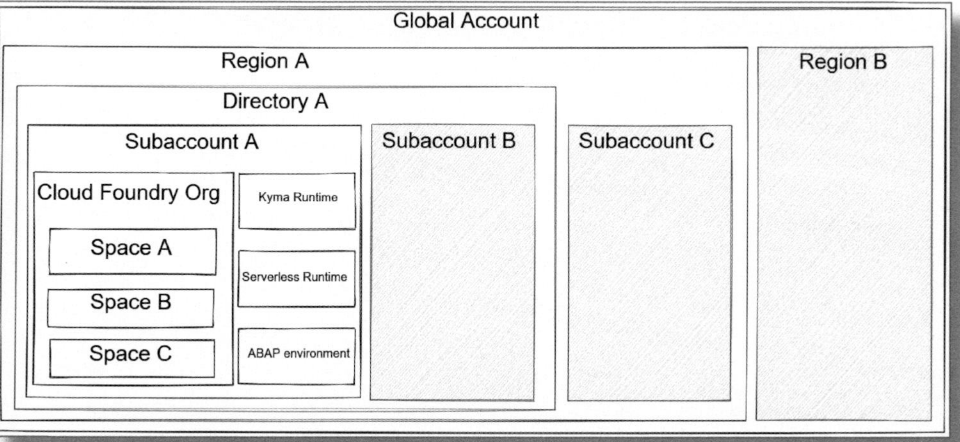

Abbildung 2.14: Kontenstruktur im SAP BTP Cockpit

Die Region, die Sie beim Anlegen des Testkontos angegeben haben, wird für den automatisch angelegten Subaccount TRIAL verwendet. Das können Sie auch auf der Seite ACCOUNT EXPLORER des Global Accounts sehen (Abbildung 2.11). Wenn Sie die dort angegebenen Daten mit den Daten der Erstellung vergleichen, werden Sie feststellen, dass sie identisch sind. Die spezifische Region ist beispielsweise relevant, wenn Sie Anwendungen bereitstellen und auf diese über die automatisch zur Verfügung gestellte URL zugreifen möchten. Sollten Sie als Region *AWS Frankfurt* gewählt haben, dann enthält die URL beispielsweise das Kürzel eu10.

Navigieren Sie nun zu Ihrem Subaccount, indem Sie im Reiter SUBACCOUNTS auf die Kachel für den automatisch angelegten Subaccount TRIAL klicken (siehe Abbildung 2.11). Sie werden zunächst zu einer Übersichtsseite geführt, die Sie beispielsweise über die verfügbaren und aktiven SaaS-Abonnements in Ihrem Subaccount sowie die dem Subaccount zugewiesenen Berechtigungen informiert und, ob die Laufzeitumgebungen Cloud Foundry oder Kyma in Ihrem Konto aktiviert sind (siehe Abbildung 2.15).

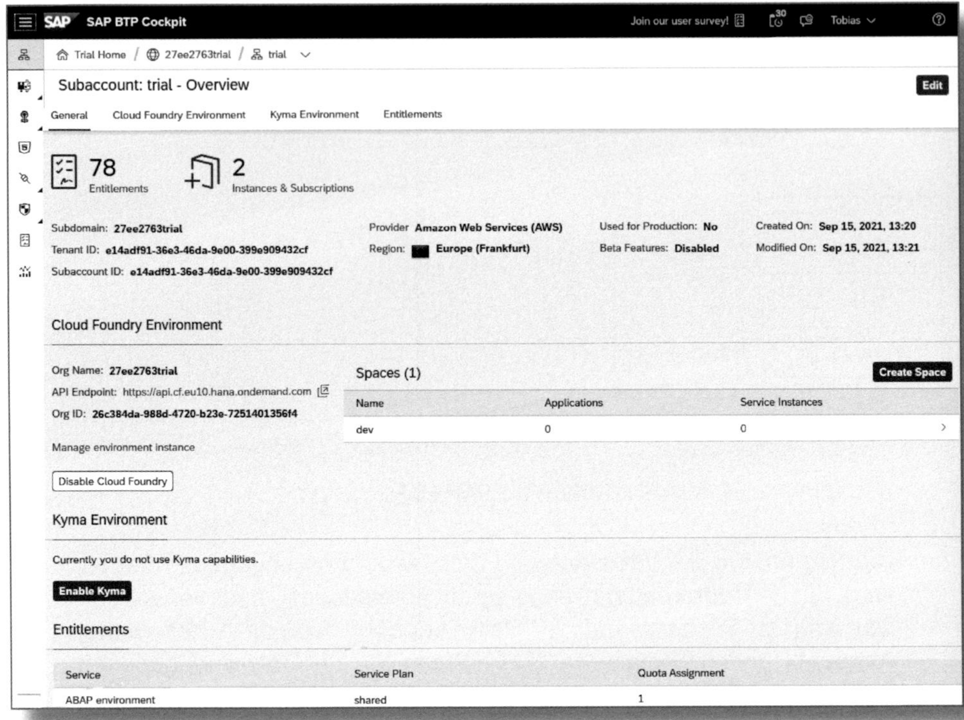

Abbildung 2.15: Übersichtsseite eines Subaccounts

Diese Berechtigungen entsprechen denen, die Sie im Globalen Account gesehen haben (siehe Abbildung 2.13). Sie können sie auch innerhalb des Subaccounts zuweisen. In diesem Fall wird automatisch ein Filter auf den Subaccount gesetzt.

In Ihrem Subaccount finden Sie einen *Marktplatz*, auf dem die verschiedenen Services angeboten werden (siehe Abbildung 2.16). Hier können Sie die Services für mehrere Cloud Foundry Spaces verwalten, aber auch solche, die nicht in der Cloud Foundry Runtime verfügbar sind. Die Services können Sie auf Basis der Berechtigungen des Subaccounts verwenden.

In der Cloud Foundry Runtime wird eine Service-Instanz in einem Space unter Verwendung eines bestimmten Serviceplans erstellt. So ermöglichen Sie Ihren Anwendungen die Nutzung von in Cloud Foundry verfügbaren Diensten. Stellen Sie sich einen Service als eine Fabrik vor, die Service-Instanzen liefert. Der Service ist das System, das die als Service-Instanzen bekannten Ressourcen bereitstellt und betreibt.

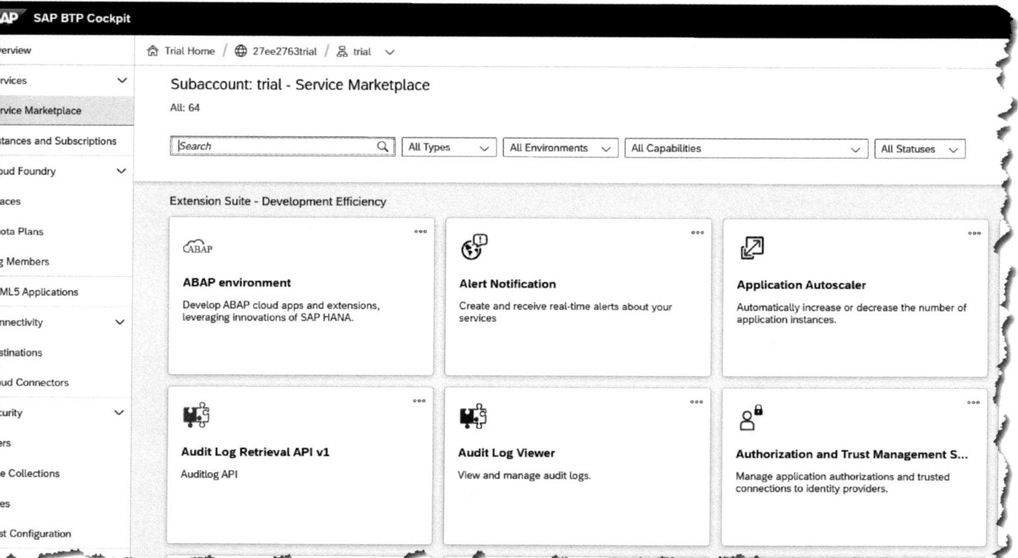

Abbildung 2.16: Service-Marktplatz im Subaccount

Wenn Sie im BTP Cockpit zur Seite SERVICE MARKETPLACE navigieren und auf eine der Kacheln klicken, beispielsweise AUTHORIZATION & TRUST MANAGEMENT, erhalten Sie rechts eine Übersicht über diesen Service (siehe Abbildung 2.17). Diese enthält in der Regel einen Link zur Dokumentation, einer Support-Seite und die für Sie verfügbaren Servicepläne.

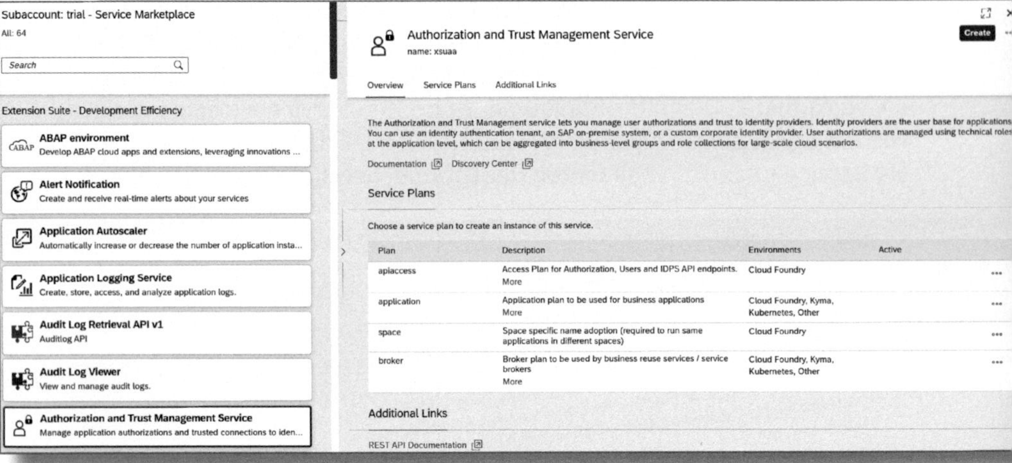

Abbildung 2.17: Detailansicht eines Service

Neben den Services finden Sie in Ihrem SUBACCOUNT Abonnements (SUBSCRIPTIONS). Für den Einsatz solcher, beispielsweise von der SAP entwickelten, Software-as-a-Service-Anwendungen benötigen Sie keinen aktiven Cloud Foundry Space, da die Anwendungen direkt im Konto des Anbieters laufen. Diese finden Sie ebenfalls im Service-Marktplatz. Filtern Sie dazu auf APPLICATION (siehe Abbildung 2.18). Die daraufhin ausgegebenen Kacheln repräsentieren je eine SaaS-Anwendung, die Ihrem Subaccount als Abonnement zur Verfügung steht.

Klicken Sie auf den Namen einer Anwendung, z. B. auf SAP BUSINESS APPLICATION STUDIO, um deren Übersichtsseite zu öffnen. Wie bei den Services erhalten Sie daraufhin weitere Informationen, beispielsweise die URL, mit der Sie auf die Anwendung zugreifen können, die mit der Anwendung ausgelieferten Rollen oder die Dokumentation (Abbildung 2.19).

! SAP Business Application Studio im Testkonto

Beachten Sie hier bitte, dass das SAP Business Application Studio bei der Erstellung eines Testkontos automatisch abonniert wird. Daher wird Ihnen bereits ein aktives Abonnement angezeigt. Für das Abonnement anderer Anwendungen müssten Sie zunächst auf eine CREATE-Schaltfläche klicken. (Details hierzu finden Sie beispielsweise in Abschnitt 4.3.2.)

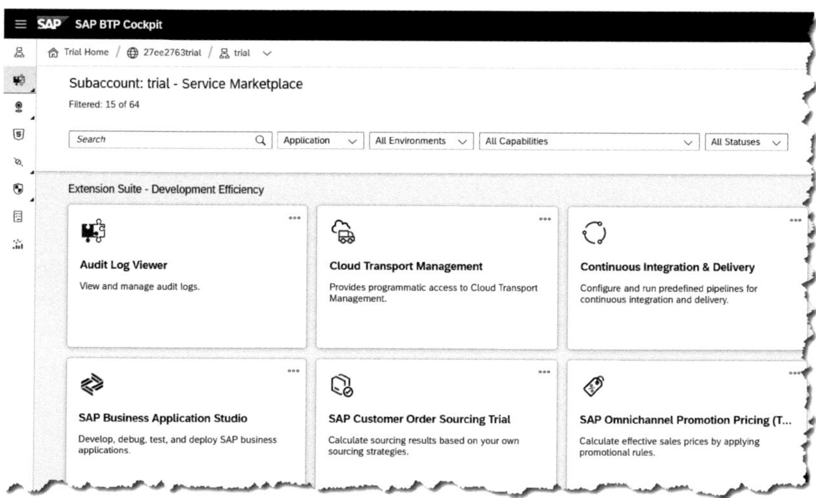

Abbildung 2.18: Übersicht der Abonnements im Subaccount

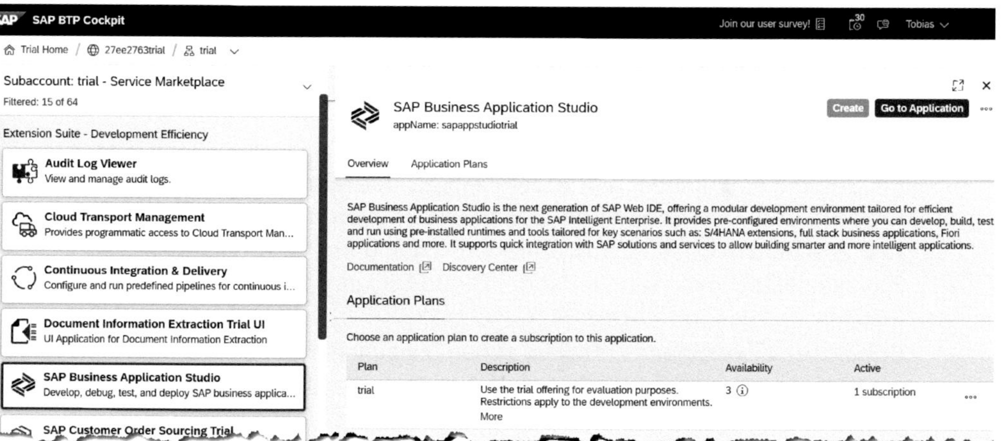

Abbildung 2.19: Details eines Abonnements

Das SAP Business Application Studio ist die bevorzugte Entwicklungsumgebung der SAP für SAP BTP. Wir werden es im Weiteren häufig verwenden, und ich werde Sie in einem späteren Kapitel durch die Einrichtung führen.

Der Subaccount wird auch für Verbindungs- und Sicherheitseinstellungen genutzt. Diese Einstellungen gelten für alle Spaces des Subaccounts. Beispielsweise können Sie im Subaccount mit *Destinationen* eine Abstraktionsschicht konfigurieren, sodass Ihre Anwendungen keine festen URLs oder Authentifizierungsdetails für die Verbindung mit externen Systemen benötigen. Sie können auch den *Cloud Connector* für den Zugriff auf Ihre On-Premises-SAP-Systeme mit dem Subaccount verbinden. Außerdem konfigurieren Sie im Subaccount die Authentifizierung und Autorisierung für Benutzer und Benutzergruppen, indem Sie Identitätsanbieter, Rollensammlungen sowie Rollen definieren und speichern. Diese Aspekte werde ich in späteren Abschnitten des Buches (z. B. Abschnitt 3.6.3) beim Aufruf von Schnittstellen und der Erstellung von benutzerdefinierten Anwendungsrollen erneut aufgreifen.

Bei einem Testkonto wird automatisch die Cloud-Foundry-Laufzeitumgebung aktiviert und vom System eine *Cloud Foundry Org* für Sie erstellt. Eine Org ist ein Entwicklungskonto in der Cloud-Foundry-Laufzeitumgebung, das eine Einzelperson oder mehrere Mitarbeiter besitzen und nutzen können. Der Subaccount und die Org haben eine Eins-zu-eins-Beziehung und die gleiche Navigationsebene im Cockpit (selbst bei unterschiedlichen Namen).

Im Subaccount finden Sie zudem einige spezifische Seiten für die Cloud-Foundry-Umgebung. In diesen lassen sich beispielsweise Quota-Pläne für den Ressourcenverbrauch in den erstellten Spaces und die Spaces selbst sowie Mitglieder der Cloud Foundry Org verwalten.

Sobald Sie einen Space erstellen, sehen Sie eine entsprechende Kachel mit Details, etwa zu verfügbaren Ressourcen (z. B. Speicher, Routen, Dienste, Anwendungen). Sie sehen die obere Nutzungsgrenze und den aktuellen Nutzungsstatus, die Anzahl der Anwendungen mit ihrem jeweiligen Status und die Anzahl der Mitglieder, die den Space nutzen, sowie den Zuweisungsstatus eines Space-Quotenplans. Wenn Sie die Seite SPACES öffnen, sehen Sie, dass in Ihrem Testkonto automatisch ein Space mit dem Namen DEV erstellt wurde (Abbildung 2.20).

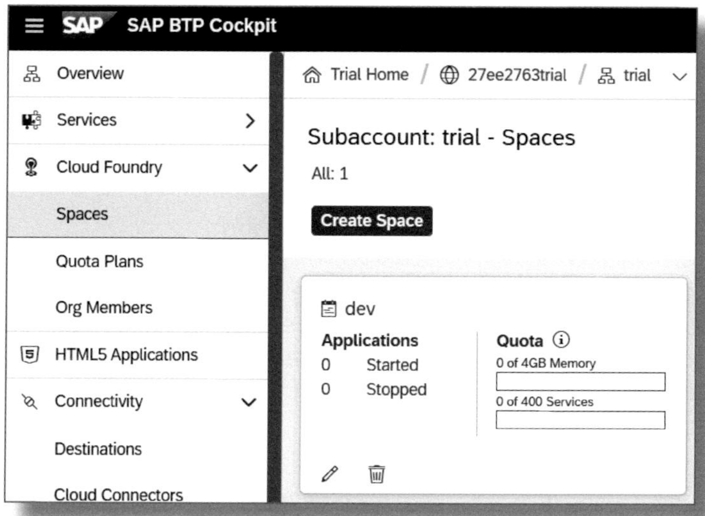

Abbildung 2.20: Übersicht der Spaces im Subaccount

Navigieren Sie nun durch einen Klick auf die Kachel zum Space DEV.

2.2.3 Space

In der Cloud-Foundry-Umgebung wird ein Subaccount, oder genauer gesagt eine Org, in einen oder mehrere Spaces unterteilt. Spaces ermöglichen es Ihnen, Ihr Account-Modell weiter zu untergliedern und die Vorteile der Services und Funktionen der Cloud-Foundry-Umgebung zu nutzen. Zu diesem Zweck bieten Ihnen Spaces Zugriff auf einen gemeinsamen Speicherort für die Anwendungsentwicklung, Bereitstellung und Wartung. Anwendungen, Service-Instanzen und Routen lassen sich nur für einen Space nutzen und unterliegen über Rollen einer Zugriffssteuerung.

Bei der Entwicklung von Anwendungen werden Sie sich wahrscheinlich auf zwei Bereiche des Space konzentrieren: Der eine ist die Application. Dieser Bereich zeigt Ihnen die Anwendungen, die in Ihrem Space laufen. Wir werden später, nachdem Sie eine Beispielanwendung erstellt haben, noch tiefer in diesen Bereich eintauchen. Der andere sind die Services. Dieser Bereich ähnelt dem gleichnamigen Bereich im Subaccount, hat allerdings einen Fokus auf dem betrachteten Space.

Von Ihrem Space aus können Sie des Weiteren Datenbankinstanzen erstellen, Routen zur Navigation gehosteter Anwendungen konfigurieren, Events anzeigen, Mitglieder konfigurieren und mehr.

Im Verlauf des Buches werden Sie mit einigen dieser Aspekte auf praktische Weise in Kontakt kommen. Lassen Sie mich aber nach diesen ersten Schritten auf der Plattform im nächsten Abschnitt zunächst einen genaueren Blick auf die verfügbaren Laufzeitumgebungen werfen.

2.3 Laufzeitumgebungen der SAP BTP

Ich werde Sie nun auf die Erstellung Ihrer ersten Anwendung vorbereiten. Die SAP stellt auf SAP BTP eine Auswahl an Laufzeiten zur Verfügung, mit denen Sie Ihre Anwendungen in für Ihren spezifischen Einsatzzweck und Entwicklungsansatz geeigneter Weise verwalten können.

SAP BTP bietet derzeit die folgenden Laufzeitumgebungen an:

- Cloud Foundry
- ABAP
- Serverless
- Kyma

Diese Umgebungen unterscheiden sich in den Auswahloptionen hinsichtlich Technologien, Programmiersprachen, Services und Servicemodellen. Ich werde Ihnen die verschiedenen Umgebungen kurz vorstellen, konzentriere mich in diesem Buch aber auf die Cloud Foundry.

In der Praxis können Sie all diese Laufzeitumgebungen für die Anwendungsentwicklung einsetzen. Orientieren Sie sich bei der Wahl an Ihrem Anwendungsfall und den damit verbundenen Anforderungen sowie an Ihren Programmierfähigkeiten.

2.3.1 SAP BTP, Cloud Foundry Runtime

Diese Laufzeitumgebung basiert auf der gleichnamigen Open-Source-Anwendungsplattform, den Spezifikationen und den von der Cloud Foundry Foundation entwickelten Werkzeugen. Mit *SAP BTP, Cloud Foundry Runtime* können Sie Ihre Cloud-nativen Anwendungen betreiben, unabhängig davon, in welcher Sprache Sie sie erstellen. SAP selbst unterstützt Java, Python und Node.js, während Community-Buildpacks u. a. eine Unterstützung für PHP, Ruby und Go bieten.

Bei Verwendung dieser Laufzeitumgebung können Sie die Standardwerkzeuge von Cloud Foundry sowie eine Reihe zusätzlicher SAP-BTP-Dienste und -Funktionen nutzen, um Ihre Anwendungen zu erweitern, zu verwalten und den reibungslosen Ablauf zu gewährleisten. Cloud Foundry stellt dazu Komponenten für die Protokollierung, Überwachung und Zustandsüberprüfung bereit. Mithilfe von über den Marktplatz (siehe Abschnitt 2.2.2) angebotenen Services lassen sich Ihre Anwendungen schnell um Messaging, Persistenz, Authentifizierung, Autorisierung, Protokollierung und mehr erweitern.

Als Entwickler müssen Sie sich dabei nicht mehr mit der Infrastruktur oder dem Bereitstellungsprozess auseinandersetzen. Sie deklarieren Abhängigkeiten in einer Datei und »pushen« die Anwendung über eine Kommandozeile. Die Plattform kümmert sich um das Auflösen der Abhängigkeiten und die Bereitstellung Ihrer Anwendung. Alternativ können Sie auch Docker-Container verwenden, um mehr Kontrolle über die Bereitstellung zu haben. Die Laufzeitumgebung ist für einen »Code-to-Container«-Workflow konzipiert, der die Paketierung des Quellcodes, das Staging, die Auflösung von Abhängigkeiten und die Ausführung der Anwendung umfasst. Mithilfe von Cloud-Foundry-Werkzeugen können Sie Ihre Anwendung nach der Bereitstellung beispielsweise auch automatisiert skalieren.

Für den Betrieb der Cloud Foundry Runtime können Sie eine der verfügbaren Hyperscaler-Infrastrukturen nutzen. Mit Blick auf das passende Servicemodell werden Sie feststellen, dass es sich bei der Cloud-Foundry-Umgebung um ein PaaS-Modell handelt. Wie eingangs erwähnt, konzentriere ich mich im gesamten Buch auf diese Laufzeitumgebung.

2.3.2 SAP BTP, ABAP environment

Mit *SAP BTP, ABAP environment* erstellen Sie ABAP-Anwendungen und Erweiterungen in der Cloud. Ebenso ermöglicht die in dieser Umgebung verfügbare ABAP-Laufzeit die Ausführung Ihrer neu erstellten ABAP-Anwendungen in der Cloud. Sie bietet einen Standardweg, um benutzerdefinierte, ereignisgesteuerte Erweiterungen für Ihre bestehenden Cloud- oder On-Premises-Lösungen zu erstellen. Außerdem können Sie das moderne *ABAP RESTful Application Programming Model (RAP)* nutzen, das SAP HANA, SAP Fiori und eine für die Cloud optimierte ABAP-Sprache mit einem Satz an freigegebenen Standard-APIs nutzt.

Zielgruppe dieser Umgebung sind vor allem SAP-Kunden, die ihre Geschäftsprozesse auf Basis von SAP S/4HANA in die Cloud verlagern. Da ABAP seit vielen Jahren die technologische Grundlage der On-Premises-Lösungen von SAP ist, ermöglicht das Angebot einer ABAP-basierten Laufzeitumgebung die Wiederverwendung vorhandener ABAP-Kenntnisse.

Obwohl einem ABAP im Zusammenhang mit »Cloud-native« nicht unbedingt als Erstes in den Sinn kommt, erweitert diese Umgebung doch das Angebot der SAP, indem es bestehenden Kunden Wahlfreiheit bei ihren Cloud-Entwicklungsprojekten bietet.

2.3.3 SAP BTP, Serverless Runtime

Mit *SAP BTP, Serverless Runtime* lassen sich serverlose Anwendungen erstellen, ausführen und verwalten. Sie können Funktionen erstellen, die gemäß der Definition in Ihrer Erweiterung bei Bedarf ausgelöst werden. Darüber hinaus können Sie Ihre SAP-Systeme verbinden, um auf OData-APIs zuzugreifen.

Nach der zuvor eingeführten Terminologie ist Serverless Runtime ein Functions-as-a-Service-Angebot der SAP und als leichtgewichtige Option zur Erweiterung von Geschäftssystemen gedacht. Folgen Sie dieser Terminologie, dann erkennen Sie die derzeitige Hauptintention der Laufzeitumgebung, darin Side-by-Side-Erweiterungen für S/4HANA-Systeme zu ermöglichen.

Es lässt sich eine Analogie zu Erweiterungsspots in lokalen ABAP-Systemen ziehen. Diese Erweiterungen können Sie zwar an bestimmten Stellen in die Standard-Geschäftsprozesse und -systeme integrieren, entkoppeln sie aber vom sogenannten digitalen Kern. So können Sie den Kern, Ihr ERP-System, frei von kundenspezifischem Code halten.

Bei der Entwicklung von Funktionen in dieser Laufzeitumgebung müssen Sie einem bestimmten Programmierstil folgen. Die Serverless Runtime unterstützt derzeit mit Node.js die Programmiersprache JavaScript.

Da die vierte Laufzeitumgebung, die Kyma Runtime, auf denselben abgestimmten Technologiestandards und Konzepten basiert, ist ein Übergang dorthin ohne Änderung des Anwendungscodes möglich. Dies gewährt Ihnen mehr Flexibilität und zusätzliche Freiheiten, jedoch mit mehr Verantwortlichkeit für Kosten und Betrieb.

2.3.4 SAP BTP, Kyma Runtime

SAP BTP, Kyma Runtime ist eine vollständig verwaltete Kubernetes-Laufzeit, die auf dem Open-Source-Projekt »Kyma« basiert. Die Kyma-Laufzeitumgebung gestattet es Ihnen, SAP-Lösungen mit containerisierten Microservices zu erweitern.

Sie können also Cloud-native Lösungen als Microservices in einer verwalteten, Kubernetes-basierten Umgebung bereitstellen. Diese Microservice-basierten Anwendungen oder Erweiterungen sind mit serverlosen Funktionen kombinierbar. Dies gewährleistet die reibungslose Nutzung von SAP- und Nicht-SAP-Anwendungen, die Ausführung von Workloads in einer hoch skalierbaren Umgebung sowie die Erstellung von ereignis- und API-basierten Erweiterungen.

Betrachten Sie diese Runtime als ein CaaS-Angebot, das Ihnen mehr Kontrolle über die Bereitstellung Ihrer Anwendungen gibt, zugleich aber die Komplexität für den Entwickler erhöht.

Nun haben Sie mit den wichtigsten Begriffen und Laufzeitumgebungen die Basis der SAP Business Technology Platform kennengelernt. Wenden wir uns im nächsten Kapitel der Entwicklung einer ersten eigenen Anwendung zu.

3 Erstellen von Cloud-nativen Anwendungen

Dieses Kapitel führt Sie zunächst durch die zentralen Anforderungen an Cloud-native Anwendungen und die von der SAP bereitgestellten Programmiermodelle, um diese Anforderungen zu erfüllen. Darauf aufbauend werden Sie ein Projekt für ein SAP Cloud Application Programming Model aufsetzen und mit der lokalen Entwicklung starten. Zu Beginn werden Sie lokale Mock-Services verwenden, die das Verhalten der eigentlichen Services in der Cloud simulieren. Nach und nach werden Sie diese aber durch die auf SAP BTP real laufenden Services ersetzen.

3.1 Anforderungen an Cloud-native Anwendungen

Lassen Sie uns mit einem Blick auf das Anwendungsdesign für PaaS beginnen. Welche Design- und Architekturkonzepte müssen Sie berücksichtigen, wenn Sie die Vorteile einer solchen Plattform nutzen wollen? Wie können Sie am besten im Rahmen der Einschränkungen arbeiten?

Zur Beantwortung dieser Fragen möchte ich Ihnen die *Zwölf-Faktoren-App* vorstellen, eine Methode, die die Entwicklung von in der Cloud bereitgestellten Apps begleitet. Sie vermittelt Informationen, die die Notwendigkeiten für den Aufbau gut strukturierter und skalierbarer Cloud-Anwendungen zusammenfassen. Solche Anwendungen:

- sind aus Sicht der Entwicklung automatisiert;
- sind über Ausführungsumgebungen hinweg portabel;
- können in der Cloud bereitgestellt werden, wodurch der Bedarf an Servern und Serveradministration minimiert wird;

- ermöglichen eine kontinuierliche Bereitstellung mit einer minimalen Abweichung zwischen Entwicklungs- und Produktivsystem;
- sind ohne signifikante Änderungen oder Aufwand skalierbar.

Sie können die Zwölf-Faktoren-Methode unabhängig von der Programmiersprache anwenden. Obwohl sich die Methode auf die Erstellung von SaaS-Anwendungen konzentriert, gilt sie als solide Grundlage für jede webbasierte Anwendung.

Wenn Sie mit einigen der folgenden Begriffe noch nicht vertraut sind, lassen Sie sich nicht abschrecken. Durch deren wiederkehrenden Gebrauch in den folgenden Abschnitten werden Sie in der Lage sein, sie dem jeweils passendem Kontext zuzuordnen. Lassen Sie mich Ihnen also einen groben Überblick über die für Sie im Rahmen dieses Buches relevanten Merkmale der zwölf Faktoren geben.

3.1.1 Codebase

»Eine im Versionsmanagementsystem verwaltete Codebase, viele Deployments«

Der Codebase-Faktor besagt, dass Anwendungen unter einer Versionskontrolle stehen sollten. Eine Kopie der Versionskontrolldatenbank nennen Sie *Code-Repository*, oft abgekürzt als Code-Repo oder einfach Repo. Alle Repos, die sich einen ursprünglichen *Commit* teilen, bilden eine Codebase.

☛ Was ist ein Commit?

Ein Commit ist ein Vorgang in Versionskontrollsystemen, der die letzten Änderungen des Quellcodes an das Repository sendet und sie so zu einem Teil der führenden Revision des Repositories macht. Wenn andere Benutzer eine Aktualisierung oder ein Auschecken des Repositories vornehmen, erhalten sie die letzte committete Version, sofern sie nicht angeben, dass sie eine frühere Version des Quellcodes abrufen möchten.

Zwischen einer Codebase und einer App sollte immer eine Eins-zu-eins-Beziehung bestehen. Bei mehreren Codebases handelt es sich nicht um eine App, sondern um ein System. Wenn sich mehrere Apps denselben Code teilen, stellt das einen Verstoß gegen diesen Faktor dar. Es wird empfohlen, gemeinsam genutzten Code in Bibliotheken zu bündeln.

Sie können allerdings in mehreren Umgebungen verschiedene Versionen der gleichen Codebase mit unterschiedlichen Konfigurationen verwenden. Ein gängiges Beispiel sind unterschiedliche Zweige (*Branches*) für Entwicklung, Test und Produktion. Sie befinden sich alle im gleichen Repository mit der gleichen Codebasis, spiegeln aber beispielsweise unterschiedliche Entwicklungsstadien des Codes wider. Die Änderungen werden meist vom Entwicklungszweig in den Testzweig und von dort in den Produktionszweig übertragen. Außerdem kann sich ein und derselbe Zweig durch die Verwendung von Umgebungsvariablen unterschiedlich verhalten, wenn er in verschiedenen Umgebungen eingesetzt wird. Sie sollten für unterschiedliche Umgebungen aber nicht mit unterschiedlichen Codebases arbeiten.

Es existiert also nur eine Codebase, aber es bestehen viele Deployments der App. Ein *Deploy* ist eine laufende Instanz der App. Üblicherweise gibt es mehrere Entwicklungssysteme, Staging-Systeme und ein Produktivsystem. Entwicklungssysteme können auch lokale Kopien sein, die auf dem Rechner eines Entwicklers laufen.

Die Codebase ist in all diesen Deployments identisch, wenn auch in unterschiedlichen Versionen. So kann es beispielsweise sein, dass ein Entwickler einige Änderungen noch nicht in das Qualitätssicherungssystem eingespielt oder noch nicht in das Produktionssystem überführt hat. Die Umgebungen teilen sich dennoch dieselbe Codebasis, was sie als unterschiedliche Implementierungen derselben Anwendung auszeichnet.

Umsetzung in Ihrer Beispiel-Anwendung

Im Verlauf dieses Buches werden Sie Ihren Code mit Git und GitHub unter Versionskontrolle stellen. Anschließend stellen Sie Ihre Anwendung in verschiedenen Umgebungen bereit, von der Entwicklung bis hin zu einer simulierten Produktivumgebung (siehe Abschnitt 4.3).

3.1.2 Abhängigkeiten

»Abhängigkeiten explizit deklarieren und isolieren«

Dieser Faktor besagt, dass Sie sich nicht auf die Existenz von systemweiten Abhängigkeiten verlassen sollten. Sie sollten externe Artefakte wie Frameworks vollständig in einem Abhängigkeitsmanifest referenzieren, einschließlich der erforderlichen Version. Vermeiden Sie es, solche Artefakte mit Ihrem Quellcode im Repository zu verwalten. Legen Sie nur Code in der Versionskontrolle ab, der ausschließlich für den konkreten Anwendungszweck relevant ist.

Umsetzung in Ihrer Beispiel-Anwendung

In der Beispiel-Anwendung werden Sie Node.js verwenden. Mit Node.js können Sie die Entwicklungs- und Produktivabhängigkeiten Ihrer Anwendung in einer Datei namens *package.json* referenzieren. Sie werden also package.json einsetzen, um Abhängigkeiten zu bestimmten Paketen und Versionen zu deklarieren und fixieren (siehe Abschnitt 3.5.1). Der Node-Paketmanager (npm) löst diese Abhängigkeiten auf und installiert Module in einem lokalen node_modules-Verzeichnis, wodurch die Abhängigkeiten jeder Anwendung vom Rest des Systems isoliert werden. In ähnlicher Weise führt Cloud Foundry Ihre Anwendung in einer Containerart aus, die sie von anderen Containern isoliert.

3.1.3 Konfiguration

»Die Konfiguration in Umgebungsvariablen ablegen«

Der Konfigurations-Faktor gibt an, wie Sie Konfigurationsinformationen in die Laufzeitumgebung einbinden sollten: als Umgebungsvariablen oder als Einstellungen, die in einer unabhängigen Konfigurationsdatei definiert sind.

Diese Trennung hat den Vorteil, dass sich Konfigurationseinstellungen über verschiedene Bereitstellungspfade anwenden lassen. So können Sie beispielsweise je einen Satz von Konfigurationseinstellungen für den Einsatz in einer Testumgebung und in einer Produktivumgebung haben. Die konfigurierbaren Werte werden dabei aus der Umgebung ausgelesen.

Umsetzung in Ihrer Beispiel-Anwendung

Sie lagern Konfigurationen auf Basis der Umgebung aus und trennen Konfiguration und Code. Sie speichern diese in Umgebungsvariablen und stellen sie über eine Datei namens *manifest.yml* zur Verfügung (siehe Abschnitt 4.1). Verbindungskonfigurationen zu Ihren Cloud-Foundry-Services, wie Ihrer Datenbank, werden über eine VCAP_SERVICES-Umgebungsvariable definiert, die von der Umgebung bereitgestellt wird. Im Fall einer lokalen Entwicklung erfolgt dies über eine lokale Datei.

3.1.4 Unterstützende Dienste

»Unterstützende Dienste als angehängte Ressourcen behandeln«

Der Faktor »Unterstützende Dienste« fordert Sie auf, externe Komponenten wie Datenbanken, E-Mail-Server, Message-Broker und unterstützende Dienste als angehängte Ressourcen zu behandeln. Dies fördert die Flexibilität und Effizienz im Lebenszyklus der Softwareentwicklung. Das Speichern der Zugriffsdaten auf einen unterstützenden Dienst in der Konfiguration erleichtert es Ihnen, diesen auszutauschen.

Umsetzung in Ihrer Beispiel-Anwendung

Sie werden beispielsweise ein Framework verwenden, das die Datenbankverbindung handhabt. Dieses Framework abstrahiert die Unterschiede zwischen verschiedenen SQL-basierten Datenbanken und erleichtert den Wechsel von einem Datenbanksystem zum anderen. Lokal setzen Sie eine SQLite-Datenbank ein, die Sie gegen eine SAP-HANA-Datenbank austauschen werden. Die Verbindung zur Datenbank stellen Sie in diesem Fall über eine URL her, die über die Umgebungsvariable VCAP_SERVICES bereitgestellt wird.

Wenn Sie eine neue Datenbank einrichten müssten, könnten Sie eine neue Datenbankinstanz auf Cloud Foundry erstellen und diese an Ihre Anwendung binden. Nach dem Restaging Ihrer App würde die VCAP_SERVICES-Umgebung mit der neuen Verbindungs-URL aktualisiert werden und Ihre App würde sich mit der neuen Datenbank verbinden. Dabei unberücksichtigt bleibt die Migration von Daten. Die Handhabung der Migration Ihrer Daten von einer Datenbank zu einer anderen kann kompliziert sein und sprengt den Rahmen der Zwölf-Faktor-App.

3.1.5 Build, release, run

»Build- und Run-Phase strikt trennen«

Der Faktor »Build, Release, Run« unterteilt den Anwendungsbereitstellungsprozess in drei reproduzierbare Phasen:

1. In der Build-Phase wird Code abgerufen und in Artefakte kompiliert, die in einem Artefakt-Repository gespeichert werden.

2. In der Release-Phase werden die Konfigurationseinstellungen angewendet.

3. Im Rahmen der Run-Phase erfolgt die Bereitstellung einer Laufzeitumgebung, in der die Anwendung und ihre Abhängigkeiten implementiert werden.

Sie sollten diese Phasen strikt trennen und beispielsweise keine Codeänderungen zur Laufzeit vornehmen. Eine Übernahme dieser Änderungen zurück in die Build-Phase ist nicht möglich, sodass es an dieser Stelle zu Problemen kommen kann.

Cloud Foundry übernimmt den Großteil der Aufgaben für Sie. In der Datei package.json können Sie Skripte konfigurieren. Der Kommandozeilen-Client und das Entwicklungs-Toolkit für das SAP Cloud Application Programming Model beinhalten mehrere vorkonfigurierte Befehle, die Sie zum Erstellen und Ausführen Ihrer Anwendung verwenden können.

Umsetzung in Ihrer Beispiel-Anwendung

Sie erstellen die CAP-Anwendung mit einem Befehl aus dem CAP-Kommandozeilen-Client. Mit einem Cloud-Foundry-CLI-Befehl pushen Sie Ihren Code zu Cloud Foundry, das sich um die Kompilierung der Artefakte, die Anwendung von Konfigurationseinstellungen und die Bereitstellung der Laufzeitumgebung kümmert. Standardmäßig führt beispielsweise das nodejs_buildpack von Cloud Foundry das in der Datei package.json konfigurierte Skript »npm start« aus, um Ihre Anwendung zu starten.

3.1.6 Prozesse

»Die App als einen oder mehrere Prozesse ausführen«

Dieser Faktor besagt, dass Ihre Anwendung als eine Sammlung *zustandsloser Prozesse* ausgeführt werden sollte. Das bedeutet, dass ein Prozess weder den Zustand eines anderen Prozesses nachverfolgt noch Informationen über beispielsweise den Sitzungs- oder Workflow-Status aufbewahrt.

Zustandslose Prozesse erleichtern die Skalierung Ihrer Anwendung. Sie können dabei Instanzen hinzufügen und entfernen, um eine bestimmte Last zu einem konkreten Zeitpunkt zu bewältigen. Die Zustandslosigkeit verhindert unbeabsichtigte Nebeneffekte, da jeder Prozess unabhängig arbeitet.

Umsetzung in Ihrer Beispiel-Anwendung

Sie werden an keinem Einstiegspunkt der Anwendung Daten im Laufzeitspeicher oder im lokalen Dateisystem erwarten und unterstützende Dienste zur Datenspeicherung verwenden.

3.1.7 Bindung an Ports

»Dienste durch das Binden von Ports exportieren«

Dieser Faktor besagt, dass Ihre Anwendung vollständig in sich geschlossen sein sollte und nicht darauf angewiesen ist, dass zur Laufzeit ein externer Webserver eingebunden wird.

Der Grundgedanke hinter der Portweiterleitung ist, dass die konsistente Verwendung einer Portnummer die beste Möglichkeit ist, einen Netzwerkprozess zu veröffentlichen.

Beispielhafte Portnummern

Es haben sich mit der Zeit einige Standard-Portnummern herausgebildet, wie etwa:

- Port 80 für Webserver mit HTTP,
- Port 443 für HTTPS und
- Port 22 für SSH.

Umsetzung in Ihrer Beispiel-Anwendung

In der Voreinstellung läuft eine lokale Instanz Ihrer CAP-Anwendung auf Port 4004. Bei der Bereitstellung stellt die Routing-Schicht von Cloud Foundry sicher, dass Anfragen von einem öffentlich sichtbaren Hostnamen zu den an die Ports gebundenen Prozessen kommen. Cloud Foundry weist also Ihrer Anwendungsinstanz einen Port auf dem Host-Rechner zu und gibt diesen über eine Umgebungsvariable bekannt. Sie selbst erhalten eine URL, die Anfragen an die verschiedenen Instanzen Ihrer Anwendung verteilt.

3.1.8 Nebenläufigkeit

»Mit dem Prozess-Modell skalieren«

Der Nebenläufigkeitsfaktor empfiehlt, Prozesse bzw. verschiedene Teile einer Anwendung nach ihrem Zweck zu organisieren. Diese sind so zu trennen, dass Sie sie hoch- und runterskalieren können, um dem aktuellen Bedarf gerecht zu werden. Dabei darf das Hinzufügen neuer Anwendungsinstanzen nicht zu Blockaden oder Konflikten führen, etwa durch fehlende Informationen über die Benutzersitzungen. Für die funktionale Korrektheit Ihrer Anwendung muss es unerheblich sein, welche Instanz aufgerufen wird.

Umsetzung in Ihrer Beispiel-Anwendung

Ihre App ist zustandslos, Sie speichern die Konfiguration in der Umgebung und lesen sie beim Starten aus. Alle übrigen Daten halten Sie in einer Datenbank. Dadurch kann Ihre Anwendung durch einfaches Hinzufügen weiterer Instanzen skaliert werden. Allerdings werden Sie aufgrund der Größe der Anwendung diese nicht in mehrere Teilanwendungen aufspalten.

3.1.9 Einweggebrauch

»Robuster mit schnellem Start und problemlosen Stopp«

Der Faktor des Einweggebrauchs sagt aus, dass Sie Prozesse Ihrer Anwendung »wegwerfen«, also schnell starten und stoppen können.

Bevor Sie eine App für Anwender verfügbar machen, sind zunächst alle erforderlichen Aufgaben abzuschließen. So sollte z. B. ein geordneter Start sicherstellen, dass sämtliche Datenbankverbindungen und der Zugriff auf andere Netzwerkressourcen funktionsfähig sind. Auch alle anderen verpflichtenden Konfigurationsarbeiten sollten erledigt sein.

Für das Herunterfahren ist sicherzustellen, dass jegliche Datenbankverbindungen und andere Netzwerkressourcen ordnungsgemäß beendet werden. Praktisch bedeutet dies, dass die Anfragen auf dem Server-Port nicht mehr abgehört und alle laufenden Anfragen beendet werden.

Dieser Faktor ermöglicht Ihnen somit eine schnelle, elastische Skalierung sowie Einarbeitung von Code- oder Konfigurationsänderungen und macht Produktivimplementierungen robuster. Selbst wenn die Plattform (ständig) unabhängig von Ihrer Anwendung aktualisiert wird, Maschinen ersetzt werden oder Sicherheitspatches Neustarts verursachen und all dies dazu führen kann, dass die Plattform Ihre Anwendung beendet. Cloud Foundry wird einen neuen Prozess auf dem neuen Host starten, noch bevor Ihr alter Prozess beendet ist.

Cloud Foundry wird ein Herunterfahren Ihrer App-Instanz bei Befehlen wie der Skalierung Ihrer Anwendungen oder aufgrund verschiedener Systemereignisse anfordern. Um die Anwendung herunterzufahren, sendet Cloud Foundry ein SIGTERM an den Anwendungsprozess im Container. Das Signal SIGTERM ist ein generisches Signal und die Standardmethode zum Beenden eines Programms. Im Gegensatz zu SIGKILL kann dieses Signal blockiert, behandelt und ignoriert werden. Entsprechend der Voreinstellung muss Ihre Anwendung die aktiven Anfragen innerhalb von zehn Sekunden nach Erhalt des SIGTERM abschließen, bevor Cloud Foundry sie mit einem SIGKILL beendet. Ihre Anwendung sollte beispielsweise die Verarbeitung bestehender Anfragen beenden und keine weiteren Anfragen annehmen.

Umsetzung in Ihrer Beispiel-Anwendung

In diesem Buch entwerfen Sie keine spezifischen Aktionen für schnelle Starts und problemlose Stopps, sondern überlassen diese Aktionen vollkommen dem CAP-Framework und Cloud Foundry.

3.1.10 Dev-Prod-Vergleichbarkeit

»Entwicklung, Staging und Produktiv so ähnlich wie möglich halten«

Der Dev-Prod-Vergleichbarkeitsfaktor sieht vor, dass die Unterschiede zwischen Entwicklung und Produktion, also der dem Endbenutzer bereitgestellten Anwendung, minimiert werden sollten. Dazu gehört, dass Sie versuchen, möglichst die gleichen unterstützenden Dienste auf den lokalen Entwicklungsmaschinen zu verwenden wie in der Produktivumgebung. Der Ersatz für einen echten Dienst könnte sich anders verhalten und dazu führen, dass Tests in der Entwicklungsumgebung erfolgreich sind, in der Staging- oder Produktivumgebung aber fehlschlagen.

Umsetzung in Ihrer Beispiel-Anwendung

In diesem Buch werden wir mit drei verschiedenen Umgebungen arbeiten:

- Entwicklung: Ihr SAP Business Application Studio
- Staging: eine Cloud-Foundry-Umgebung, die Sie für die Vorschau der Anwendung verwenden
- Produktiv: eine zweite Cloud-Foundry-Umgebung, in die Sie nach Freigabe mit dem *SAP Cloud Transport Management* transportieren werden

So weit wie möglich werden Sie die Unterschiede zwischen Entwicklung, Staging und Produktiv auf die in der Umgebung gespeicherte Konfiguration beschränken. Für die lokale Umgebung werden Sie jedoch eine eindeutige Konfiguration haben, um ein leicht unterschiedliches Verhalten zu erzeugen. Das hängt vor allem damit zusammen, dass Sie verschiedene Dienste simulieren werden, anstatt diese unmittelbar zu verbinden. Die Anwendung widerspricht damit ausdrücklich dem Faktor, da Sie beispielsweise mit SQLite und SAP HANA Cloud unterschiedliche unterstützende Dienste zwischen Entwicklung und Produktiv verwenden. Im weiteren Verlauf des Kapitels werden Sie aber auch lernen, wie Sie die gehosteten Dienste in Ihrer lokalen Umgebung verwenden können.

3.1.11 Logs

»Logs als Strom von Ereignissen behandeln«

Dieser Faktor empfiehlt, Protokolldaten in einem Ereignisstrom zu versenden, auf den unterschiedliche interessierte Verbraucher zugreifen können. Der Prozess zur Weiterleitung von Protokolldaten muss von deren Verarbeitung getrennt sein.

Beispielsweise könnte ein Verbraucher nur an Fehlerdaten interessiert sein, während ein anderer Verbraucher an Anfrage/Antwort-Daten interessiert ist. Ein weiterer Verbraucher könnte wiederum die Speicherung aller Protokolldaten für die Ereignisarchivierung anstreben. Ein zusätzlicher Vorteil ist, dass die Protokolldaten erhalten bleiben, selbst wenn eine Anwendung beendet wird.

Umsetzung in Ihrer Beispiel-Anwendung

Sie können Protokolle nach *stdout* schreiben und sie dann mit anderen Tools verarbeiten. In diesem Buch werden Sie diesen Vorgang möglichst einfach halten, indem Sie `console.log()`-Anweisungen für die Protokollierung verwenden. Diese Protokolle (siehe Abschnitt 4.6) sind im Cloud-Foundry-Protokollstrom sowie in Kibana (vgl. Abschnitt 4.6) sichtbar. Für eine umfassendere Protokollierungserfahrung können Sie beispielsweise das Paket `@sap/logging` verwenden, welches Protokollierungs- und Tracing-Funktionen für Node.js-Anwendungen bietet.

3.1.12 Admin-Prozesse

»Admin/Management-Aufgaben als einmalige Vorgänge behandeln«

Verschiedene administrative Prozesse sind Teil der Anwendungsbereitstellung, beispielsweise Datenmigrationen oder die einmalige Ausführung von Skripten in einer bestimmten Umgebung. Der Faktor »Admin-Prozesse« besagt, dass Sie solche Aufgaben als einmalige Vorgänge behandeln sollten, und empfiehlt, sie im Repository als Teil der Codebasis der Anwendung aufzubewahren. Auf diese Weise folgen einmalige Skripte dem bereits für Ihre Codebasis definierten Prozess.

Stellen Sie sicher, dass einmalige Skripte automatisiert werden, damit Sie sich nicht darum kümmern müssen, sie vor der Bereitstellung manuell auszuführen. Die Zwölf-Faktoren-Methode empfiehlt außerdem die Verwendung der integrierten Werkzeuge der Ausführungsumgebung, um diese Skripte auf Produktionsservern auszuführen.

Umsetzung in Ihrer Beispiel-Anwendung

In der Beispielanwendung verwenden Sie Node.js als Laufzeitumgebung. Sie könnten einmalige Aufgaben als npm-Skripte hinzufügen. Ich gehe im Buch jedoch nicht weiter auf diesen Faktor ein.

3.1.13 Erweiterung der Zwölf-Faktoren-Methode

Die Zwölf-Faktoren-Methode ist seit ihrer Einführung nicht ohne Kritik geblieben. Einige Autoren haben sie um zusätzliche Faktoren der modernen Anwendungsentwicklung ergänzt. Drei Faktoren einer solchen Erweiterung möchte ich Ihnen im Weiteren vorstellen.

API Zuerst

Nehmen Sie für einen Moment an, Sie erstellen Cloud-native Anwendungen und haben bereits alle anderen bis zu diesem Punkt besprochenen Faktoren vollständig berücksichtigt. Sobald neuer Code in Ihr Repository aufgenommen wird, werden automatisch Tests ausgeführt. Innerhalb weniger Minuten haben Sie Release-Kandidaten in einer Staging-Umgebung laufen.

Nun erstellt ein anderes Team in Ihrer Organisation Services, mit denen Ihr Code interagiert. Ein wenig später bringt ein weiteres Team seine Services ein. Bald haben Sie mehrere Teams, die Dienste mit horizontalen Abhängigkeiten und unterschiedlichen Release-Rhythmen bereitstellen.

Ohne Disziplin bezüglich der Schnittstellen zwischen den Services besteht die Gefahr von Integrationsfehlern. Um diese zu vermeiden und Ihre API formal als erstklassiges Artefakt des Entwicklungsprozesses anzuerkennen, gibt der Faktor »API Zuerst« den Teams die Möglichkeit, gegen die öffentlichen Verträge der anderen zu arbeiten, ohne die internen Entwicklungsprozesse zu beeinträchtigen. Selbst wenn Sie nicht vorhaben, einen Service als Teil eines größeren Ökosystems zu entwickeln, zahlt sich die Disziplin, die gesamte Entwicklung auf der API-Ebene zu beginnen, aus.

Umsetzung in Ihrer Beispiel-Anwendung

Sie werden drei verschiedene APIs für verschiedene Anwendungsfälle innerhalb der Beispiel-Anwendung erstellen und verfügbar machen.

Telemetrie

Auch Telemetrie sollte ein wesentlicher Bestandteil jeder Cloud-nativen Anwendung sein, da Ihnen bei dieser – im Vergleich zu lokalen Anwendungen – einige Arten des direkten Zugriffs fehlen, die Ihnen tiefe Einblicke in Ihre Anwendung und deren Verhalten geben könnten.

Sie hätten z. B. die Möglichkeit, mit **einer** Instanz Ihrer Anwendung zu beginnen, und wenige Minuten später werden bereits hunderte von Kopien ausgeführt. Daraus ergibt sich ein ungewohntes Muster für die Echtzeit-Anwendungsüberwachung und Telemetrie. Für die Anwendungsüberwachung existieren diverse Datenkategorien, wie etwa:

- *Anwendungsleistungsüberwachung*, auf Englisch *Application Performance Monitoring (APM):* Ereignisstrom, den Werkzeuge nutzen können, um die Leistung Ihrer Anwendung zu überwachen. Die Daten, die zur Bereitstellung von APM-Dashboards verwendet werden, sind relativ generisch und können von mehreren Anwendungen in verschiedenen Geschäftsdomänen stammen.
- *Domänenspezifische Telemetrie:* Strom von Ereignissen und Daten, die für Ihr Unternehmen von Bedeutung sind und die Sie für Ihre Analysen und Berichte verwenden können. Häufig speisen Sie diese Art von Ereignisstrom in ein »Big Data«-System für Warehousing, Analysen und Prognosen ein.
- *Zustands- und Systemprotokolle:* Strom von Ereignissen, wie das Starten und Herunterfahren von Anwendungen, die Skalierung, die Verfolgung von Webanfragen und die Ergebnisse regelmäßiger Zustandsprüfungen.

Der Unterschied zwischen APM und domänenspezifischer Telemetrie ist vielleicht nicht sofort ersichtlich. Stellen Sie es sich so vor: APM könnte Ihnen die durchschnittliche Anzahl von HTTP-Anfragen pro Sekunde liefern, die eine Anwendung verarbeitet. Gleichzeitig könnte Ihnen die domänenspezifische Telemetrie die Anzahl der in den letzten Minuten verkauften Artikel mitteilen.

Sie sollten Ihre Anwendungen wie Raumsonden behandeln und Anwendungen in die Cloud verlagern, als wollten Sie wissenschaftliche Instrumente ins All senden. Bereiten Sie im Vorfeld Protokollierungen für die Aspekte vor, die Sie überprüfen, warten und beheben müssen. Auch wenn Sie von Ihrem Cloud-Anbieter Informationen über Zustands- und Systemprotokolle sowie die Überwachung der Anwendungsleistung erhalten, sollten Sie sicherstellen, dass Sie in diesem Bereich genügend aussagekräftige Daten sammeln.

Mit Cloud Foundry und dem *SAP Application Logging Service for SAP BTP* erhalten Sie standardmäßig eine Vielzahl von Informationen. Dieser Service ermöglicht Ihnen, Protokolle von gebundenen Anwendungen an einen zentralen Anwendungsprotokollierungs-Stack zu streamen. Er verwendet *Elastic Stack*, um Ihre Anwendungsprotokolldaten zu speichern und zu visualisieren.

Umsetzung in Ihrer Beispiel-Anwendung

Sie werden nichts Spezielles implementieren, sich aber mit dem SAP Application Logging Service für SAP BTP befassen (siehe Abschnitt 4.6).

Authentifizierung/Berechtigung

Die ursprünglichen 12 Faktoren berücksichtigen die Aspekte Sicherheit, Authentifizierung und Autorisierung nicht im Detail. Man konzentriert sich häufig so sehr auf die Erfüllung der funktionalen Anforderungen einer Anwendung, dass man einen der wichtigsten Aspekte der Anwendungsbereitstellung vernachlässigt. Es empfiehlt sich, die Sicherheit als kritische Komponente jeder Anwendung und nicht als zweitrangige Überlegung zu behandeln.

Eine Cloud-native Anwendung muss eine sichere Anwendung sein. Unzählige Clients, manche mit legitimen, manche mit bösen Absichten, können auf die Schnittstellen Ihrer Anwendung zugreifen. Im Idealfall würden alle Cloud-nativen Anwendungen ihre Endpunkte mit einer Zugriffskontrolle absichern. Jedes Mal, wenn jemand die Ressourcen einer Anwendung anfordert, sollte diese wissen, wer die Anforderung stellt und welche Rolle er hat. Anhand dieser Rollen kann festgestellt werden, ob der aufrufende Client über ausreichende Berechtigungen verfügt, damit die Anwendung die Anfrage bearbeiten kann.

Doch damit sind die Anforderungen noch nicht erschöpft. Je nach Standort Ihrer Benutzer müssen Sie möglicherweise aufgrund von Datenschutzgesetzen wie der DSGVO noch weitere erfüllen. Selbst wenn der einzige Grund für die Implementierung von Sicherheitsmaßnahmen in Ihrer Anwendung darin besteht, dass Sie einen Nachweis darüber haben, welcher Benutzer welche Datenänderung vorgenommen hat, ist dies allein Vorteil genug, um den relativ geringen Zeit- und Arbeitsaufwand für die Sicherung der Endpunkte Ihrer Anwendung zu rechtfertigen.

Angenommen, Sie denken bereits im Vorfeld über diese Anforderungen an Ihre Anwendungen nach. In diesem Fall können Sie die richtigen Frameworks und unterstützenden Dienste für die Implementierung auswählen und sich die Mühe ersparen, im Nachhinein Maßnahmen zur Einhaltung der Vorschriften zu ergreifen.

Umsetzung in Ihrer Beispiel-Anwendung

Sie werden einen Ihrer Anwendungsendpunkte mit einer rollenbasierten Zugriffskontrolle absichern. So wissen Sie bei jeder Anfrage an diese Ressourcen, wer die Anfrage stellt und welche Rollen er besitzt. Diese Rollen bestimmen, ob der aufrufende Client über ausreichende Berechtigungen verfügt, damit die Anwendung die Anfrage berücksichtigen kann.

Worauf Sie in der Beispielanwendung keine Rücksicht nehmen werden, ist die Audit-Protokollierung. Ich empfehle, einen Blick auf das Paket @sap/audit-logging zu werfen, um mehr Informationen darüber zu erhalten. Dieses Paket bietet Audit-Logging-Funktionalitäten für Node.js-Anwendungen, die mit dem SAP Audit Log Service (vgl. Abschnitt 4.6) verwendet werden können.

3.1.14 Zusammenfassung Zwölf-Faktoren-App

Die Zwölf-Faktoren-App ist ein Ansatz für die Entwicklung von Software-as-a-Service-Anwendungen und verkörpert Meinungen sowie bewährte Verfahren für die Lösung systembedingter Probleme. Viele Organisationen nutzen die Grundsätze und Praktiken, die der Zwölf-Faktoren-App zugrunde liegen. Sie ist jedoch nicht der einzig gültige Ansatz und eignet sich nicht für alle Anwendungen oder Organisationen. Obwohl der Ansatz seine Vorzüge hat, sollten Sie die Implementierung der Faktoren nicht als Alles-oder-Nichts-Vorschlag betrachten. Sie können sie Stück für Stück berücksichtigen und umsetzen. Entscheidend ist, dass Sie sich dazu entscheiden, die Faktoren zu befolgen, und dann die ersten Schritte machen.

Hintergrundwissen zur Zwölf-Faktoren-App

Wenn Sie an weiteren Hintergrundinformationen über die Zwölf-Faktoren-App interessiert sind, empfehle ich Ihnen einen Besuch der Seite *https://12factor.net/*. Für eine detaillierte Erläuterung zur Erweiterung der Faktoren empfehle ich das Buch »Beyond the Twelve-Factor App« von Kevin Hoffmann (O'Reilly Media, 2016).

3.2 Programmiermodelle

Bevor wir in die Entwicklungsarbeit einsteigen, lassen Sie uns in diesem Abschnitt noch einen Blick auf die von der SAP empfohlenen Programmiermodelle werfen, mit denen die Herausforderungen der Entwicklung von Cloud-nativen Anwendungen anzugehen sind. Diese Modelle umfassen einen Satz von Richtlinien, die beschreiben, wie Sie eine Anwendung konkret programmieren.

Zur Erstellung und Integration von Unternehmens- sowie Cloud-fähigen Anwendungen und Diensten sind derzeit zwei Programmiermodelle von zentraler Bedeutung:

- *SAP Cloud Application Programming Model (CAP)*
- *ABAP RESTful Application Programming Model (RAP)*

Beide verwenden als Modellierungssprache *Core Data Services (CDS)* zur Deklaration von Datenmodellen und Diensten. Ebenso veröffentlichen beide OData- oder REST-Schnittstellen, die von Benutzeroberflächen oder anderen Clients einsetzbar sind (siehe Abbildung 3.1). Worin unterscheiden sich also die beiden Modelle?

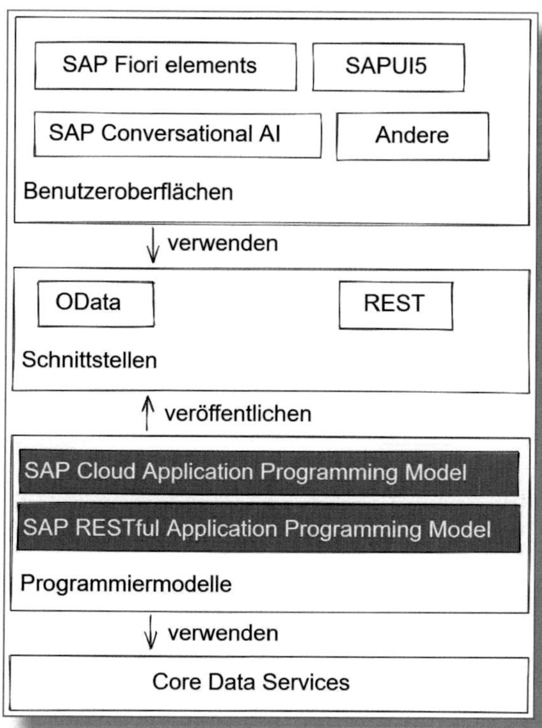

Abbildung 3.1: SAP-Programmiermodelle

RAP setzt die SAP-eigene Programmiersprache ABAP ein und unterstützt Sie bei der Entwicklung von Anwendungen und Diensten auf der SAP Business Technology Platform ABAP Environment sowie auf SAP S/4HANA. Es orchestriert Technologien wie CDS und OData mit neuen Konzepten, Richtlinien und Werkzeugen, um ein modernes Programmiermodell für die ABAP-Entwicklung zu bieten – unabhängig davon, ob Sie von Grund auf neu beginnen oder bestehende Geschäftslogik wiederverwenden möchten.

Auslöser für die Entwicklung von **CAP** war die Frage von Kunden, wie sie am besten cloudbasierte Geschäftsanwendungen innerhalb des SAP-Ökosystems erstellen können. CAP ist im Gegensatz zu RAP ein Framework aus Sprachen, Bibliotheken und Werkzeugen für die Erstellung von Services und Anwendungen in der Cloud. Dieses Modell ermöglicht es Ihnen, Ihre Anwendungen in Sprachen wie Java und JavaScript zu erstellen und auf Open-Source-Laufzeiten wie Node.js auszuführen. Dazu kombiniert CAP weit verbreitete Open-Source- und SAP-Werkzeuge und -Technologien mit Anleitungen sowie Best Practices, die dem Entwickler helfen, sich auf die geschäftsspezifische Logik zu konzentrieren, ohne sich von der zugrunde liegenden Technologie ablenken zu lassen.

Die Service-SDKs für Java und Node.js helfen bei der Implementierung und Nutzung von Services. Für Standardanwendungsfälle, wie das Erstellen oder Lesen von Entitäten, können generische Implementierungen der SDKs viele Anfragen automatisch bedienen. In Kombination mit CDS bietet CAP Vorteile, wie das einfache Einbinden von Authentifizierung und Autorisierung oder Protokollierung.

Auch wenn CAP im Zusammenhang mit SAP BTP bisher die besten Ergebnisse liefert, geht es im Kern nicht um die Verbindung oder die Arbeit mit einem bestimmten Datenbank- oder Cloud-Plattformanbieter. Vielmehr konzentriert sich CAP im Wesentlichen auf Ihre Dienste und Anwendungen, und es geht darum, den Nutzern Ihrer Anwendungen auf einfache Weise Schnittstellen anzubieten.

In der sich schnell verändernden Welt der Cloud-Technologien und -Plattformen ist es eine große Herausforderung, mit dem sich wandelnden Umfeld Schritt zu halten. Besonders dann, wenn Sie zu viele Dinge fest miteinander verbunden haben, die bald veraltet sein könnten. CAP vermeidet solche Lock-ins durch übergeordnete Konzepte und APIs, die Low-Level-Plattformfunktionen und -protokolle abstrahieren. Dies gilt insbesondere für Themen wie:

- plattformspezifische Bereitstellungsansätze und -techniken
- plattformspezifische Identitätsanbieter und Authentifizierungsstrategien

- synchrone Protokolle
- asynchrone Kanäle und Broker
- verschiedene Datenbanktechnologien

Diese Abstraktionen ermöglichen es Ihnen, sich an aufkommende Technologien oder Plattformen anzupassen, ohne den Anwendungscode zu beeinflussen, und schützen so Ihre Investitionen. So gibt es zwar eine erstklassige Unterstützung für SAP-bezogene Technologien wie SAP BAS, SAPUI5, SAP HANA und OData, aber Sie sind nicht darauf beschränkt und können beispielsweise auch andere IDEs, UIs oder Datenbanken verwenden.

Sie haben es vielleicht schon geahnt: Da RAP, oder besser gesagt ABAP, nur in der ABAP Runtime verfügbar ist, werden Sie in diesem Buch CAP verwenden. Lassen Sie mich Ihnen zunächst zeigen, wie Sie Ihre Entwicklungsumgebung einrichten.

3.3 Einrichtung der Entwicklungsumgebung

Für die Entwicklung der Anwendung werde ich das SAP Business Application Studio (BAS) verwenden. Wie Sie jedoch im vorherigen Abschnitt gelernt haben, sind Sie nicht auf dessen Nutzung beschränkt. In diesem Abschnitt erkläre ich Ihnen, wie Sie das SAP BAS einrichten und warum es eine ausgezeichnete Wahl ist.

3.3.1 Einrichtung des SAP BAS

Öffnen Sie erneut die Startseite Ihres SAP-BTP-Testkontos. Wenn Sie meiner Empfehlung in Abschnitt 2.2 gefolgt sind, sollten Sie die URL (*https://cockpit.hanatrial.ondemand.com/*) in Ihren Favoriten finden. In der Schnellzugriffsleiste sehen Sie drei verschiedene Einträge (vgl. Abbildung 2.10). Wählen Sie den Eintrag SAP BUSINESS APPLICATION STUDIO.

Zunächst müssen Sie einen *Dev Space* anlegen. Dev Spaces sind das Herzstück des SAP Business Application Studio. Sie funktionieren wie isolierte virtuelle Maschinen in der Cloud. Jeder Dev-Space-Typ wird mit den für sein Entwicklungsszenario (z. B. CAP, SAP Fiori oder mobile Apps) relevanten Werkzeugen und Laufzeiten vorinstalliert geliefert. Dies vereinfacht das Einrichten der Entwicklungsumgebung, da keine Software installiert oder aktualisiert werden muss. Der Space dient also dazu, Ihre Entwicklungsumgebung entsprechend der Art der zu entwickelnden Anwendung zu erstellen und zu verwalten.

Lassen Sie sich hier nicht von den Begrifflichkeiten verwirren. Der Dev Space in SAP BAS und der Dev Space Ihres Cloud Foundry Subaccounts (vgl. Abschnitt 2.2.2) sind zwei unterschiedliche Dinge.

Klicken Sie zunächst auf CREATE DEV SPACE (siehe Abbildung 3.2).

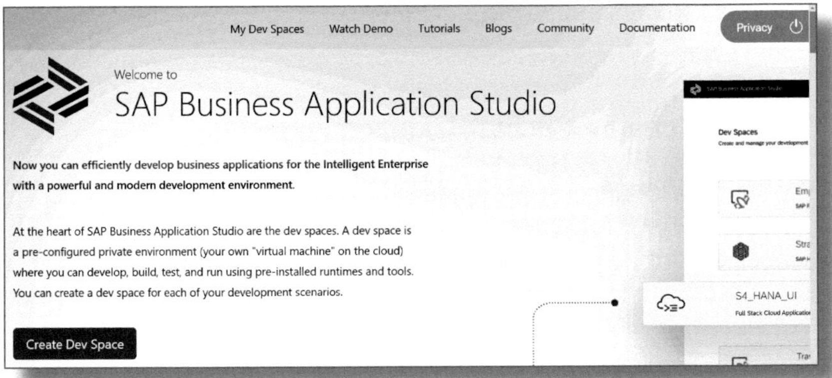

Abbildung 3.2: Übersicht der Dev Spaces im SAP Business Application Studio

Geben Sie dem Dev Space den Namen *Schnelleinstieg_SAP_BTP* und wählen Sie FULL STACK CLOUD APPLICATION als Anwendungsart (siehe Abbildung 3.3). Sie benötigen keine der auf der rechten Seite zusätzlich angebotenen Erweiterungen (EXTENSIONS). Bestätigen Sie mit CREATE DEV SPACE.

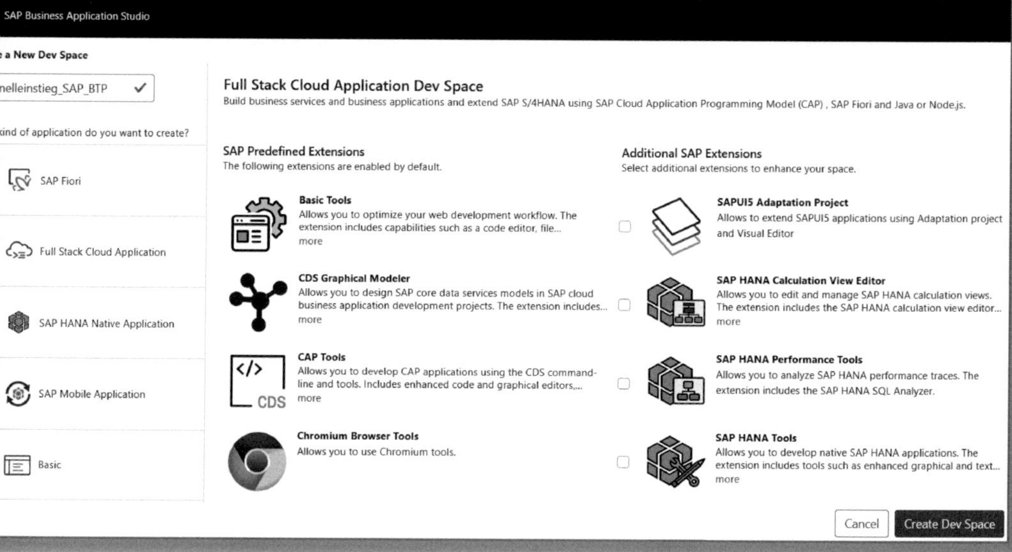

Abbildung 3.3: Erstellung eines Dev Space in SAP BAS

Warten Sie, bis der Dev Space gestartet ist, und öffnen Sie dann den Arbeitsbereich, indem Sie auf SCHNELLEINSTIEG_SAP_BTP klicken (siehe Abbildung 3.4).

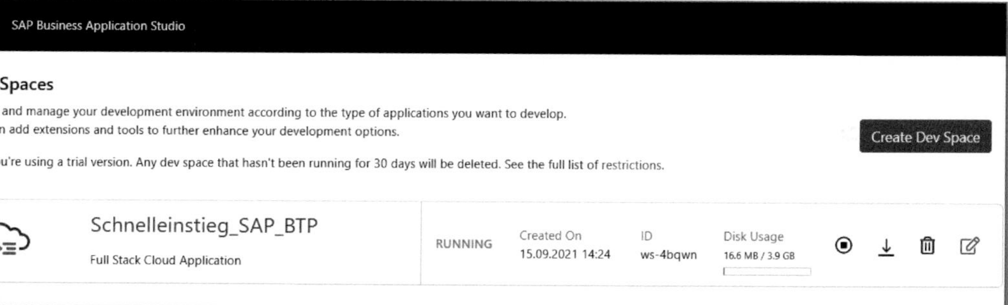

Abbildung 3.4: Aktiver Dev Space in SAP BAS

Sie sehen daraufhin den Willkommensbildschirm von SAP BAS (siehe Abbildung 3.5). Ausgehend von hier werden Sie in Abschnitt 3.4 mit der Entwicklung der Anwendung fortfahren.

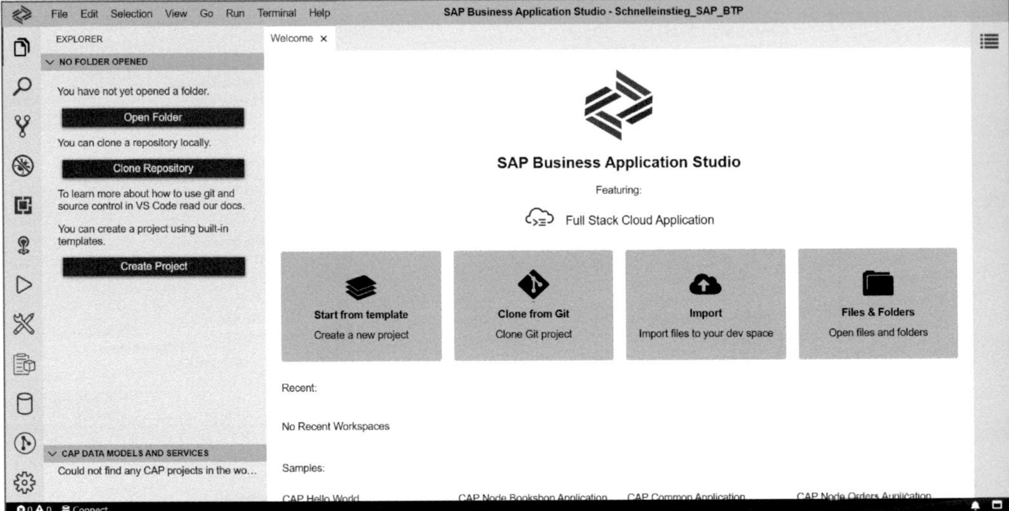

Abbildung 3.5: Willkommensseite des SAP BAS

3.3.2 Warum SAP BAS?

Wenn Sie das SAP Business Application Studio betrachten, werden Sie bemerken, dass es wie eine Cloud-Version der Open-Source-IDE *Visual Studio Code (VS Code)* von Microsoft wirkt. SAP BAS basiert auf dem Open-Source-Framework *Eclipse Theia*, das in einem virtuellen Container auf SAP BTP mit einem SAP-spezifischen Setup läuft.

Das Theia-Framework von Eclipse verwendet Technologien und Konzepte des VS Code wieder. Kurz gesagt, der Technologie-Stack und die Architektur beider sind sehr ähnlich und setzen ähnliche Erweiterungsmechanismen sowie APIs ein. Die CAP- und Fiori-Werkzeuge von SAP sind als Plugins für SAP BAS und VS Code verfügbar. Zudem können

Sie viele Plugins aus dem VS Code Marketplace auch in SAP BAS installieren.

Sie werden in diesem Buch SAP BAS verwenden, da Sie so Probleme mit der Einrichtung und Verfügbarkeit von Abhängigkeiten vermeiden. SAP BAS wird mit einem vordefinierten Setup geliefert. Daher müssen Sie sich weder um die Installation des CDS SDK kümmern noch sicherstellen, dass Node.js eingerichtet ist und auch keine Installation von Git oder Cloud Foundry CLI vornehmen. Selbstverständlich können Sie wechseln, wenn Sie die lokale Entwicklung mit z. B. VS Code bevorzugen. Denken Sie aber daran, sich um die Verfügbarkeit der Abhängigkeiten zu kümmern!

Nach der Einrichtung der Entwicklungsumgebung sind Sie nun bereit, mit der Entwicklung der Beispiel-Anwendung zu starten.

3.4 Anlegen einer SAP-CAP-Anwendung

Sie kennen inzwischen die Plattform, die Anforderungen an Cloud-native Anwendungen und die Programmierungsansätze der SAP – die theoretischen Grundlagen sind damit geschaffen, um diese Herausforderungen zu meistern. Sie werden nun als fiktives Beispiel eine kleine Anwendung zur Veröffentlichung und Bewertung von Rezepten entwickeln, bereitstellen und erweitern. Der Fokus dabei liegt nicht auf der Programmierung, sondern auf der Möglichkeit, verschiedene Services von SAP BTP im Einsatz zu erleben.

In diesem Abschnitt werden Sie zunächst die Basisanwendung entwickeln. CAP bietet Mocks bzw. Platzhalter für viele Plattformfunktionen, die schnelle Entwicklungs- und Testzyklen bei minimaler Komplexität der Entwicklungsumgebung ermöglichen. Sie nutzen diesen Vorteil und beginnen mit der lokalen Entwicklung innerhalb von BAS. Mit der Zeit fügen Sie schrittweise Funktionen hinzu. So werden Sie zunächst in Abschnitt 3.6 die lokale Entwicklungsumgebung mit Diensten auf der Plattform verbinden, bevor Sie die Anwendung in Kapitel 4 in der Cloud-Foundry-Umgebung bereitstellen.

Allerdings möchte ich darauf hinweisen, dass es sich nicht um ein Buch über CAP handelt. Der Fokus liegt auf SAP BTP. Daher werde ich nicht tiefer auf die Besonderheiten von CAP eingehen.

3.4.1 Anlage des Projekts aus einer Vorlage

Sie erstellen die Anwendung mit dem in Abschnitt 3.3.1 eingerichteten SAP Business Application Studio. Dort stehen Ihnen Vorlagen zur Verfügung, die die Anlage von Projekten vereinfachen, darunter auch eine für das SAP Cloud Application Programming Model, mithilfe derer Sie in kurzer Zeit ein Grundgerüst für Ihre Anwendung anfertigen.

Öffnen Sie dazu das SAP BAS. Dort ist Ihre Arbeitsumgebung zunächst noch leer, so wie Sie sie im letzten Abschnitt verlassen haben. Gehen Sie wie folgt vor:

1. Klicken Sie auf START FROM TEMPLATE (siehe Abbildung 3.6).

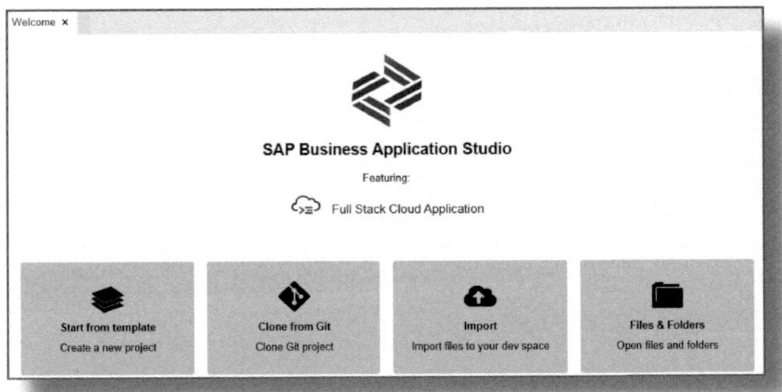

Abbildung 3.6: Leerer Projektordner in SAP BAS

2. Wählen Sie CAP PROJECT und bestätigen Sie mit START (siehe Abbildung 3.7).

3. Geben Sie im nächsten Schritt in den CAP PROJECT DETAILS als Projektname *reciperater* ein, wählen Sie die Runtime NODE.JS und das Feature CLOUD FOUNDRY NATIVE DEPLOYMENT aus (Abbildung 3.8). Bestätigen Sie Ihre Eingaben mit FINISH.

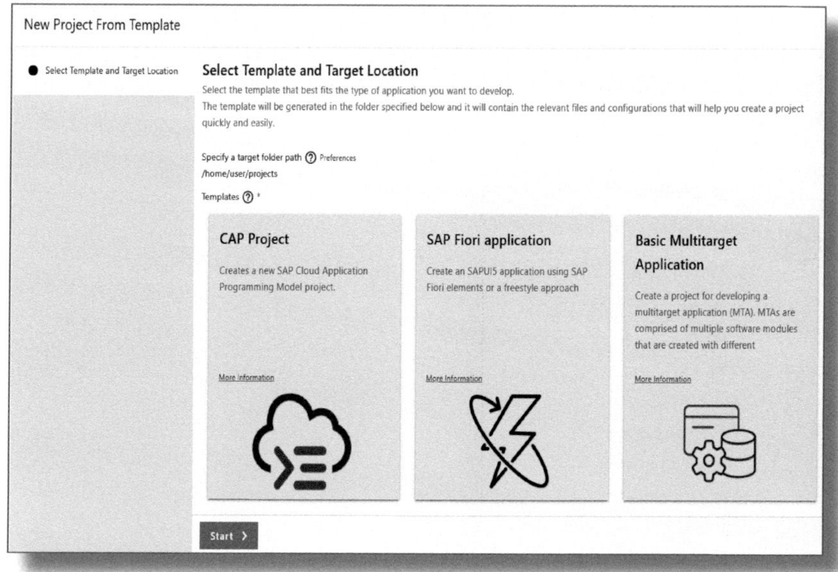

Abbildung 3.7: Neues Projekt aus einer Vorlage generieren

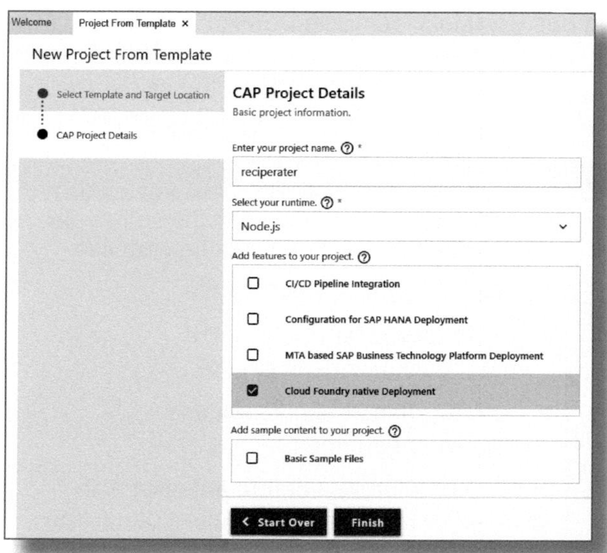

Abbildung 3.8: Projektdetails

Ihr Arbeitsbereich wird nun erzeugt und geöffnet. Die von der Vorlage bereitgestellten Dateien befinden sich in einem automatisch angelegten Ordner mit dem von Ihnen eingegebenen Projektnamen, also RECIPERATER (siehe Abbildung 3.9).

Abbildung 3.9: Dateistruktur des erstellten Projekts

Sie werden während des Beispiels nicht alle Dateien aus diesem Ordner verwenden oder ändern. Allerdings könnte ihr Zweck Sie dennoch interessieren. Daher möchte ich in Tabelle 3.1 zunächst die Dateien und ihren jeweiligen Nutzen beschreiben:

Datei	Beschreibung
Ordner APP, DB und SRV	In diesen drei Ordnern werden Sie später die Dateien für Ihre CAP-Anwendung erstellen: ▶ APP: für Benutzeroberflächen ▶ DB: für Domänenmodelle und datenbankbezogene Inhalte ▶ SRV: für Dienstdefinitionen und Implementierungen Diese Ordnerstruktur beruht auf einer Konvention; Sie können sie bei Bedarf durch Konfiguration anpassen.
CDSRC.JSON	Konfigurationsdatei von SAP CAP

Datei	Beschreibung
MANIFEST.YML	Enthält Informationen, die für die Bereitstellung der Anwendung auf Cloud Foundry erforderlich sind, wie beispielsweise Name, Pfad und erforderliche Services. Die Verwendung der Datei ist optional, jedoch hilfreich, da Sie nicht jedes Mal den Anwendungsnamen, den Pfad und Ähnliches im Befehl der Kommandozeilenschnittstelle angeben müssen, wenn Sie die Datei bereitstellen. Der `cf push`-Befehl sucht nach einer *manifest.yml*-Datei in dem Verzeichnis, von dem aus der push-Befehl ausgeführt wird, und verwendet die Werte dieser Datei.
SERVICES-MANIFEST.YML	Ausschließlich zur Spezifikation, welche Service-Instanzen mit welchem Namen, Plan und welchen Tags erstellt werden sollen. Damit wird das Problem gelöst, dass die Datei *manifest.yml* nur Anwendungen an Services binden, aber keine Services erstellen kann. Sie ist Teil einer optionalen Cloud-Foundry-Command-Line-Interface-Erweiterung.
PACKAGE.JSON	Enthält verschiedene für das Projekt relevante Metadaten. Die Datei dient dazu, *npm*-Informationen mitzugeben, die es ermöglichen, das Projekt zu identifizieren und dessen Abhängigkeiten zu verwalten. Außerdem kann sie andere Metadaten wie eine Projektbeschreibung, die Version des Projekts, Lizenzinformationen und Konfigurationsdaten enthalten.
README.MD	Dient üblicherweise als erste Informationsquelle für ein Projekt und wird bei Diensten wie GitHub als Beschreibung eines Repositories angezeigt.

Tabelle 3.1: Inhalt der Projektvorlage

Durch Einsatz der Vorlage verfügen Sie nun über ein Grundgerüst für Ihre Anwendung. Sie kennen den von der Vorlage erzeugten Inhalt und seinen grundsätzlichen Zweck. Im nächsten Abschnitt adaptieren Sie das Grundgerüst an den Anwendungsfall.

3.4.2 Definition des Domänenmodells

Zu Beginn eines Projekts werden in der Regel die wesentlichen Elemente der Unternehmenswelt und die zu lösenden Probleme in Modellen erfasst. Diese sogenannten *Domänenmodelle* beschreiben die statischen datenbezogenen Aspekte einer Problemdomäne in Entitäts-Beziehungsmodellen. Sie dienen als Grundlage für in Datenbanken verwendete Persistenzmodelle sowie für Service-Definitionen (siehe Abbildung 3.10).

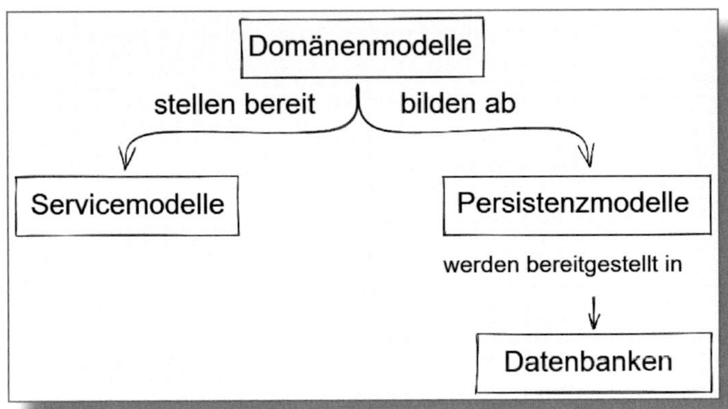

Abbildung 3.10: Domänenmodelle

Für das Beispiel nutzen Sie ein einfaches Domänenmodell, in dem Sie Entitäten abbilden, die für die Bewertung von Rezepten notwendig sind. Dabei geht es nicht darum, die Domäne perfekt zu modellieren, sondern Ihnen ein praktisches Beispiel zu liefern. Daher können aus didaktischen Gründen nicht alle Eigenschaften, die Sie im Produktivbetrieb anstreben sollten, erfüllt sein.

Um die Anforderungen an die Modellierung zu vereinfachen, werden Sie in Ihrem Domänenmodell lediglich drei Entitäten abbilden:

1. die Rezepte,
2. die Erfahrungsberichte und
3. »Gefällt mir«-Angaben für Erfahrungsberichte.

Die technische Abbildung des Domänenmodells nehmen Sie in einer CDS-Datei vor, die üblicherweise als »schema« bezeichnet wird. Erstellen Sie also zunächst die Datei schema.cds im Ordner DB. Klicken Sie dazu mit der rechten Maustaste auf den DB-Ordner und wählen Sie NEW FILE. Geben Sie *schema.cds* als Namen für die neue Datei an (siehe Abbildung 3.11).

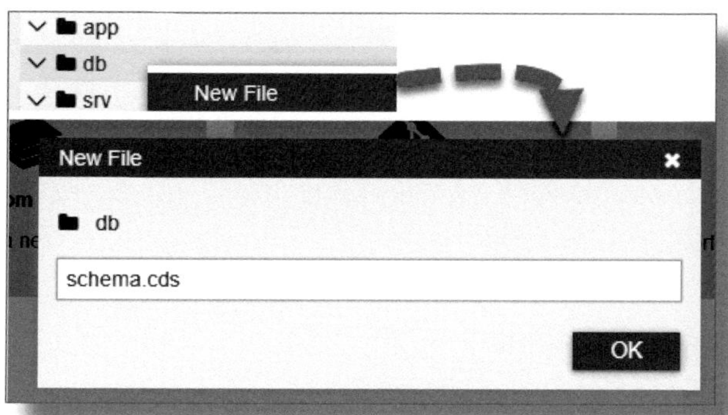

Abbildung 3.11: Anlage der schema.cds in SAP BAS

Sie deklarieren in den ersten Zeilen der Datei schema.cds zunächst einen optionalen Namensraum und importieren einige von CAP bereitgestellte Typen und Aspekte. *Aspekte* erlauben es, Definitionen flexibel um neue Elemente sowie überschreibende Eigenschaften und Annotationen zu erweitern. Sie basieren auf einem Mixin-Ansatz, wie er aus den Methoden der aspektorientierten Programmierung bekannt ist. *Namensräume* tragen zu einer eindeutigen Bezeichnung von Entitäten bei und vereinfachen so die Wiederverwendung von Datenmodellen. Die Definition ist optional, empfiehlt sich aber, sofern Sie Ihre Modelle in anderen Projekten wiederverwenden wollen. Anderenfalls können Sie auf Namensräume verzichten.

Geben Sie also den Inhalt aus Listing 3.1 in die ersten Zeilen der schema.cds-Datei ein:

```
namespace espressotutorials.buch.reciperater;

using {
  User,
```

```
    managed,
    cuid
  } from '@sap/cds/common';
```

Listing 3.1: Verwendung von durch SAP bereitgestellten Typen und Aspekten

Die erste Zeile definiert den besagten Namensraum. Sie können das Verhalten des Namensraums anhand des folgenden Beispiels veranschaulichen:

```
namespace espressotutorials.buch.reciperater;

entity Recipes{};
```

Dieser Code ist gleichwertig zu:

```
entity espressotutorials.buch.reciperater.Recipes{};
```

Namensräume ersparen Ihnen den Aufwand, die Eindeutigkeit Ihrer Entitätsnamen zu gewährleisten.

In der zweiten Zeile importieren Sie `@sap/cds/common`, ein vom Framework zur Verfügung gestelltes Modell, das gängige Typen und Aspekte beinhaltet. Wenn möglich, verwenden Sie die vom Framework bereitgestellten Typen und Aspekte, anstatt Ihre eigenen zu definieren. Dadurch erhalten Sie schneller prägnante und verständliche Modelle, Interoperabilität und sofort einsetzbare Funktionen.

Für das Beispiel nutzen Sie:

- *user*, ein Typ für eine kanonische Benutzerkennung,
- *managed*, ein Aspekt zur Aufzeichnung der Verwaltungsinformationen »erstellt von/am« und »zuletzt geändert von/am« für Datensätze,
- *cuid*, ein Aspekt zur Ergänzung kanonischer, universell eindeutiger Primärschlüssel zu Ihren Entitätsdefinitionen.

Entität für Rezepte (Recipes) definieren

Ihre erste zu modellierende Entität ist das Rezept. In der Entität erfassen Sie Informationen über die Zutaten, zugehörigen Kochutensilien, Anzahl der Portionen und mehr. Kopieren Sie dazu zunächst den Code aus Listing 3.2 unter die vorherigen Einträge:

```
entity Recipes : cuid, managed {
  @mandatory name      : String;
  ingredients          : array of String;
  cookwares            : array of String;
  instruction          : String;
  servingCount         : Integer;
  cookingTimeMinutes : Integer;
  reviews              : Composition of many Reviews on reviews.
recipe = $self;
}
```

Listing 3.2: Entitätsdefinition Recipes

In der Entität verwenden Sie die beiden importierten Aspekte `cuid` und `managed`. Wie bereits beschrieben, werden dadurch beim Anlegen bzw. Ändern eines Rezepts sowohl ein eindeutiger Primärschlüssel als auch Verwaltungsdaten erzeugt.

Die meisten anderen Elemente der Entität sind der Einfachheit halber Strings, Arrays von Strings oder Ganzzahlen. Speichern Sie:

- die Rezeptnamen und Kochanweisungen als `String`,
- Kochutensilien und Zutaten als `Arrays of String`,
- die Anzahl der Portionen und die Zubereitungszeit in Minuten als `Integer`.

Eine Besonderheit ist der mit `@mandatory` annotierte Name. Auf diese Weise markierte Elemente werden auf fehlende Einträge geprüft. Die einzige obligatorische Eingabe beim Anlegen eines Rezepts ist also ein Name.

Eine weitere Besonderheit ist die `Composition`. Mit *Kompositionen* dokumentieren Sie Strukturen mit einer bestimmten Beziehung. So kann beispielsweise gemäß der Modellierung ein Erfahrungsbericht nicht ohne ein Rezept existieren, während es zu einem Rezept viele Erfahrungsberichte geben kann.

Entität für Bewertungen (Reviews) definieren

Der nächste Schritt besteht darin, die Bewertung zu modellieren. Dazu benötigen Sie das Rezept, mit dem Sie eine Bewertung verknüpfen. Benutzer müssen einen Titel und einen Text eingeben, wenn sie eine Bewertung schreiben möchten. Außerdem soll der Benutzer das Rezept auf einer Skala von 1 bis 5 bewerten können. Ferner haben Sie in Erwägung gezogen, anderen Nutzern zu erlauben, eine Bewertung zu liken, um zu zeigen, dass sie ihr zustimmen. Verwenden Sie dazu den Code aus Listing 3.3:

```
entity Reviews : cuid, managed {
  @mandatory recipe       : Association to Recipes;
  @mandatory title        : String(100);
  @mandatory text         : String(1000);
  @assert.range rating    : Rating;
  likes                   : Composition of many Likes on likes.
review = $self;
}
```

Listing 3.3: Entitätsdefinition Reviews

Hier sind einige Komponenten neu für Sie. Für den Titel und den Text ist die Anzahl der erlaubten Zeichen in der Zeichenkette festgelegt. Das Element `rating` verwendet den Ihnen noch unbekannten Typ `Rating` zusammen mit der Annotation `@assert.range`.

Mit `@assert.range` können Sie erlaubte Bereiche für Elemente mit ordinalen Typen, also numerischen oder Datum/Zeit-Typen, angeben. Bei Aufzählungen, die aus dem Englischen mit »enum« abgekürzt werden, können Sie alle Einträge auf die definierten Werte beschränken.

Daher definieren Sie im nächsten Schritt eine Aufzählung – den fehlenden Typ für das Element `rating`. Sie können Aufzählungswerte als eine durch Semikolon getrennte Liste von Symbolen angeben. Es werden String- und Integer-Aufzählungen unterstützt. Verwenden Sie hierbei den in Listing 3.4 angegebenen Code:

```
type Rating : Integer enum {
  ![very satisfied]    = 5;
  satisfied            = 4;
  fair                 = 3;
  dissatisfied         = 2;
  ![very dissatisfied] = 1;
}
```

Listing 3.4: Typdefinition Rating

Da es sich um einen Integer-Typ handelt, sind die tatsächlichen Werte die Ganzzahlen hinter den Strings. Der tatsächliche Wert für eine sehr zufriedene Bewertung ist also 5. Sie könnten innerhalb der API jedoch auch auf die Zeichenkette `very satisfied` zugreifen. Diese ist mit einem Ausrufezeichen und eckigen Klammern umrahmt, da sie ein Leerzeichen enthält. In der Entität `Review` haben Sie durch Verwendung der `@assert.range`-Annotation in Kombination mit dem Typ den Bewertungsbereich auf 1–5 begrenzt.

Entität für Likes definieren

Zu guter Letzt gibt es immer noch keine Entität für Likes. Sie möchten erfassen, welche Nutzer welche Bewertungen »gelikt« haben. Zur Modellierung dieser Anforderung verwenden Sie als Schlüsselfelder eine Assoziation für die Bewertung und eine für den ausführenden Benutzer (siehe Listing 3.5).

```
entity Likes {
  key review : Association to Reviews;
  key user   : User;
}
```

Listing 3.5: Entitätsdefinition Likes

Damit haben Sie die drei Entitäten modelliert und außerdem einen Typ definiert. CAP ermöglicht es Ihnen, Beispieldaten zu speichern, die Ihnen beim späteren Testen helfen werden. Lassen Sie uns nun also Beispieldaten für die Entitäten anlegen.

Anlage von Beispieldaten

In diesem Abschnitt werden Sie Beispieldaten für die Entitäten `Recipes`, `Reviews` und `Likes` hinterlegen. Das CAP-Framework fügt die Daten während der lokalen Tests und der ersten Bereitstellung in der Cloud-Foundry-Umgebung automatisch in die Datenbank ein.

Sie können die Beispieldaten als CSV-Dateien bereitstellen, die Sie der Konvention gemäß im Ordner DB unter DATA ablegen. Die Namenskonvention lautet hier `<Namensraum>-<Entität>.csv`.

Erstellen Sie also zunächst einen Unterordner DATA im DB-Ordner und legen Sie dort die Datei für die erste Entität Recipes an: *espressotutorials.buch.reciperater-Recipes.csv*.

Die erste Zeile der Datei enthält die Spaltenbezeichnungen. Danach beginnen die Beispieldaten. In Listing 3.6 finden Sie drei beispielhafte Rezepte, die Sie bitte mindestens anlegen sollten.

```
ID;name;ingredients;cookwares;instruction;servingCount;cookingTi
meMinutes
a239d367-ce3b-4fef-8186-873f2a712bcd;Omelett;["3 Eier", "1 TL
Sonnenblumenöl", "1 TL Butter", "Füllung"];["Pfanne","Pfannen
wender"];Verquirlte Eier gut mit Salz und Pfeffer würzen. Öl
und Butter in einer beschichteten Pfanne bei mittlerer Hitze
erhitzen, bis die Butter geschmolzen ist und schäumt. Die Eier
in die Pfanne gießen, die Pfanne leicht kippen, damit die Eier
verwirbelt werden und die Oberfläche der Pfanne vollständig
bedecken. Lassen Sie die Mischung etwa 20 Sekunden lang köcheln,
und ziehen Sie dann mit einem Pfannenwender eine Linie durch die
Mitte. Kippen Sie die Pfanne erneut, damit sie sich wieder mit
dem flüssigen Ei füllen kann. Wiederholen Sie diesen Vorgang
noch ein- oder zweimal, bis das Ei gerade fest geworden ist.
Jetzt können Sie das Omelett nach Belieben füllen - geriebener
```

```
Käse, in Scheiben geschnittener Schinken, frische Kräuter,
gebratene Pilze oder Räucherlachs eignen sich gut. Verteilen
Sie die Füllung auf dem Omelett und klappen Sie es mit dem
Pfannenwender vorsichtig in der Mitte zusammen. Zum Servieren
auf einen Teller gleiten lassen.;1;10
f2106d78-a8fb-4a1e-8ee0-7eb9f4ced738;Butterbrot;["1 Scheibe
Brot","1 TL Butter"];[];Schmieren Sie die Butter auf das Brot
und fertig ist das Butterbrot.;1;2
1cb53f38-3fa3-4331-84b6-19c61b37377f;Das wahrscheinlich beste
Rezept der Welt;;;;5;
```

Listing 3.6: Beispieldaten – Recipes

Sie weisen den Einträgen feste IDs im UUID-Format zu. Sie benötigen die IDs, um die Abhängigkeiten zwischen den verschiedenen Einträgen der Entitäten in den Beispieldaten zu bestimmen. Wenn Sie keine vordefinierten IDs in Ihren Beispieldaten benötigen, können Sie diese Spalte entfernen. Das CAP-Framework wird dann automatisch IDs zuweisen.

Generierung von UUIDs

Wenn Sie feste UUIDs für Ihre Beispieldaten benötigen, empfehle ich die Verwendung von Tools zu deren Generierung. Einen Online-UUID-Generator finden Sie z. B. unter *https://www.uuidgenerator.net/*.

Im Folgenden werden Sie die Beispieldaten für die beiden verbleibenden Entitäten auf die gleiche Weise anlegen – zunächst für Reviews in der Datei *espressotutorials.buch.reciperater-Reviews.csv* (siehe Listing 3.7).

```
ID;recipe_ID;title;text;rating
11aa137e-d6ee-43ad-9422-68d6876bc1c9;a239d367-ce3b-4fef-8186-
873f2a712bcd;Einfaches, aber gutes Rezept;Im Vergleich zu den
anderen Rezepten eine ausführliche Beschreibung. Trotzdem, ein
einfaches, gutes Rezept. Gefällt mir, weiter so!;5
b0f9bbc5-2ece-489d-a199-d5f4f0544579;f2106d78-a8fb-4a1e-8ee0-
7eb9f4ced738;Wirklich? Ein Rezept für ein Butterbrot?;Ein
einfacheres Rezept habt ihr wohl nicht gefunden?;
635d3afe-4457-4feb-b309-0113acba8f17;1cb53f38-3fa3-4331-84b6-
19c61b37377f;Super Rezept!;Was für ein tolles Rezept;5
```

```
2c9bed1d-5ad5-4f45-a271-99588b0a2d5b;1cb53f38-3fa3-4331-84b6-
19c61b37377f;Was soll das denn?;Das ist doch Blödsinn, oder? Wie
kann ein solches Rezept veröffentlicht werden?;1
c48821da-4621-4219-a45e-a05cc321557d;1cb53f38-3fa3-4331-84b6-
19c61b37377f;Nicht zu gebrauchen!;Niemand braucht ein solches
Rezept.;1
```

Listing 3.7: Beispieldaten – Reviews

Hier ist eine Besonderheit zu beachten: In den Entitätsdefinitionen haben Sie eine Beziehung zwischen Recipes und Reviews festgelegt. Diese mussten Sie nicht in den Beispieldaten der Entität Recipes hinterlegen. Beim Review müssen Sie jedoch die ID des Rezepts einfügen.

! ID einfügen: Stolperfalle für Einsteiger

Beim ersten Versuch probieren viele es mit dem falschen Spaltennamen. In unserem Beispiel wäre dies der Spaltenname *recipe*, ähnlich wie bei den anderen Elementen der Entität. Da es sich aber um eine Beziehung zur Entität Recipes handelt und diese mehrere Schlüsselfelder haben könnte, müssen Sie die Schlüsselfelder explizit benennen.

Zuletzt speichern Sie Beispieldaten für die Likes der verschiedenen Reviews. Erstellen Sie dazu die Datei *espressotutorials.buch.reciperater-Likes.csv* mit dem Coding aus Listing 3.8.

```
review_ID;user
11aa137e-d6ee-43ad-9422-68d6876bc1c9;alice
11aa137e-d6ee-43ad-9422-68d6876bc1c9;bob
2c9bed1d-5ad5-4f45-a271-99588b0a2d5b;alice
c48821da-4621-4219-a45e-a05cc321557d;bob
```

Listing 3.8: Beispieldaten – Likes

Likes selbst haben keine IDs. Die Assoziation zum Review, kombiniert mit dem Benutzer, sind die Schlüsselfelder. Die Wahl der Benutzernamen ist nicht ganz zufällig. Es handelt sich um die Namen von Testbenutzern des CAP-Frameworks. Später werden Sie diese Benutzer für lokale Tests verwenden.

Im nächsten Schritt bilden wir eine Zugriffsschicht auf das Datenmodell ab.

3.4.3 Definieren der Services

In kurzer Zeit haben Sie bereits eine Menge erreicht: Sie haben Entitäten definiert und deren Eigenschaften in Ihrem Domänenmodell festgelegt. Dabei haben Sie nicht nur die vom CAP bereitgestellten Typen verwendet, sondern auch Ihren eigenen Typ für das Element `rating` definiert. Anschließend haben Sie Beispieldaten erstellt, die Sie für Tests verwenden werden.

In diesem Abschnitt befassen Sie sich mit der Bereitstellung des Datenmodells, also mit der Frage, wie Sie es für verschiedene Anwendungsfälle zugänglich machen. Sie verwenden CDS auch zur Definition von Services, die Sie einsetzen, um Ihr Datenmodell zu veröffentlichen (siehe Abbildung 3.12).

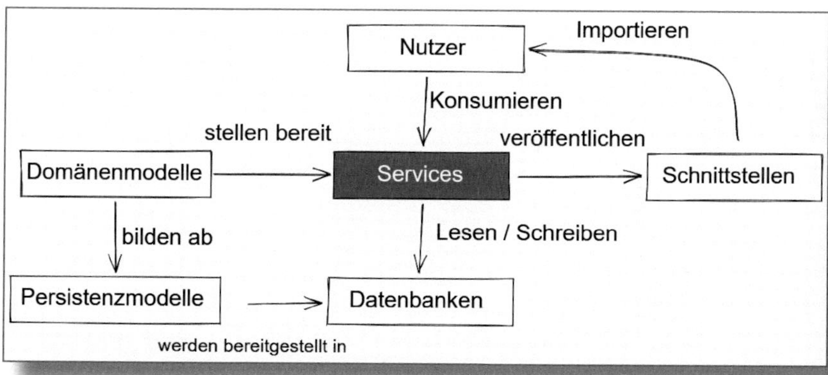

Abbildung 3.12: Services eines Domänenmodells

CAP empfiehlt ausdrücklich, für einzelne Anwendungsfälle jeweils einen eigenen Service zu entwerfen. Sie definieren drei Services, von denen jeder für einen etwas anderen Zweck gedacht ist:

- für anonyme Benutzer, die sich einen Überblick über Rezepte verschaffen wollen
- für registrierte Benutzer, die Erfahrungsberichte einreichen oder liken möchten
- für Administratoren, um Rezepte zu erstellen

Erstellen eines Service zur Pflege von Datensätzen

Lassen Sie uns damit beginnen, den Administrationsservice anzulegen. Services stellen in der Regel Projektionen auf Entitäten des Domänenmodells dar. Auf diese Weise werden sie zu Fassaden für die zugrunde liegenden Daten. Die Services repräsentieren verschiedene Aspekte, die auf die jeweiligen Anwendungsfälle zugeschnitten sind.

Sie werden das zuvor definierte Schema verwenden und einen Service erzeugen, der die Entitäten zur Verfügung stellt. Da der Dienst für Administratoren gedacht ist, müssen Sie sich nicht darum kümmern, den Zugriff auf bestimmte Felder oder Entitäten zu beschränken. Administratoren sollten für alle Entitäten Zugriff auf jegliche Aktion haben: vom Lesen bis zum Löschen.

Allerdings sollte nicht jeder Benutzer Zugriff auf diesen Service erhalten. Sie müssen also das Vorhandensein einer bestimmten Berechtigung, genauer gesagt einer Rolle, prüfen.

Um Ihre Services zu erstellen, legen Sie Dateien im Ordner SRV an. Für den Administratorservice legen Sie im Ordner SRV zunächst eine Datei namens *admin-service.cds* an. Darin tragen Sie den Code aus Listing 3.9 ein:

```
using {espressotutorials.buch.reciperater as buch} from '../db/
schema';

service AdminService @(requires : 'admin') {
```

```
    entity Recipes as projection on buch.Recipes;
    entity Reviews as projection on buch.Reviews;
    entity Likes   as projection on buch.Likes;
}
```

Listing 3.9: Servicedefinition – Admin Service

Betrachten wir den Sinn der einzelnen Komponenten dieses Codeblocks. In der ersten Zeile importieren Sie, einfach ausgedrückt, die Elemente des Namensraums, den Sie in Abschnitt 3.4.2 definiert haben. Auf diese können Sie anschließend unter dem Alias `buch` zugreifen.

Danach modellieren Sie den eigentlichen Service. Er trägt den Namen `AdminService`, was der Konvention folgend später zu einem Service namens *admin* führen wird. Dem Service haben Sie die Annotation `requires` hinzugefügt. In der hier gezeigten Form stellt dies sicher, dass ein Benutzer die Rolle `admin` benötigt, um auf den Dienst zugreifen zu können.

Sie haben drei Entitäten innerhalb Ihres Service definiert. Dabei handelt es sich jeweils um eine identische Abbildung der Entitäten Ihres Domänenmodells. Mit dem zuvor definierten Alias können Sie auf die Entitäten Ihres Domänenmodells verweisen.

Damit ist die Einrichtung Ihres Admin-Service abgeschlossen. Betrachten wir nun den Service für anonyme Benutzer.

Erstellen eines Service zum Durchsuchen von Rezepten

Die Verwendung des Service für anonyme Benutzer erfordert keine Authentifizierung, allerdings sind auch nur eingeschränkte Funktionen und Informationen verfügbar. Beispielsweise soll es nicht möglich sein, Reviews oder Likes zu hinterlassen, ohne sich anzumelden.

Lassen Sie uns also einen Service erstellen, um Rezepte zu durchsuchen. Sie werden hier nicht jedes einzelne Feld der Entität offenlegen. Zum Beispiel werden der Ersteller des Rezepts und das Erstellungsdatum nicht sichtbar sein. Sie beschränken die Projektion auf die

Felder, die Sie den Anwendern zeigen möchten. Damit Benutzer nicht selbst Rezepte erstellen, erlauben Sie nur einen lesenden Zugriff.

Legen Sie zu diesem Zweck eine Datei namens *public-service.cds* im Ordner SRV an und fügen Sie zunächst den Codeschnipsel aus Listing 3.10 ein:

```
using {espressotutorials.buch.reciperater as buch} from '../db/
schema';

service PublicService @(path : '/browse') {
  @readonly
  entity Recipes as
    select from buch.Recipes {
      ID,
      name,
      instruction,
      cookwares,
      ingredients,
      servingCount,
      cookingTimeMinutes,
      reviews
    };
```

Listing 3.10: Servicedefinition – Public Service, Teil 1

Zunächst fällt bei diesem Codeschnipsel die Annotation `@(path : '/browse')` für den Service auf. Diese Annotation hat zur Folge, dass der Service entgegen der Konvention unter `browse` veröffentlicht wird und nicht unter `public`. Außerdem verhält sich die hier definierte Recipes-Entität anders als diejenige, die im Admin-Service abgebildet ist. Die Annotation der Entität mit `@readonly` ist neu in diesem Abschnitt und ermöglicht ausschließlich das Anzeigen der Entität. Außerdem haben Sie dieses Mal die Entität als `Select` definiert. Sie zeigen somit nur die angegebenen Elemente an. Das Erstellungsdatum beispielsweise bleibt für den Benutzer verborgen.

Allerdings ist es nicht effizient, alle Felder einzeln vorzugeben, wenn Sie nur **ein** Feld ausblenden wollen. Dafür existiert eine andere Möglichkeit: Sie können Elemente ausschließen und die Art und Weise ändern, wie diese den Benutzern angezeigt werden. Schauen wir uns dies anhand der Entität `Reviews` an. Fügen Sie den Code aus Listing 3.11 unterhalb des gerade eingegebenen Codes ein:

```
  @readonly
  entity Reviews as
    select from buch.Reviews {
      *,
      createdBy as reviewer,
      @Core.Computed
      count(
        likes.user
      )         as numberOfLikes : Integer
    }
    excluding {
      createdBy,
      createdAt,
      modifiedAt,
      modifiedBy,
      likes
    }
    group by
      ID,recipe,text,title,createdBy,rating;
}
```

Listing 3.11: Servicedefinition – Public Service, Teil 2

Mit dem `*` in der Select-Anweisung geben Sie an, dass Sie alle Entity-Elemente einbeziehen wollen. Das Element `createdBy` soll jedoch als `reviewer` ausgegeben werden. Als Nächstes fügen Sie ein nicht im importierten Domänenmodell enthaltenes Element hinzu und berechnen es. Das Element soll ermitteln, wie viele Likes ein Review erhalten hat. Dies geschieht durch Zählen der Einträge des Elements `user` in der Assoziation `likes`, gruppiert nach den IDs der Rezensionen. Das Ergebnis wird als Integer mit dem Namen `numberOfLikes` veröffentlicht. Danach definieren Sie eine Liste ausgeschlossener Elemente. Dazu gehören neben den Verwaltungsdaten auch `Likes`. Dabei handelt es sich nicht um die Anzahl der Likes, sondern um die Entität, in der Sie Benutzernamen und Review speichern. Auch wenn Sie diese Entität nicht proaktiv im Service angegeben haben, wären die Daten aufgrund der Beziehung zur `Reviews`-Entität zugänglich.

Nachdem der Dienst zum Durchsuchen von Rezepten und Erfahrungsberichten nun fertig ist, lassen Sie uns mit dem Service für authentifizierte Benutzer fortfahren, um Rezepte zu bewerten und Reviews zu liken.

Erstellen eines Service zum Bewerten und Rezensieren von Rezepten und zum Liken von Rezensionen

Der Service für authentifizierte Benutzer ist in diesem Beispiel der komplexeste. Nur angemeldete Benutzer sollen den Dienst nutzen können. Sie sollen lediglich lesenden Zugriff auf die Rezepte haben und nur in bestimmten Fällen Reviews und Bewertungen erstellen und ändern dürfen.

So soll ein Benutzer sein Review ausschließlich ändern, aber nicht löschen dürfen. Das Liken eines Reviews soll auf dieser Entität als Aktion verfügbar sein, allerdings soll der Benutzer nur ein Like vergeben und dieses danach rückgängig machen dürfen. Ziel ist, dass nach einer Bewertung ein Ereignis ausgegeben wird, das Informationen über den Primärschlüssel des Rezepts und die durchschnittliche Bewertung enthält.

Legen Sie dazu wiederum eine neue Datei im Ordner SRV an. Nennen Sie diese Datei *review-service.cds* und verwenden Sie den Code aus Listing 3.12:

```
using {espressotutorials.buch.reciperater as buch} from '../db/
schema';

@requires : 'authenticated-user'
service ReviewService {

  @restrict : [
    {grant : [
      'READ',
      'CREATE',
      'like'
    ]},
    {
```

```
      grant : 'UPDATE',
      to    : 'authenticated-user',
      where : 'reviewer=$user'
    },
    {
      grant : 'unlike',
      to    : 'authenticated-user',
      where : 'user=$user'
    }
  ]
  entity Reviews as
    select from buch.Reviews {
      *,
      createdBy as reviewer
    }
    excluding {
      createdBy,
      createdAt,
      likes,
      modifiedAt,
      modifiedBy
    } actions {
      action like();
      action unlike();
    }

    @topic : 'ReviewService'
    event reviewed : {
        id            : type of Recipes : ID;
        averageRating : Decimal(1, 2)
    }

  @restrict : [{
    grant : 'READ',
    to    : 'authenticated-user',
    where : 'user=$user'
  }]
  entity Likes   as projection on buch.Likes;

  @readonly
  entity Recipes as projection on buch.Recipes excluding {
    createdAt,
```

```
        createdBy,
        modifiedAt,
        modifiedBy
    }
}
```

Listing 3.12: Servicedefinition – Review Service

Sie werden feststellen, dass Sie in diesem Fall die `@requires`-Anmerkung auf eine andere Weise setzen. Lassen Sie sich davon nicht irritieren. Beide Varianten sind gültig. Mit `authenticated-user` haben Sie als Voraussetzung keine Anwendungsrolle im eigentlichen Sinne des Wortes angegeben, sondern vielmehr Benutzer, die einen gültigen Authentifizierungsnachweis, z. B. ein Login-Token, vorgelegt haben. Oft ist es notwendig, Zugriffsregeln zu definieren, die auf der Authentifizierungsebene der Anfrage basieren und nicht auf einer anwendungsspezifischen Benutzerrolle. CAP bietet solche Zugriffsbeschränkungen, die als *Pseudo-Rollen* bezeichnet werden, da sie nicht von der Benutzerverwaltung zugewiesen, sondern automatisch zur Laufzeit hinzugefügt werden.

Die nächste neue Funktion ist die Annotation der Entität mit `@restrict`. Mit dieser Annotation definieren Sie Berechtigungen auf einer detaillierten Ebene. Im Wesentlichen können alle Arten von Einschränkungen basierend auf statischen Benutzerrollen, der Anfrageoperation und Instanzfiltern durch diese Annotation ausgedrückt werden, wobei die Eigenschaften sind:

- `grant`: ein oder mehrere Ereignisse, für die die Berechtigung gilt
- `to`: eine oder mehrere Benutzerrollen, für die das Privileg gilt (optional)
- `where`: eine Filterbedingung, die den Zugriff auf der Instanzebene weiter einschränkt (optional)

So akzeptiert `grant` alle CDS-Standardereignisse wie READ, CREATE, UPDATE und DELETE sowie Aktions- und Funktionsnamen.

Die Eigenschaft `to` listet alle Benutzerrollen oder Pseudorollen auf, für die das Privileg gilt. Wenn Sie für die CREATE- und like-Ereignisse kein `to` angeben, wird standardmäßig die Pseudorolle `any` angenommen.

Die `where`-Klausel kann einen booleschen Ausdruck enthalten, der die Instanzen filtert, für die das Ereignis gilt. Sie eignet sich für dynamische Berechtigungen auf Basis der Geschäftsdomäne, da sie Benutzerwerte (Name, Attribute usw.) und Entitätsdaten als Eingabe zulässt.

Für diese Funktion können Sie die Berechtigung so einschränken, dass der anfragende Benutzer der Ersteller der Entität sein muss.

In Service-Definitionen können Sie zusätzlich Aktionen und Funktionen definieren. Diese erweitern die Menge der Operationen, die Benutzer auf oder mit einem Dienst durchführen können. Die hier beschriebenen beiden Aktionen `like` und `unlike` haben keine Ein- oder Ausgabewerte, aber auch das wäre möglich. Sie haben diese beiden Aktionen an die Entität `Reviews` gebunden, zu erkennen am zusätzlichen `actions`-Block als letzte Angabe in der Entitätsdefinition.

Aktionen können Seiteneffekte haben; beispielsweise können Sie mit Aktionen Daten ändern oder benutzerdefinierte Operationen aufrufen. Für Funktionen sind diese Seiteneffekte nicht erlaubt. Sie könnten beispielsweise eine Funktion implementieren, um eine Liste aller vom Benutzer mit einem Like versehenen Reviews abzurufen. Der Einfachheit halber gewähren Sie hier dem Benutzer Lesezugriff auf seine eigenen Einträge in der Entität `likes`.

Sie definieren außerdem das *Ereignis* `reviewed`, das Sie später mit Informationen über den Primärschlüssel des Rezepts sowie die neue durchschnittliche Bewertung befüllen und nach dem Erstellen oder Aktualisieren eines Reviews auslösen werden.

Ereignisse sind in CAP auch aus einem anderen Grund wichtig. Kurz gesagt: Alle Vorgänge, die zur Laufzeit stattfinden, geschehen als Reaktion auf Ereignisse (siehe Abbildung 3.13). Alle Service-Implementierungen erfolgen in *Ereignisbehandlern*.

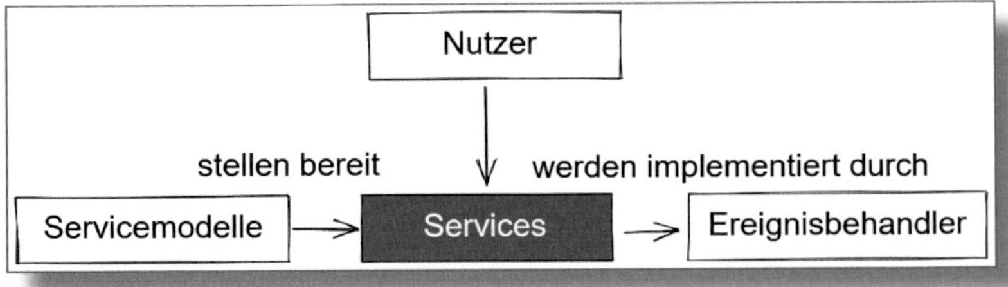

Abbildung 3.13: Service-APIs

Ereignisse umfassen alle synchronen Anfragen, die von Benutzeroberflächen, Chatbots und anderen Diensten gesendet werden, sowie asynchrone Ereignismeldungen, die über Message Broker empfangen werden – also jegliche Standard-CRUD-Methoden bis hin zu benutzerdefinierten Nachrichtenthemen, Aktionen, Funktionen und Ereignissen, sowie allen gängigen Ereignissen auf Entitätsebene wie CREATED oder CHANGED.

Die Grenzen sind sehr fließend, sowohl bei synchronen und asynchronen Protokollen als auch bei generischen und benutzerdefinierten Handlern. CAP stellt alle generischen Funktionen in Ereignisbehandlern zur Verfügung, die mit denselben APIs und Bibliotheken registriert und implementiert werden, wie diejenigen, die Sie zur Implementierung Ihrer benutzerdefinierten Logik verwenden können. Umgekehrt können Sie Ihre Ereignisbehandler auf die gleiche Weise in der CAP-Laufzeit implementieren, wie diejenigen der SAP.

Generische Behandler decken die meisten Standardaufgaben und Anwendungsfälle ab. Dadurch müssen Sie in CAP-basierten Projekten nur wenige Ereignisbehandler implementieren und reduzieren damit Codeabschnitte, die an mehreren Stellen mit wenig bis gar keiner Variation wiederholt werden. Zu den verbleibenden Fällen, die benutzerdefinierte Behandler erfordern, gehören:

- domänenspezifische programmatische Validierungen,
- Erweiterungen von Ergebnismengen, beispielsweise, um berechnete Felder für Benutzeroberflächen hinzuzufügen,
- programmatische Durchsetzung von Berechtigungen,

- Auslösen von Folgeaktionen, beispielsweise das Aufrufen anderer Dienste oder das Aussenden von ausgehenden Ereignissen als Reaktion auf eingehende Ereignisse,
- und alle Anforderungen, die (noch) nicht von generischen Handlern abgedeckt werden.

Für die beiden Aktionen und das Ereignis in unserem Beispiel müssen Sie also eigene Ereignisbehandler implementieren. Um diese mit einer Service-Provider-Instanz zu registrieren, können Sie eine Klasse oder ein Modul mit einer Service-Definition verknüpfen. Mit Node.js ist dies am einfachsten möglich, indem Sie gleichnamige .js-Dateien zur .cds-Datei einer Service-Definition erstellen. Ausgehend von Ihrem Servicenamen *review-service.cds* legen Sie im Ordner SRV eine *review-service.js* an. Ergänzen Sie dort zunächst den Codeschnipsel aus Listing 3.13:

```
const cds = require("@sap/cds")

module.exports = cds.service.impl(function(){
  const { Reviews, Likes } = this.entities("espressotutorials.
buch.reciperater")
```

Listing 3.13: Serviceimplementierung – Review-Service (Teil 1)

Mit der ersten Zeile setzen Sie das API-Paket für SAP CAP voraus. In der zweiten Zeile verpacken Sie die Implementierungsfunktion in `cds.service.impl(...)`, die die Funktion zwar zurückgibt, Ihnen aber eine Programmierhilfe in Werkzeugen wie SAP BAS und VS Code an die Hand gibt.

Die letzte Zeile des Codefragments in diesem Snippet definiert Konstanten, die auf den Definitionen der beiden Entitäten basieren. Diese verwenden Sie in späteren Abfragen. Mit der Methode `entities` haben Sie bequemen Zugriff auf die verknüpften Definitionen aller Entitäten, die von diesem Service bereitgestellt werden.

Service-Implementierungen bestehen im Wesentlichen aus einem oder mehreren Ereignisbehandlern. Sie registrieren diese in *cds.service*, um darüber Ihre Logik für Operationen hinzuzufügen oder auf Ereignisse zu reagieren, die von diesen Services ausgegeben werden. Bei den zugewiesenen Implementierungsklassen/-modulen können Sie für jedes potenzielle Ereignis einzelne Behandler registrieren, und zwar in verschiedenen Phasen des Ereignisverarbeitungszyklus. Im Allgemeinen werden Ereignisbehandler in zwei Varianten registriert (siehe Listing 3.14):

```
<hook:on|before|after> , <Ereignis> , <Entität> => Handler-
Funktion
<hook:on|before|after> , <Ereignis> => Handler-Funktion
```

Listing 3.14: Ereignisbehandler registrieren

Dabei unterscheiden wir je nach Ausführung drei Handler. Sie erfolgt für

- *On-Handler* anstelle der generischen/Standard-Handler,
- *Before-Handler* vor den On-Handlern und für
- *After-Handler* nach den On-Handlern – sie erhalten die Ergebnismenge als Eingabewert.

Darüber hinaus gibt es weitere Hooks, die Sie in der CAP-Dokumentation finden.

Wie aus den beiden Varianten in Listing 3.14 ersichtlich wird, können Sie die Verarbeitung von Ereignissen auch an Entitäten binden. Dann wird die Implementierung nur für Ereignisse ausgelöst, die sich auf diese Entität beziehen.

Um die beiden Aktionen `like` und `unlike` zu implementieren, fügen Sie den Code aus Listing 3.15 ein:

```
  this.on("like", "Reviews", async (req) => {
    const review = await SELECT.one(Reviews).where({ ID: req.
params[0] })
    if (!review) return req.reject(404, "Dieses Review existiert
nicht.")
        INSERT.into(Likes).entries({ review_ID: review.ID, user:
req.user.id }).catch(() => req.reject(400, "Sie haben dieses
Review bereits geliked."))
```

```
})

    this.on("unlike", "Reviews", async (req) => {
        const review = req.params[0]

        return await DELETE.from(Likes).where({ review_ID: 
review, user: req.user.id })
    })
```

Listing 3.15: Serviceimplementierung – Review-Service (Teil 2)

Damit implementieren Sie zunächst zwei Ereignisbehandler: einen für die `like`- und einen für die `unlike`-Aktion. Per Definition haben Sie die Aktionen an die `Reviews`-Entität gebunden, denn es könnte in Zukunft ähnliche Aktionen für andere Entitäten geben.

Im Rahmen der `like`-Aktion prüfen Sie, ob es dieses Review gibt, und fügen dann ein neues Like für diesen Benutzer und das Review hinzu. Im Falle eines Fehlers gehen Sie davon aus, dass der Eintrag bereits existiert und der Nutzer das Review schon gelikt hat. In diesem Fall geben Sie eine Fehlermeldung aus. Die Aktion `unlike` kann ein Benutzer verwenden, um ein Like zu entfernen.

Schließlich bleibt noch die Behandlung des Ereignisses. Hier werden Sie zweierlei implementieren: Zunächst müssen Sie das Ereignis auslösen. Dadurch sollen die Abonnenten des Ereignisses über die neue Durchschnittsbewertung für das Rezept informiert werden. Dazu führen Sie den Code aus, nachdem ein Review erstellt, geändert oder gelöscht wurde. Anschließend werden Sie auf das Ereignis reagieren. Der Einfachheit halber werden Sie nur einen Protokolleintrag schreiben. Fügen Sie dazu den folgenden Code aus Listing 3.16 ein:

```
    this.after(["CREATE", "UPDATE", "DELETE"], "Reviews", async 
(data) => {
        const { recipe_ID } = data
        const { averageRating } = await SELECT.
one(["round(avg(rating),2) as averageRating"]).from(Reviews).
where({ recipe_ID })
```

```
        console.log("Ereignis:", "ReviewService/reviewed", {
recipe_ID, averageRating })
        await this.emit("reviewed", { recipe_ID, averageRating
})
    })

    this.on("reviewed", (msg, next) => {
        console.log(
            `Reaktion: Neue Bewertung für ID ${msg.data.recipe_
ID}. Neue Durchschnittsbewertung ${msg.data.averageRating}`,
        )
        return next()
    })
})
```

Listing 3.16: Serviceimplementierung – Review-Service (Teil 3)

Vereinfacht ausgedrückt ermitteln Sie zunächst einen gerundeten Mittelwert des soeben neu bewerteten Rezepts. Hierzu greifen Sie auf die Daten der Anfrage zu. Anschließend schreiben Sie einen Protokolleintrag und lösen das `reviewed`-Ereignis aus. Im Behandler des Ereignisses reagieren Sie darauf dann mit einem weiteren Protokolleintrag.

Nach Abschluss dieses Abschnitts haben Sie viel umgesetzt: Sie haben

- ein erstes CAP-Projekt angelegt,
- darin Ihr Domänenmodell definiert,
- Beispieldaten für dieses Domänenmodell gespeichert,
- drei verschiedene Services für den Zugriff auf das Domänenmodell implementiert:
  - für anonyme Benutzer,
  - für angemeldete Benutzer,
  - für Administratoren.

Dabei haben Sie an vielen Stellen, möglicherweise ohne es zu merken, generische Behandler der CAP-Laufzeit verwendet. Nur im Fall des Review-Service haben Sie eine eigene Implementierung vorgenommen. Bisher haben Sie keine Plattformdienste genutzt, sondern rein lokal gearbeitet.

Nun sind zwar Ihre Domänenmodelle und Ihre Services definiert, aber Sie haben sie nicht ein einziges Mal im Einsatz gesehen. Das möchte ich im nächsten Abschnitt ändern. Dort werden Sie Ihre Anwendung ausprobieren.

3.5 Testen Ihrer Anwendung

Um Ihr Projekt mit SAP BAS zu testen bzw. zu erkunden, installieren Sie zunächst fehlende Abhängigkeiten. Anschließend nutzen Sie eine von CAP automatisch generierte Benutzeroberfläche, bevor Sie sich der REST-Client-Erweiterung in BAS zuwenden.

3.5.1 Installation von Abhängigkeiten

Abhängigkeiten wie *@sap/cds*, das API-Paket für CAP, sind in Ihrem BAS-Arbeitsbereich noch nicht verfügbar. Bevor Sie Ihr Projekt erkunden können, müssen Sie diese hinzufügen.

Zunächst deklarieren Sie eine weitere Abhängigkeit: das *Passport*-Paket. CAP verwendet es, um Anfragen zu authentifizieren. Passport ist eine Express-kompatible Authentifizierungs-Middleware für Node.js. Sie können diese Abhängigkeit mit der Konsole (engl. Terminal) ergänzen. In SAP BAS können Sie die Konsole über TERMINAL • NEW TERMINAL (siehe Abbildung 3.14) oder mit der Tastenkombination [Strg] + [Ö] öffnen.

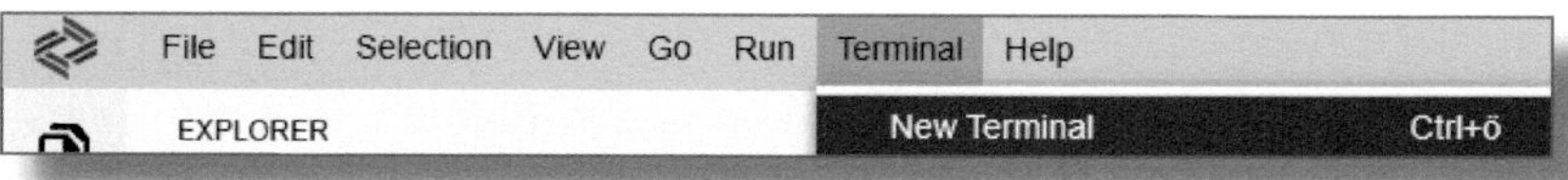

Abbildung 3.14: Öffnen der Konsole im SAP BAS

Geben Sie in der Konsole `npm add passport` ein (siehe Abbildung 3.15).

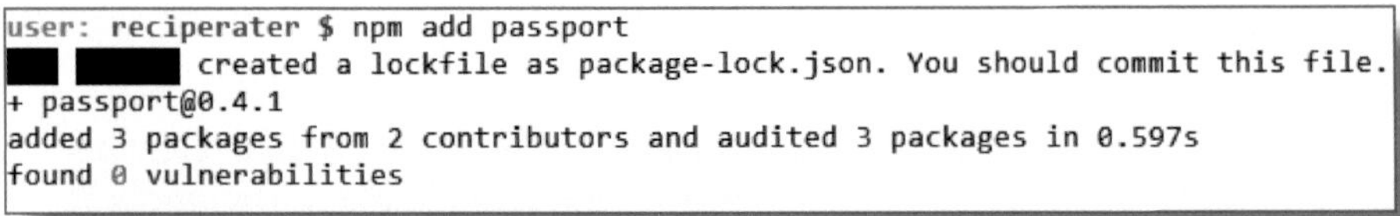

```
user: reciperater $ npm add passport
███ ██████ created a lockfile as package-lock.json. You should commit this file.
+ passport@0.4.1
added 3 packages from 2 contributors and audited 3 packages in 0.597s
found 0 vulnerabilities
```

Abbildung 3.15: Ergänzung der Passport-Abhängigkeit über einen Konsolenbefehl

Dieser Befehl fügt Passport in die Abhängigkeitsdeklaration der Datei package.json ein. Wenn Sie die Datei öffnen, sehen Sie nun einen neuen Eintrag für `passport` im Block `dependencies` (siehe Abbildung 3.16).

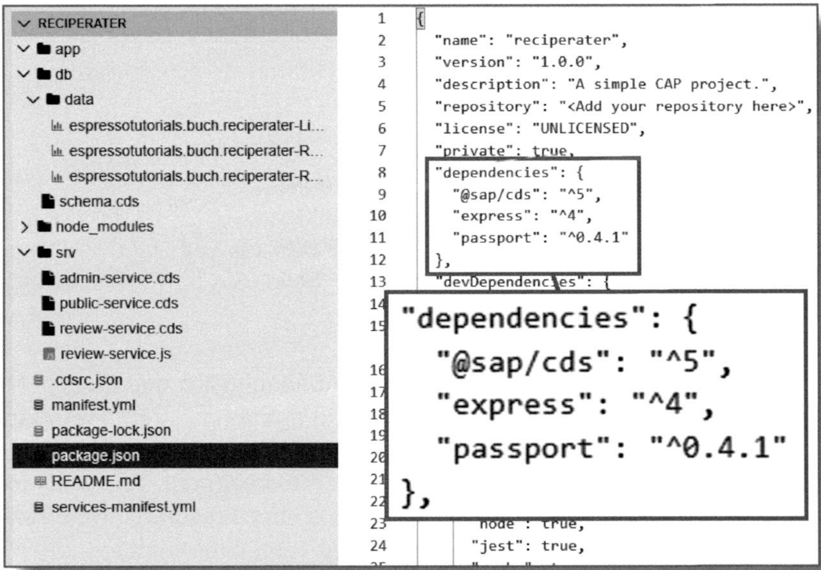

```
RECIPERATER
  app
  db
    data
      espressotutorials.buch.reciperater-Li...
      espressotutorials.buch.reciperater-R...
      espressotutorials.buch.reciperater-R...
    schema.cds
  node_modules
  srv
    admin-service.cds
    public-service.cds
    review-service.cds
    review-service.js
  .cdsrc.json
  manifest.yml
  package-lock.json
  package.json
  README.md
  services-manifest.yml
```

```
{
  "name": "reciperater",
  "version": "1.0.0",
  "description": "A simple CAP project.",
  "repository": "<Add your repository here>",
  "license": "UNLICENSED",
  "private": true,
  "dependencies": {
    "@sap/cds": "^5",
    "express": "^4",
    "passport": "^0.4.1"
  },
  "devDependencies": {
      "node": true,
      "jest": true,
```

```
"dependencies": {
  "@sap/cds": "^5",
  "express": "^4",
  "passport": "^0.4.1"
},
```

Abbildung 3.16: Ergänzte Abhängigkeiten in der Datei »package.json«

Anschließend geben Sie in der Konsole den Befehl `npm i` ein. Dieser Befehl weist den *Node Package Manager* an, alle in der Datei package.json definierten Abhängigkeiten zu installieren (siehe Abbildung 3.17).

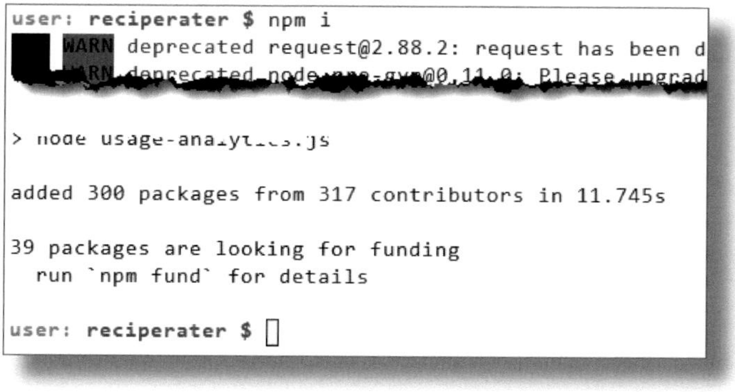

```
user: reciperater $ npm i
WARN deprecated request@2.88.2: request has been d
WARN deprecated node-pre-gyp@0.11.0: Please upgrad

> node usage-analytics.js

added 300 packages from 317 contributors in 11.745s

39 packages are looking for funding
  run `npm fund` for details

user: reciperater $ ▯
```

Abbildung 3.17: Installation der deklarierten Abhängigkeiten

Sie erhalten in der Konsole Informationen über den Installationsvorgang und finden nach Abschluss des Vorgangs einen Ordner NODE_MODULES in Ihrer Ordnerstruktur. Hier speichert der Node Package Manager alle externen Abhängigkeiten Ihres Projekts.

3.5.2 Starten der Anwendung

Mit den installierten Abhängigkeiten können Sie die Anwendung starten. Auch hierfür verwenden Sie die Konsole. Öffnen Sie diese wie im letzten Abschnitt beschrieben und geben Sie `cds watch` ein. Dieser Befehl startet die Anwendung in einem überwachten Modus, wodurch sie automatisch neu gestartet wird, sobald Sie eine Änderung vornehmen.

Nach Ausführen des Befehls sehen Sie in der Konsole eine Reihe von Informationen. Bisher haben Sie nichts getan, um Ihre Anwendung mit SAP BTP zu verbinden, aber lokal läuft sie erfolgreich. Betrachten wir kurz in Listing 3.17, was passiert ist:

```
cds serve all --with-mocks --in-memory?
watching: cds,csn,csv,ts,mjs,cjs,js,json,properties,edmx,xml,env
,css,gif,html,jpg,png,svg...
live reload enabled for browsers

[cds] - model loaded from 5 file(s):
```

```
  ./db/schema.cds
  ./srv/admin-service.cds
  ./srv/public-service.cds
  ./srv/review-service.cds
  ./node_modules/@sap/cds/common.cds

[cds] - connect using bindings from: { registry: '~/.cds-
services.json' }
[cds] - connect to db > sqlite { database: ':memory:' }
 > filling espressotutorials.buch.reciperater.Likes from ./db/
data/espressotutorials.buch.reciperater-Likes.csv
 > filling espressotutorials.buch.reciperater.Recipes from ./db/
data/espressotutorials.buch.reciperater-Recipes.csv
 > filling espressotutorials.buch.reciperater.Reviews from ./db/
data/espressotutorials.buch.reciperater-Reviews.csv
/> successfully deployed to sqlite in-memory db

[cds] - serving AdminService { at: '/admin' }
[cds] - serving PublicService { at: '/browse' }
[cds] - serving ReviewService { at: '/review', impl: './srv/
review-service.js' }

[cds] - server listening on { url: 'http://localhost:4004' }
[cds] - launched in: 790.945ms
[ terminate with ^C ]
```

Listing 3.17: Konsolenausgabe nach Eingabe des Befehls »cds watch«

Zunächst ist `cds watch` lediglich die vereinfachte Schreibweise für den angezeigten Befehl `cds serve all --with-mocks --in-memory?`. Lassen Sie uns diesen Befehl zum besseren Verständnis aufschlüsseln:

- Der Befehl `cds serve` startet einen http-Server, der die Service-Definitionen aus den cds-Modellen lädt, sowie Service-Provider erstellt und mit Endpunkten verbindet, um eingehende Anfragen zu bedienen. Hier ist definiert, dass CAP alle Modelle aus dem Projekt lädt.
- Der Teil `--with-mocks` startet Mock-Dienste für alle benötigten Dienste, die im Abschnitt CDS.REQUIRES der Datei package.json konfiguriert sind und die in der aktuellen Prozessumgebung keine externen Verknüpfungen haben.

- Durch `--in-memory?` wird automatisch eine temporäre In-Memory-Datenbank hinzugefügt, die bei jedem (Neu-)Start auf die gleiche Weise aufgebaut wird, wie es `cds deploy` tun würde. Mit dem Fragezeichen wenden Sie eine defensivere Variante an, die die konfigurierte Datenbank berücksichtigt und nur dann eine In-Memory-Datenbank hinzufügt, wenn noch keine persistente eingestellt ist.
- Schließlich sorgt die `watch`-Komponente dafür, dass der Server neu startet, sobald Sie den Code oder die Modelle ändern.

Die folgenden Abschnitte beschreiben die durchgeführten Aktionen. CAP hat Modelle aus fünf Datensätzen geladen: Ihr Domänenmodell aus der SCHEMA.CDS, Ihre drei Servicemodelle und das vom CAP bereitgestellte Modell, das Ihnen mit den Annotationen etwas Arbeit abgenommen hat.

Sie haben selbst keine Bindings definiert. Daher werden diese standardmäßig aus { REGISTRY: '~/.CDS-SERVICES.JSON' } gezogen.

Die verwendete Datenbank ist eine SQLite-Datenbank, die im Arbeitsspeicher ausgeführt wird. Sie haben hier also keine echte Persistenz und verlieren die Daten nach jedem Neustart der Anwendung. CAP lädt die Datensätze jedes Mal aus den bereitgestellten CSV-Dateien in die Tabellen der definierten Entitäten.

Anschließend teilt CAP Ihnen mit, dass es Ihre drei Dienste in drei verschiedenen Pfaden bereitstellt. Entsprechend der CAP-Standardkonvention steht der AdminService unter einem gleichnamigen Pfad ohne den Namensteil Service bereit. Das Gleiche gilt für den ReviewService. Hier ist allerdings die Besonderheit, dass Ihre Implementierung geladen wird. Wiederum gilt die Konvention, d. h., durch die Namensgebung weiß CAP, welche Implementierung zu laden ist. Der Service PublicService für anonyme Benutzer steht unter einem anderen Pfad, nämlich /BROWSE, zur Verfügung. Das ergibt sich aus Ihrer vorherigen Konfiguration.

Die Anwendung wird auf Port 4004 bereitgestellt. Auch hier handelt es sich um eine Konvention. Die URL http://localhost ist in diesem Fall der Localhost des BAS. Der Aufruf der URL *localhost:4004* in Ihrem

Browser wird Sie nicht zur Anwendung führen. Verwenden Sie für den Zugriff auf die URL die Schaltfläche EXPOSE AND OPEN im rechts unten erscheinenden Pop-up (Abbildung 3.18).

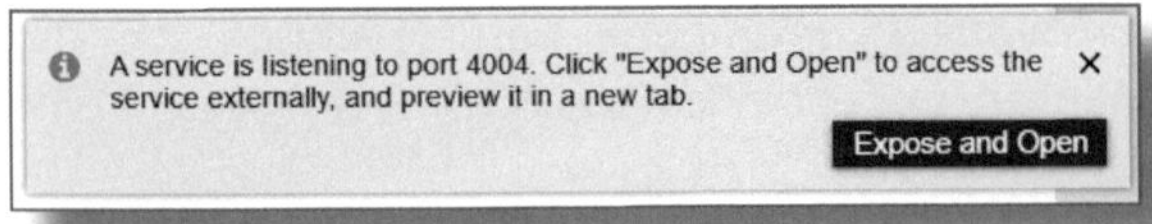

Abbildung 3.18: Pop-up mit Navigation zur Benutzeroberfläche

3.5.3 Automatisch generierte Übersichtsseite

Beim Zugriff auf die URL sehen Sie eine generische, von CAP bereitgestellte Seite (siehe Abbildung 3.19). Diese zeigt Ihnen die Pfade der aktuell verfügbaren Service-Endpunkte an. Diese repräsentieren Ihre drei definierten Services.

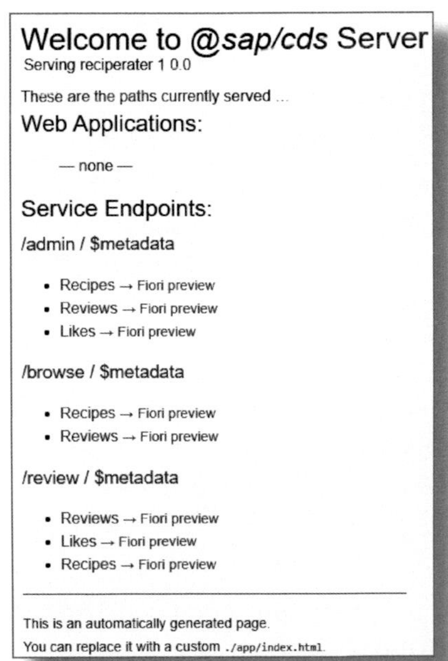

Abbildung 3.19: Generische Übersichtsseite

CAP hat diese Services automatisch auf Basis der von Ihnen angebotenen Informationen erzeugt. Mit diesen wenigen Implementierungsschritten verfügen Sie bereits über vollwertige OData-Services. CAP ermöglicht Ihnen sogar den Start von Fiori-Previews, um eine Vorstellung davon zu erhalten, wie die Benutzeroberfläche aussehen könnte.

Ad-hoc-Tests

Lassen Sie uns einige Ad-hoc-Tests durchführen. Sie sollten z. B. in der Lage sein, den BROWSE-Service zu durchsuchen, ohne sich anmelden zu müssen. Klicken Sie also auf den Link RECIPES unterhalb des BROWSE-Endpunkts in Abbildung 3.19. Sie sehen daraufhin die in Ihrer Datenbank verfügbaren Rezepte, beschränkt auf die von Ihnen angegebenen Felder (siehe Abbildung 3.20).


```
{
    "@odata.context": "$metadata#Recipes",
  ▼ "value": [
      ▼ {
            "ID": "1cb53f38-3fa3-4331-84b6-19c61b37377f",
            "name": "Das wahrscheinlich beste Rezept der Welt",
            "instruction": null,
            "cookwares": [],
            "ingredients": [],
            "servingCount": 5,
            "cookingTimeMinutes": null
        },
      ▼ {
            "ID": "a239d367-ce3b-4fef-8186-873f2a712bcd",
            "name": "Omelette",
            "instruction": "Verquirlte Eier gut mit Salz und Pfeffe
            Eier verwirbelt werden und die Oberfläche der Pfanne vol
            mit dem flüssigen Ei füllen kann. Wiederholen Sie diese
            gebratene Pilze oder Räucherlachs eignen sich gut. Ver
          ▼ "cookwares": [
                "Pfanne",
                "Pfannenwender"
            ],
          ▼ "ingredients": [
                "3 Eier",
                "1 TL Sonnenblumenöl",
                "1 TL Butter",
                "Füllung"
            ],
```


Abbildung 3.20: Serviceantwort auf Rezeptanfrage

Strukturierte Ausgabe der JSON-Antwort

Ich verwende an dieser Stelle die Erweiterung `JSONView` für den Browser Chrome, um eine strukturierte und formatierte Ausgabe der Antwort zu erhalten. Für andere Browser sind ähnliche Erweiterungen verfügbar und erleichtern Ihnen das Lesen der Serviceantworten.

Was Sie hier sehen, resultiert aus dem Wirken generischer Provider, die viele Aufgaben standardmäßig ausführen. Dazu gehört das Kompilieren von CDS-Modellen in OData-Metadata-Dokumente und das automatische Bedienen aller CRUD-Anfragen, die Handhabung aller OData-Protokollfunktionen wie *$batch* bis hin zu komplexen Vorgängen wie *Fiori Draft*. So können Sie auch komplexere OData-Anfragen senden, die die eingebauten generischen Provider bedienen.

Ihre URL endet derzeit mit `/browse/Recipes?$top=11`. Ändern Sie diese in `/browse/Recipes?$select=name&$expand=reviews($select=rating,title,text,numberOfLikes)` und rufen Sie die geänderte URL auf. Sie erhalten nun nur noch die Primärschlüsselfelder und den Namen des betreffenden Rezepts. Aber nicht nur das! Sie sehen auch alle zugehörigen Erfahrungsberichte, eingeschränkt auf die ausgewählten Felder (siehe Abbildung 3.21).

Da CAP-basierte Dienste von Haus aus vollwertige OData-Services bereitstellen, sind auch erweiterte Abfrageoptionen wie *$select*, *$expand*, *$search* etc. einsetzbar. CAP spart Ihnen damit eine Menge Arbeit und ermöglicht es, sofort mit den nächsten Schritten fortzufahren, anstatt all dies mit Boilerplate-Code selbst zu implementieren.

```
{
  "@odata.context": "$metadata#Recipes(name,ID,reviews(rating,title,text,numberOfLikes,ID))",
  "value": [
    {
      "name": "Das wahrscheinlich beste Rezept der Welt",
      "ID": "1cb53f38-3fa3-4331-84b6-19c61b37377f",
      "reviews": [
        {
          "ID": "2c9bed1d-5ad5-4f45-a271-99588b0a2d5b",
          "rating": 1,
          "title": "Was soll das denn?",
          "text": "Das ist doch Blödsinn, oder? Wie kann ein solches Rezept veröffentlicht
          "numberOfLikes": 1
        },
        {
          "ID": "635d3afe-4457-4feb-b309-0113acba8f17",
          "rating": 5,
          "title": "Super Rezept!",
          "text": "Was für ein tolles Rezept",
          "numberOfLikes": 0
        },
        {
          "ID": "c48821da-4621-4219-a45e-a05cc321557d",
          "rating": 1,
          "title": "Nicht zu gebrauchen!",
          "text": "Niemand braucht ein solches Rezept.",
          "numberOfLikes": 1
        }
      ]
    },
    {
      "name": "Omelette",
      "ID": "a239d367-ce3b-4fef-8186-873f2a712bcd",
      "reviews": [
```


Abbildung 3.21: Serviceantwort auf komplexe Anfrage

Testen der Zugriffsberechtigung

Testen Sie als Nächstes die Authentifizierung und Autorisierung. Mit einem Klick auf /BROWSE • RECIPES konnten Sie auf den Service zugreifen und die Rezepte durchsuchen. Das funktionierte wie vorgesehen. Wenn Sie stattdessen auf RECIPES im Administratoren-Service (siehe Abbildung 3.19) klicken, werden Sie aufgefordert, Benutzerdaten einzugeben. CAP liefert einige vordefinierte Benutzer zum lokalen Testen aus. Geben Sie *bob* in das Benutzerfeld ein und lassen Sie das Feld PASSWORT leer (siehe Abbildung 3.22).

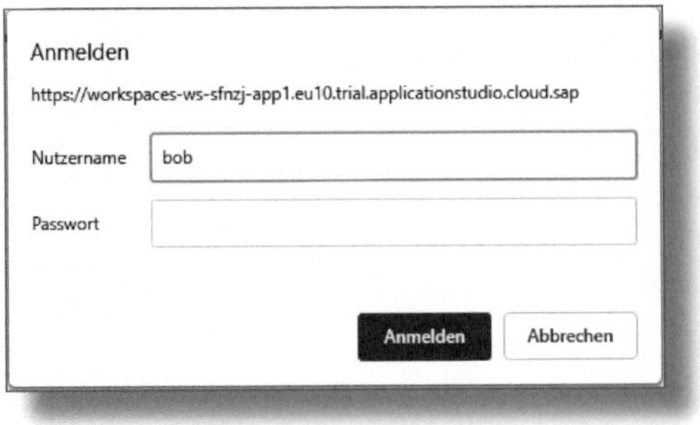

Anmelden

https://workspaces-ws-sfnzj-app1.eu10.trial.applicationstudio.cloud.sap

Nutzername bob

Passwort

Anmelden Abbrechen

Abbildung 3.22: Anmeldemaske bei Aufruf der Entität Recipe im Admin Service

Wenn Sie mit ANMELDEN die Benutzerdaten bestätigen, erscheint eine Meldung, dass Ihnen der Zugriff verweigert wird (siehe Abbildung 3.23). Warum ist das so?

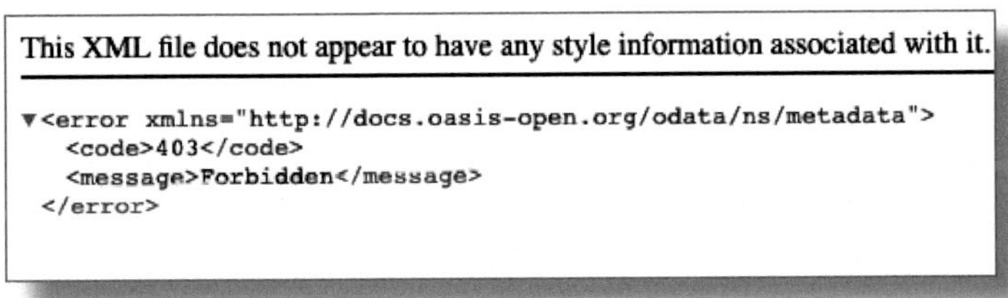

This XML file does not appear to have any style information associated with it.

```
▼<error xmlns="http://docs.oasis-open.org/odata/ns/metadata">
   <code>403</code>
   <message>Forbidden</message>
 </error>
```

Abbildung 3.23: Zugriff verweigert

Sie haben in Abschnitt 3.4.2 definiert, dass die Rolle *admin* für den Zugriff auf den Service erforderlich ist. Bob ist ein Benutzer ohne diese Rolle. Also wird Ihnen erwartungsgemäß der Zugriff auf den Dienst verweigert. Wenn Sie aber zur Übersichtsseite zurücknavigieren (siehe Abbildung 3.19) und im Review-Service auf die Reviews klicken, können Sie auf diesen Service zugreifen.

Da der Benutzer zwischengespeichert wird und im Browser nur ein Lesezugriff leicht testbar ist, kehren Sie jetzt zum BAS zurück. Sie werden die Anwendung mithilfe eines REST Client weiter erkunden.

3.5.4 Lokales Testen mit der REST-Client-Erweiterung

SAP BAS wird mit einer vorinstallierten Erweiterung namens *REST Client* ausgeliefert, mit der Sie HTTP-Anfragen senden und die Antworten direkt in SAP BAS anzeigen können.

Erstellen Sie einen Ordner namens TEST und legen Sie in diesem Ordner eine Datei namens REQUESTS.HTTP an (siehe Abbildung 3.24). In dieser Datei werden Sie die HTTP-Anfragen für den Einsatz des REST Client speichern.

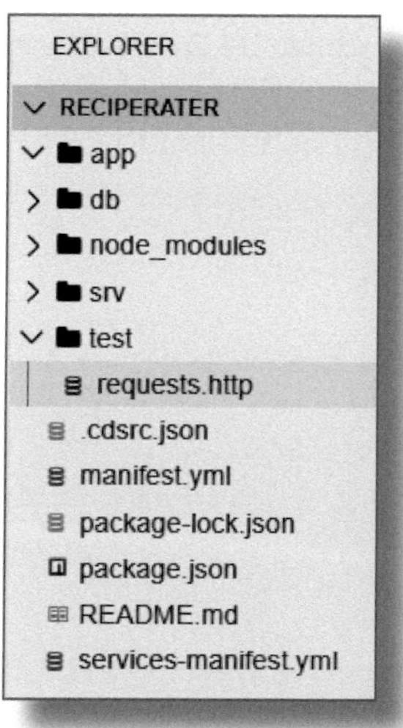

Abbildung 3.24: Ordnerstruktur der REST-Client-Erweiterung nach Anlage einer Datei

Im Folgenden stelle ich Ihnen mehrere Anfragen zur Verfügung und erkläre sie Schritt für Schritt, während Sie sie verwenden. Fügen Sie einfach die Codezeilen in die Datei requests.http ein. Zuerst werden Sie Variablen definieren, um sie in den Anfragen zu nutzen (siehe Listing 3.18).

```
// URL des Servers. Für lokale Tests standardmäßig
localhost:4004. Ersetzen Sie sie später durch die Cloud Foundry-
Route.
```

```
@server = http://localhost:4004

// Kein Benutzer
@user_none =
// Vordefinierter Testbenutzer mit Administratorrolle
@user_admin = Authorization: Basic alice:
// Vordefinierter Testbenutzer ohne Administratorrolle
@user_default = Authorization: Basic bob:
```

Listing 3.18: REST Client – Allgemeine Variablen

Sie geben bei jeder Erstellung eines Objekts eine ID an. Dies ist zwar nicht erforderlich, aber es ermöglicht Ihnen die einfache Anwendung der folgenden Anfragen, da die IDs nicht zufällig generiert werden. Beginnen Sie mit einer Anfrage zur Rezepterstellung (siehe Listing 3.19).

```
### ------------------------------------------------------------
------------
# Erstellung eines Rezepts
# Kann nur von Benutzern mit der Admin-Rolle ausgeführt werden.
POST {{server}}/admin/Recipes
Content-Type: application/json;IEEE754Compatible=true
 {{user_none}}
// {{user_default}}
// {{user_admin}}
// {{user_xsuaa}}

{
  "ID": "4bdcb14a-c609-4f1b-a3dc-d4dafc656d46",
   "name": "Gekochter Reis",
  "ingredients": ["Reis","Öl"],
  "cookwares": ["Pfanne","Topf"],
  "instruction": "Füllen Sie den Topf hälftig mit Wasser und
bringen Sie dieses zum Kochen. Nachdem das Wasser kocht geben
Sie den Reis für die in der Packung definierte Zeit hinzu.
Erhitzen Sie zwischenzeitlich eine Pfanne bei mittlerer Hitze
und geben Sie Öl und den gekochten Reis hinzu.",
  "servingCount": 2,
  "cookingTimeMinutes": 15
}
```

Listing 3.19: REST Client – Anfrage zur Rezepterstellung

Nach dem Übertragen der Anfrage an SAP BAS sehen Sie oberhalb der Zeile, die mit POST beginnt, eine Schaltfläche SEND REQUEST (siehe Abbildung 3.25).

```
### ---------------------------------------------------------------
# Erstellung eines Rezepts
# Kann nur von Benutzern mit der Admin-Rolle ausgeführt werden.
Send Request
POST {{server}}/admin/Recipes
Content-Type: application/json;IEEE754Compatible=true
// {{user_none}}
 {{user_default}}
// {{user_admin}}
// {{user_xsuaa}}
```

Abbildung 3.25: Schaltfläche zur Übermittlung einer Anfrage

Ein neues Rezept lässt sich nur über den ADMINSERVICE und damit nur für Benutzer mit der Rolle »Admin« hinzufügen. Testen Sie dies, indem Sie Benutzer aus- bzw. einkommentieren und danach die Schaltfläche SEND REQUEST anklicken.

Fehlermeldung »Connection is being rejected.«

Sie erhalten eine Fehlermeldung von SAP BAS, dass die Verbindung abgelehnt wird, wenn kein Service auf diesem Server (in diesem Fall localhost:4004) läuft (siehe Listing 3.18). Prüfen Sie dann, ob die CAP-Anwendung ausgeführt wird. Wenn nicht, starten Sie sie erneut in der Konsole mit dem Befehl `cds watch`.

Nachdem Sie das Rezept mit dem Admin-Benutzer angelegt haben, fahren Sie mit der Anzeige der Rezepte fort. Verwenden Sie dafür die Anfrage aus Listing 3.20.

```
### ------------------------------------------------------------
-----------
# Anzeige der Rezepte im öffentlichen Service. Auch ohne
Benutzer ausführbar.
GET {{server}}/browse/Recipes?
  # &$select=name,instruction,cookwares,servingCount,cookingTime
Minutes
```

```
  # &$expand=reviews($select=title,text,rating)
  # &$filter=cookingTimeMinutes ge 15
{{user_none}}
// {{user_default}}
// {{user_admin}}
// {{user_xsuaa}}
```

Listing 3.20: REST Client – Anfrage zur Übersicht von Rezepten

Sie können diesen Service auch anonym aufrufen, sodass Sie dafür einen beliebigen Benutzer verwenden können. In der Ergebnismenge finden Sie u. a. das von Ihnen soeben erstellte Rezept.

Als Beispiel nenne ich Ihnen einige OData-Befehle. Kommentieren Sie beispielsweise den Filter-Befehl ein, so erhalten Sie nur das soeben erstellte Rezept zurück (siehe Abbildung 3.26). Es ist derzeit das einzige Rezept mit einer Zubereitungszeit größer oder gleich 15 Minuten.

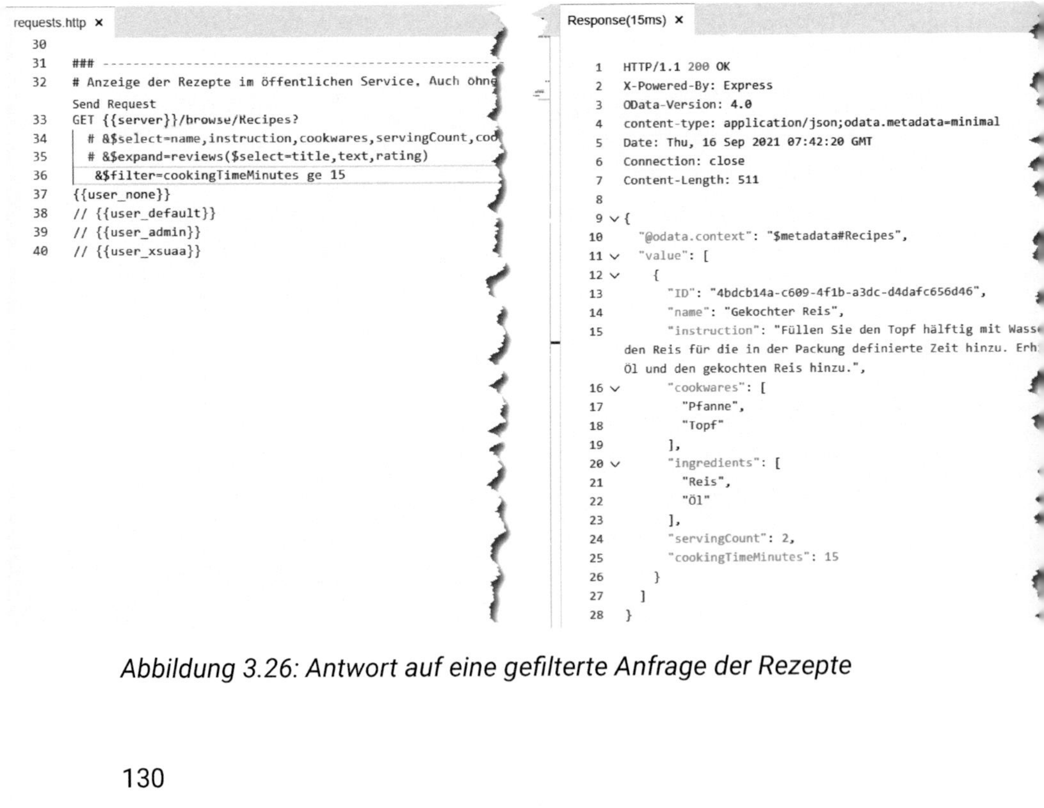

requests.http ×

```
### -----------------------------------------------------
# Anzeige der Rezepte im öffentlichen Service. Auch ohne
Send Request
GET {{server}}/browse/Recipes?
  # &$select=name,instruction,cookwares,servingCount,coo
  # &$expand=reviews($select=title,text,rating)
  &$filter=cookingTimeMinutes ge 15
{{user_none}}
// {{user_default}}
// {{user_admin}}
// {{user_xsuaa}}
```

Response(15ms) ×


```
HTTP/1.1 200 OK
X-Powered-By: Express
OData-Version: 4.0
content-type: application/json;odata.metadata=minimal
Date: Thu, 16 Sep 2021 07:42:20 GMT
Connection: close
Content-Length: 511

{
  "@odata.context": "$metadata#Recipes",
  "value": [
    {
      "ID": "4bdcb14a-c609-4f1b-a3dc-d4dafc656d46",
      "name": "Gekochter Reis",
      "instruction": "Füllen Sie den Topf hälftig mit Wass
den Reis für die in der Packung definierte Zeit hinzu. Erh
Öl und den gekochten Reis hinzu.",
      "cookwares": [
        "Pfanne",
        "Topf"
      ],
      "ingredients": [
        "Reis",
        "Öl"
      ],
      "servingCount": 2,
      "cookingTimeMinutes": 15
    }
  ]
}
```


Abbildung 3.26: Antwort auf eine gefilterte Anfrage der Rezepte

Als Nächstes bewerten Sie dieses Rezept. Dazu verwenden Sie den REVIEWSERVICE (siehe Listing 3.21). Da dieser nur für authentifizierte Benutzer zugänglich ist, müssen Sie solch einen Benutzer verwenden. Notieren Sie sich bitte kurz den Benutzer, mit dem Sie die Bewertung erstellen.

```
### -------------------------------------------------------------
------------
# Erstellung eines Reviews zum zuvor erstellten Rezept. Kann nur
von angemeldeten Benutzern durchgeführt werden.
POST {{server}}/review/Reviews
Content-Type: application/json;IEEE754Compatible=true
{{user_none}}
// {{user_default}}
// {{user_admin}}
// {{user_xsuaa}}

{
    "ID": "fe15875e-2ef4-4556-aa90-b176753c53ef",
    "recipe_ID": "4bdcb14a-c609-4f1b-a3dc-d4dafc656d46",
    "rating": 5,
    "title": "Das ist so einfach!",
    "text": "Einfach Reis kochen und in eine Pfanne geben. So
einfach."
}
```

Listing 3.21: REST Client – Bewerten des Rezepts

Sie müssen sich mit der RECIPE_ID auf das Schlüsselfeld des Rezepts beziehen. Sollten Sie bei der Bewertung einen anderen Wert als 1, 2, 3, 4 oder 5 eingeben, erhalten Sie aufgrund Ihrer enum-Deklaration (siehe Abschnitt 3.4.2) eine Fehlermeldung. In der Konsole sehen Sie außerdem Ihre beiden Protokolleinträge (siehe Abbildung 3.27). Einer dieser Einträge wird im Handler nach dem CREATE-Ereignis der Entität `Reviews` und einer in Reaktion auf das Ereignis `reviewed` geschrieben.

```
[cds] - POST /review/Reviews
Ereignis: reviewed { recipe_ID: '4bdcb14a-c609-4f1b-a3dc-d4dafc656d46', averageRating: 5 }
Reaktion: Neue Bewertung für ID 4bdcb14a-c609-4f1b-a3dc-d4dafc656d46. Neue Durchschnittsbewertung 5
```

Abbildung 3.27: Konsolenausgabe nach Anlage des Reviews

Modifizieren Sie anschließend das soeben angelegte Review. Probieren Sie das zunächst mit dem Benutzer aus, den Sie nicht für die Erstellung verwendet haben. Dies wird misslingen, da der Benutzer nicht für die Anfrage berechtigt ist. Ändern Sie den Eintrag dann mit dem erstellenden Benutzer. Nutzen Sie hierfür die Anfragen aus Listing 3.22.

```
### -----------------------------------------------------------
------------
# Änderung des erstellten Reviews. Kann nur vom erstellenden
Benutzer durchgeführt werden.
PUT {{server}}/review/Reviews(fe15875e-2ef4-4556-aa90-
b176753c53ef)
Content-Type: application/json;IEEE754Compatible=true
// {{user_none}}
 {{user_default}}
// {{user_admin}}
// {{user_xsuaa}}

{
    "ID": "fe15875e-2ef4-4556-aa90-b176753c53ef",
    "recipe_ID": "4bdcb14a-c609-4f1b-a3dc-d4dafc656d46",
    "rating": 4,
    "title": "Das ist so einfach!",
    "text": "Einfach Reis kochen und in eine Pfanne geben. So
einfach."
}

### -----------------------------------------------------------
------------
# Entfernen des Reviews - Nutzen Sie diese Anfrage, falls Sie
später das Review mit einem anderen Benutzer erstellen möchten.
DELETE {{server}}/admin/Reviews(fe15875e-2ef4-4556-aa90-
b176753c53ef)
Content-Type: application/json;IEEE754Compatible=true
// {{user_none}}
// {{user_default}}
 {{user_admin}}
// {{user_xsuaa}}
```

Listing 3.22: REST Client – Ändern und Löschen des Reviews

Sie sehen nun wieder die Einträge in der Konsole, allerdings mit dem aktualisierten Wert.

Liken Sie das Review mit einem angemeldeten Benutzer, wie in Listing 3.23 gezeigt.

```
### --------------------------------------------------------------
------------
# Like des zuvor erstellten Erfahrungsberichts.
POST {{server}}/review/Reviews(fe15875e-2ef4-4556-aa90-
b176753c53ef)/ReviewService.like
Content-Type: application/json
 {{user_none}}
// {{user_default}}
// {{user_admin}}
// {{user_xsuaa}}
```

Listing 3.23: REST Client – Like des Reviews

Sollten Sie versuchen, dieses Review ein zweites Mal zu liken, erhalten Sie eine Fehlermeldung, dass es bereits von Ihnen gelikt wurde (siehe Abbildung 3.28).

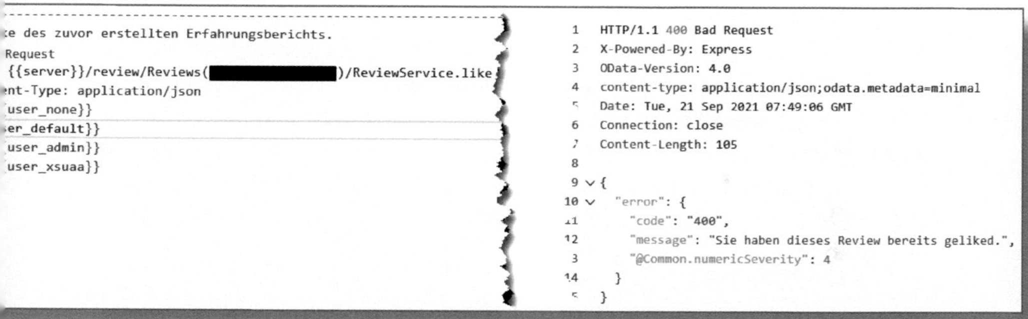

Abbildung 3.28: Fehler nach doppeltem Like eines Reviews

Lassen Sie uns abschließend mithilfe von Listing 3.24 noch einmal als Administrator einen Blick auf alle Entitäten werfen, die Sie gerade erstellt haben:

```
### ----------------------------------------------------------
------------
# Anzeige des erstellten Rezepts und aller zugehörigen
Entitäten. Nur ausführbar durch Benutzer mit Administratorrolle.
GET {{server}}/admin/Recipes(4bdcb14a-c609-4f1b-a3dc-d4dafc656d4
6)?$expand=reviews($expand=likes)
//{{user_none}}
// {{user_default}}
 {{user_admin}}
// {{user_xsuaa}}
```

Listing 3.24: REST Client – Ansicht aller erstellten Entitäten

Sie sehen das von Ihnen erstellte Rezept, das Review und den Like.

3.5.5 Fazit

Sie haben in Abschnitt 3.5 zunächst Abhängigkeiten installiert und anschließend Ihre Anwendung getestet. Mithilfe einer vorgefertigten Benutzeroberfläche und eines in SAP BAS verfügbaren REST Client sind Sie durch die APIs Ihrer Anwendung navigiert.

All diese Schritte haben Sie innerhalb des Business Application Studio durchgeführt und konnten so mit relativ wenig Aufwand eine funktionsreiche Anwendung erstellen. Die Anwendung wird derzeit mit einer temporären In-Memory-SQLite-Datenbank ausgeführt. In einem weiteren Schritt könnten Sie eine persistente lokale SQLite-Datenbank verwenden. Ihr nächstes Ziel ist jedoch die Integration von SAP-BTP-Diensten.

In Abschnitt 3.6 werden Sie Services und Funktionalitäten in der Cloud-Foundry-Umgebung von SAP BTP einsetzen und Ihre Anwendung mit diesen verbinden, während Sie weiter im SAP BAS arbeiten. Zum Beispiel werden Sie die SQLite-Datenbank durch eine SAP-HANA-Datenbank ersetzen, die in SAP BTP verfügbar ist. Lassen Sie es uns angehen.

3.6 Verwendung unterstützender Cloud-Foundry-Services

Nachdem der Test Ihrer Anwendung erfolgreich verlaufen ist, werden Sie in diesem Abschnitt einige der Funktionen, die bisher noch von Mocks oder temporären Lösungen bereitgestellt werden, durch SAP-BTP-Services ersetzen. Dazu gehören eine Datenbank, ein Service für die Kommunikation über asynchrone Ereignisse sowie ein Benutzerverwaltungs- und Autorisierungsservice.

3.6.1 Anbinden einer SAP-HANA-Datenbank

Lassen Sie uns zunächst die bisherige In-Memory-Datenbank durch eine persistente ersetzen. Dazu erstellen und verbinden Sie Ihre Anwendung mit SAP HANA Cloud.

Erstellen einer SAP-HANA-Cloud-Instanz

Um diesen Service zu nutzen, müssen Sie zunächst eine SAP-HANA-Cloud-Instanz erstellen. Dies ist von Ihrem Cloud Foundry Space aus möglich, den Sie über das *SAP BTP Cockpit* erreichen. Dorthin gelangen Sie über die Startseite Ihres Testkontos (siehe Abbildung 2.10). Zunächst befinden Sie sich auf der Ebene des Global Account. Von dort aus navigieren Sie zu Ihrem Subaccount TRIAL und von dort in den Space DEV. Dort wählen Sie im linken Menü die Seite SAP HANA CLOUD (siehe Abbildung 3.29).

Abbildung 3.29: SAP HANA Cloud – Seite im Space

Klicken Sie oben rechts auf die Schaltfläche CREATE und wählen Sie aus dem sich öffnenden Menü SAP HANA DATABASE. In einem neuen Fenster werden Sie möglicherweise aufgefordert, sich nochmals anzumelden. Nach erfolgreicher Anmeldung werden Sie zu einem Assistenten für die Instanzerstellung weitergeleitet. Hier müssen Sie als Erstes die Art der SAP-HANA-Cloud-Instanz bestimmen (siehe Abbildung 3.30). Wählen Sie hier SAP HANA CLOUD, SAP HANA DATABASE.

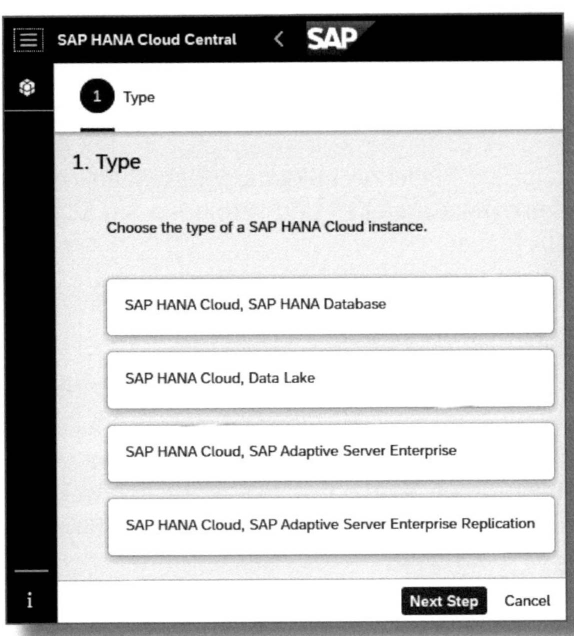

Abbildung 3.30: Auswahl der SAP-HANA-Cloud-Instanz

Der nächste Schritt beinhaltet allgemeine Einstellungen zur Datenbankinstanz (siehe Abbildung 3.31). Im Bereich LOCATION sind Ihre Cloud-Foundry-Organisation und Ihr Space bereits vorausgewählt. Wählen Sie im Abschnitt BASICS als Instanznamen *reciperater-db* und hinterlegen Sie optional eine Beschreibung. Die Datenbank wird mit dem automatisch angelegten Administrationsbenutzer DBADMIN ausgeliefert, für den Sie noch ein Passwort festlegen müssen.

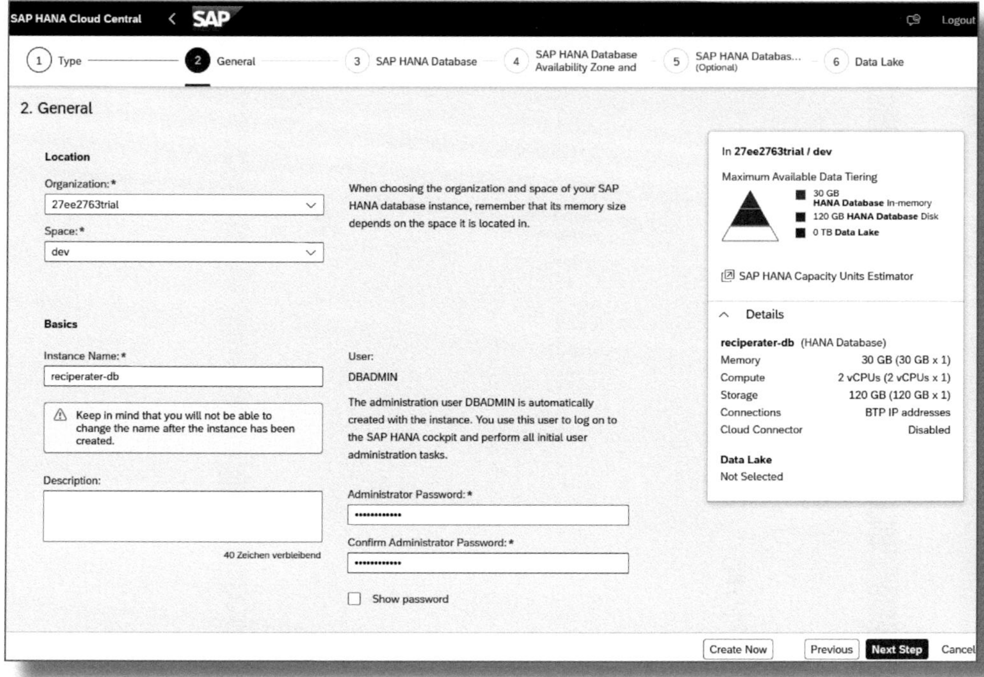

Abbildung 3.31: Erstellung einer SAP-HANA-Datenbankinstanz – Allgemeine Informationen

Nachdem Sie alle erforderlichen Felder ausgefüllt haben, wählen Sie CREATE NOW. Sie gelangen zu einer Übersichtsseite, auf der Sie die für die Instanz konfigurierten Werte überprüfen können. Dabei möchte ich im Besonderen auf den Abschnitt ADVANCED SETTINGS • CONNECTIONS hinweisen. Dort legen Sie die IP-Adressen fest, über die Sie auf die SAP-HANA-Datenbank zugreifen können (siehe Abbildung 3.32).

Die standardmäßige Einstellung ALLOW ONLY BTP IP ADDRESSES erlaubt einen Zugriff von SAP BTP aus. Unter Umständen könnten Sie jedoch einen Zugriff von speziellen IP-Bereichen oder -Adressen wünschen, beispielsweise bei der Arbeit mit lokalen VS-Code-Instanzen. Dies könnten Sie in einem der übersprungenen Konfigurationsschritte einstellen. Beachten Sie jedoch, dass die Einstellung so restriktiv wie möglich gewählt werden sollte. Im produktiven Einsatz und im Umgang mit Kundendaten ist ein Zugriff über alle IP-Adressen nicht zu empfehlen.

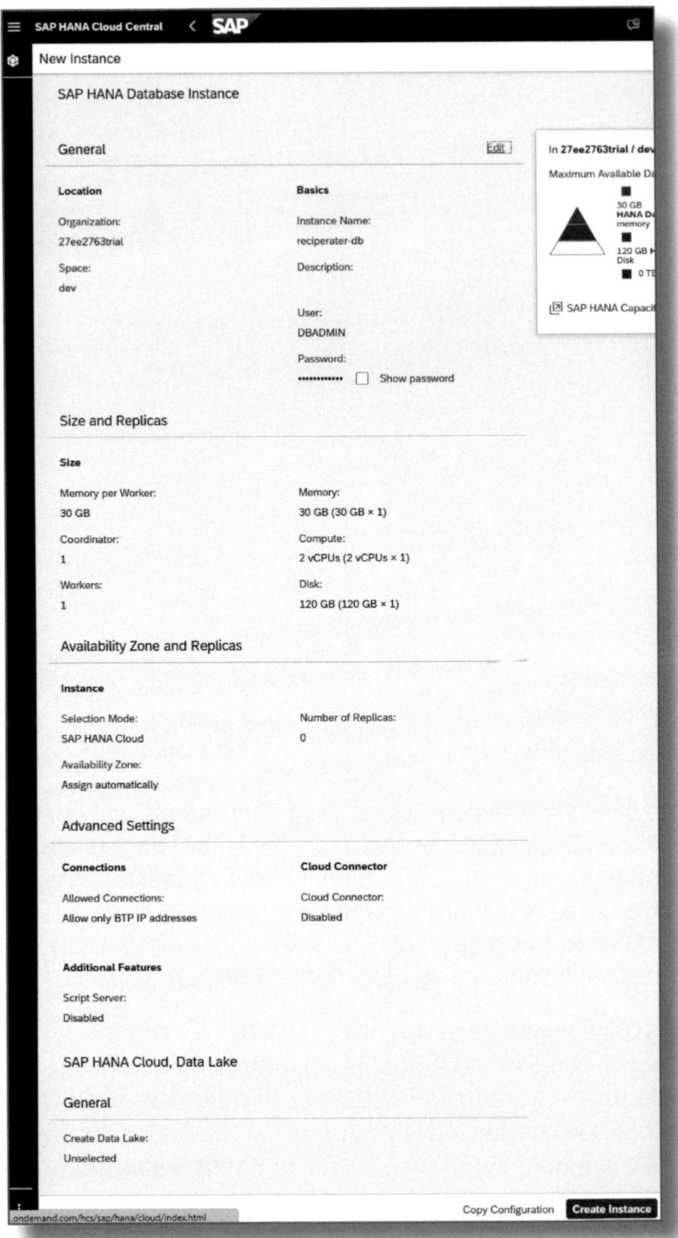

Abbildung 3.32: Einschränkung des Zugriffs auf IP-Adressen

Klicken Sie nun unten rechts auf CREATE INSTANCE. Das Anlegen der Datenbankinstanz nimmt einige Zeit in Anspruch. Lassen Sie uns diese Zeit nutzen, um Ihre Anwendung anzupassen.

! Automatischer Stopp in Testkonten

In einem Testkonto stoppt SAP die Datenbankinstanz einmal täglich. Dies kann zu einem unerwarteten Fehlverhalten Ihrer Anwendung führen. In diesem Fall müssen Sie die Instanz manuell neu starten.

Anpassung der Anwendung zur Verwendung der SAP-HANA-Instanz

Aktuell verwendet Ihre Anwendung noch die SQLite-In-Memory-Datenbank. Um diese durch die SAP-HANA-Datenbank in der Cloud zu ersetzen, müssen Sie einige Anpassungen vornehmen. Für die Vorbereitung Ihres Projekts navigieren Sie zu SAP BAS, öffnen Ihr Projekt und führen den Befehl `cds add hana` in der Konsole aus (siehe Abbildung 3.33).

```
user: reciperater $ cds add hana
[init] - adding feature(s) to project in current folder
[init] - adding feature 'hana'...
[init] - done.
[init] -
user: reciperater $ ▮
```

Abbildung 3.33: Befehl »cds add hana« in der Konsole

Dies fügt Konfigurationen für die Bereitstellung Ihrer Anwendung in einer SAP-HANA-Datenbank hinzu. Der Befehl ändert Folgendes in der Datei package.json:

1. Das Paket HDB, ein JavaScript-SAP-HANA-Datenbank-Client, wird als Abhängigkeit hinzugefügt.

2. Eine Datenquelle vom Typ SQL wird im Block CDS.REQUIRES.DB ergänzt.

3. Ein Eintrag zum Bereitstellungsformat HDBTABLE für die SAP-HANA-Datenbank wird im Block CDS.HANA.DEPLOY-FORMAT ergänzt.

Weitere Konfigurationen sind nicht erforderlich.

Im nächsten Schritt müssen Sie sich über das Cloud Foundry CLI in Ihr Cloud-Foundry-Konto auf SAP BTP einloggen. Geben Sie dazu `cf login` in die Konsole ein, woraufhin Sie nach einem *API endpoint* gefragt werden. Diesen finden Sie auf der Übersichtsseite Ihres Subaccounts (siehe Abbildung 2.15). Für ein Konto bei AWS in Frankfurt ist es *https://api.cf.eu10.hana.ondemand.com*.

Anschließend werden Sie aufgefordert, Ihre E-Mail und Ihr Passwort einzugeben. Verwenden Sie hier die Daten Ihres SAP-ID-Kontos. Mit anderen Worten: dieselben Daten, die Sie auch für die Anmeldung am SAP BTP Cockpit nutzen.

Nach der erfolgreichen Authentifizierung sehen Sie in der Konsole Informationen über den API-Endpunkt, den Benutzer, die Organisation und den Space (siehe Abbildung 3.34).

```
user: reciperater $ cf login
API endpoint: https://api.cf.eu10.hana.ondemand.com

Email: tobias.steckenborn@consolvis.de
Password:

Authenticating...
OK

Targeted org 27ee2763trial.

Targeted space dev.

API endpoint:   https://api.cf.eu10.hana.ondemand.com
API version:    3.103.0
user:           tobias.steckenborn@consolvis.de
org:            27ee2763trial
space:          dev
user: reciperater $ 
```

Abbildung 3.34: Anmeldung in der Cloud-Foundry-Umgebung über die Konsole

Da Sie derzeit nur eine Org und einen Space in Ihrem Test-Account haben, sind diese bereits für Sie vorselektiert. Tragen Sie nun `cds deploy --to hana:reciperater-db-container` in die Konsole ein (siehe Abbildung 3.35).

```
oblems     ~/projects/reciperater     ~/projects/reciperater ×
er: reciperater $ cds deploy --to hana:reciperater-db-container
ds.deploy] - Starting deploy to SAP HANA ...

ds.deploy] - Creating build tasks
ds.deploy] - Running build

ds.deploy] - Using container reciperater-db-container

ds.deploy] - Running 'cf create-service hana hdi-shared reciperater-db-container' with options {}
eating service instance reciperater-db-container in org 27ee2763trial / space dev as tobias.steckenborn@consolvis.de...

eate in progress. Use 'cf services' or 'cf service reciperater-db-container' to check operation status.
```

Abbildung 3.35: Befehl »cds deploy --to hana...« in der Konsole

> **! Fehler bei der Bereitstellung**
>
> Sollte es bei der Bereitstellung zu Fehlern kommen, so prüfen Sie in SAP HANA Cloud Central, ob die Datenbank aktuell läuft.

Mit diesem Befehl können Sie ausschließlich die Datenbankbestandteile der Anwendung auf einer SAP-HANA-Instanz bereitstellen. Die Serveranwendung wird weiterhin lokal ausgeführt und lässt sich nun mit der Datenbankinstanz verbinden. Hinter den Kulissen führt `cds deploy --to hana` die folgenden Schritte aus:

- kompiliert das CDS-Modell in SAP HANA-Dateien, die Sie in GEN • DB finden
- erzeugt *hdbtabledata*-Dateien für die CSV-Dateien im Projekt
- erzeugt einen Cloud-Foundry-Service vom Typ *hdi-shared*, der einen HDI-Container mit dem explizit angegebenen Namen *reciperater-db-container* erzeugt
- installiert und startet *@sap/hdi-deploy* lokal

- erzeugt eine Datei namens *default-env.json* im Projektordner; die darin enthaltenen Informationen ermöglichen es `cds watch`, sich zur Laufzeit unter Verwendung des Produktionsprofils (`--production`) mit dem HDI-Container zu verbinden

Die neue Datei default-env.json mit ihren lokal verwendeten Umgebungsvariablen enthält einen automatisch erzeugten Service Key für den von Ihnen gerade erstellten HDI-Container. Diesen können Sie sich wie einen Wohnungsschlüssel vorstellen, den Sie in Ihren Umgebungsvariablen benötigen, damit Sie während eines Tests innerhalb der BAS auf die Service-Instanz zugreifen können.

Da Sie zu diesem Zeitpunkt noch nicht alle anderen erforderlichen Services des mit CDS ausgelieferten Produktionsprofils eingerichtet haben, müssen Sie eine temporäre Änderung an der package.json vornehmen. Ändern Sie den Abschnitt

```
"requires": {
    "db": {
        "kind": "sql"
    }
},
```

in:

```
"requires": {
    "db": {
        "kind": "hana"
    }
},
```

Mit dieser Änderung greift Ihre Anwendung auf die SAP-HANA-Datenbank zu, ohne dass Sie das Produktionsprofil verwenden. Sobald Sie `cds watch` in der Konsole ausführen, sehen Sie Informationen über eine Verbindung zu Ihrer SAP-HANA-Datenbankinstanz statt zu einer In-Memory-Datenbank (siehe Abbildung 3.36).

```
er: reciperater $ cds watch

s serve all --with-mocks --in-memory?

ds] - connect using bindings from: { registry: '~/.cds-services.json' }
ds] - connect to db > hana {
certificate: '...',
driver: 'com.sap.db.jdbc.Driver',
hdi_password: '...',
hdi_user: '345ABD61D3D6412980E842C28F4C2E8A_5UXARKK5UXQFPJVCSEYS066Z9_DT',
host: 'c84a28e9-bda3-4ef9-95fa-1f79b4d3215d.hana.trial-eu10.hanacloud.ondemand.com',
password: '...',
port: '443',
schema: '345ABD61D3D6412980E842C28F4C2E8A',
url: 'jdbc:sap://c84a28e9-bda3-4ef9-95fa-1f79b4d3215d.hana.trial-eu10.hanacloud.ondemand.c
user: '345ABD61D3D6412980E842C28F4C2E8A_5UXARKK5UXQFPJVCSEYS066Z9_RT'

ds] - serving AdminService { at: '/admin' }
ds] - serving PublicService { at: '/browse' }
ds] - serving ReviewService { at: '/review', impl: './srv/review-service.js' }
```

Abbildung 3.36: Konsolenausgabe von cds watch bei angebundener SAP-HANA-Datenbank

Lassen Sie uns nun testen, ob Ihre Anwendung tatsächlich auf die persistente Datenbank zugreift, indem Sie erneut mithilfe der Anfragen aus Abschnitt 3.5 ein Rezept anlegen. Nach dem Absenden der Anfrage können Sie in der Konsole bereits eine veränderte Reaktion erkennen (siehe Abbildung 3.37).

```
[cds] - POST /admin/Recipes
[cds.hana] - effective pool configuration: {
  min: 0,
  max: 100,
  testOnBorrow: true,
  acquireTimeoutMillis: 10000,
  softIdleTimeoutMillis: 30000,
  idleTimeoutMillis: 30000,
  evictionRunIntervalMillis: 60000,
  numTestsPerEvictionRun: 34
}
```

Abbildung 3.37: Erstellung eines Rezepts

Um die in der Cloud bereitgestellten Datenbanktabellen anzuzeigen, verwenden Sie den *SAP HANA Database Explorer*. Diesen rufen Sie über die Seite SAP HANA CLOUD in Ihrem SAP BTP Cloud Foundry Space auf. Klicken Sie in der Kachel SAP HANA DATABASE INSTANCES unten rechts auf ACTIONS und wählen Sie OPEN IN SAP HANA DATABASE EXPLORER (siehe Abbildung 3.38).

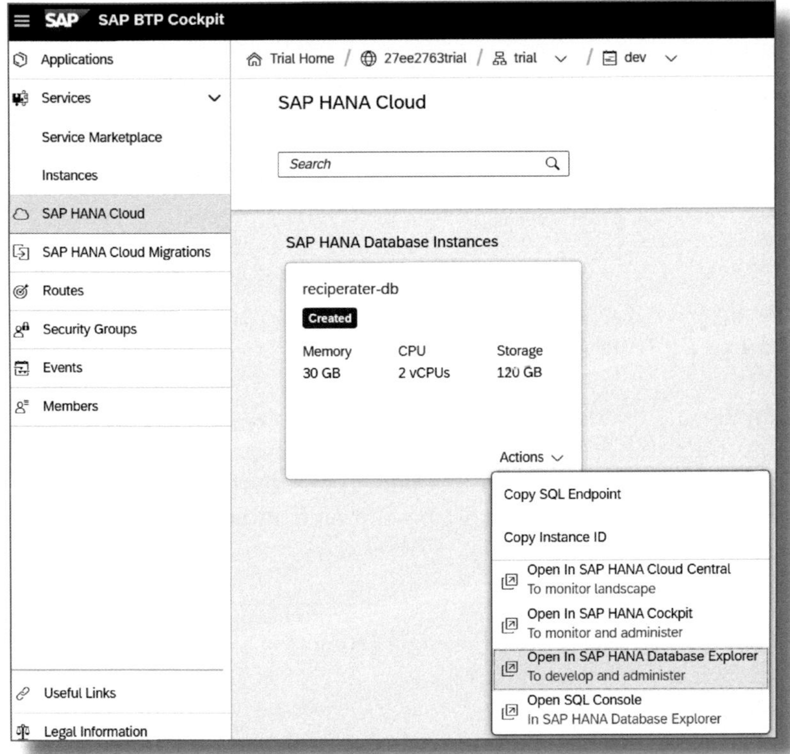

Abbildung 3.38: SAP HANA Database Explorer öffnen

Sie werden zunächst aufgefordert, die Anmeldedaten des Datenbankbenutzers einzugeben. Verwenden Sie hier den automatisch angelegten Benutzer *DBADMIN* mit dem von Ihnen gewählten Passwort (siehe Abbildung 3.39).

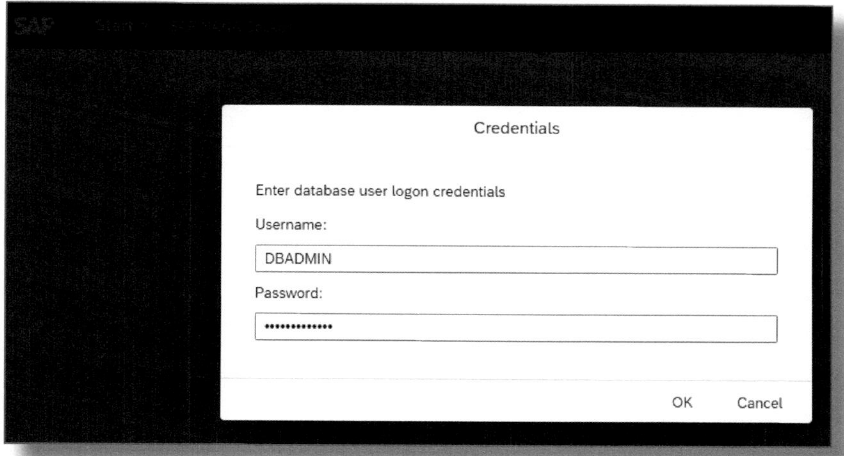

Abbildung 3.39: SAP HANA Database Explorer – Anmeldung

In der oberen Leiste des linken Menüs finden Sie ein +-Symbol (siehe Abbildung 3.40), über das Sie im Explorer eine Datenbank hinzufügen.

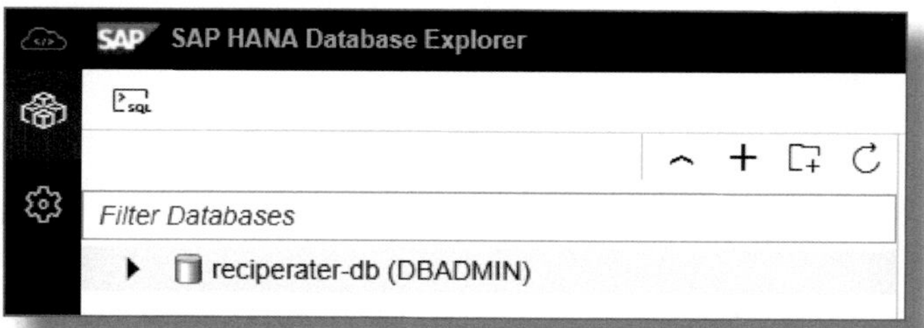

Abbildung 3.40: SAP HANA Database Explorer – Datenbank hinzufügen

Als Datenbanktyp wählen Sie HDI CONTAINER und als Container den von Ihnen angelegten RECIPERATER-DB-CONTAINER (siehe Abbildung 3.41).

Expandieren Sie nun im linken Menü den Eintrag RECIPERATER-DB-CONTAINER (DEV). Doppelklicken Sie zuerst auf TABLES und anschließend auf die Tabelle ESPRESSOTUTORIALS_BUCH_RECIPERATER_RECIPES für die Entität Recipes (siehe Abbildung 3.42).

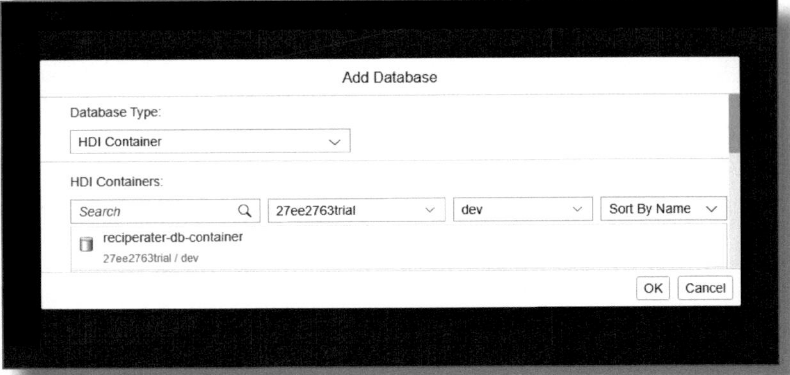

Abbildung 3.41: SAP HANA Database Explorer – Hinzufügen des HDI Containers

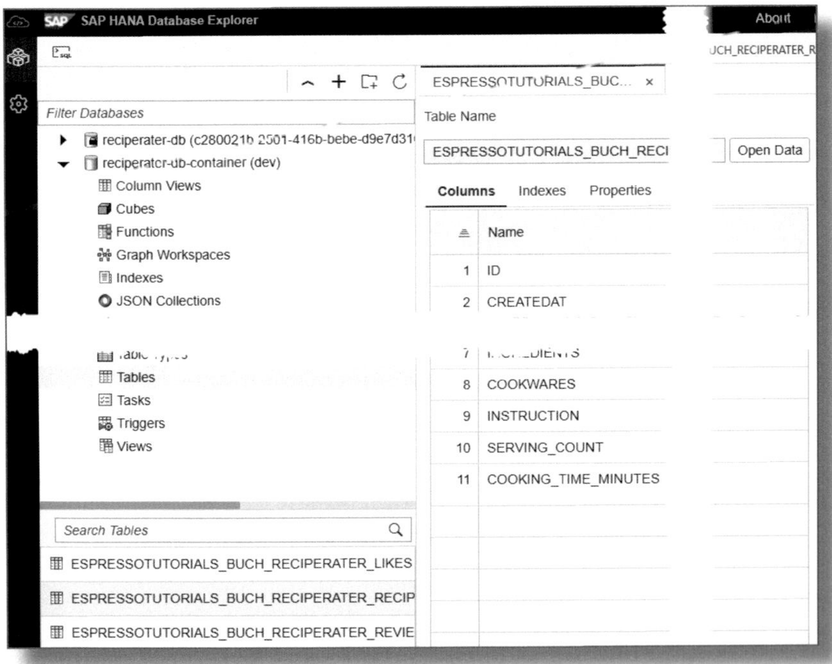

Abbildung 3.42: SAP HANA Database Explorer – Ansicht der Tabellendefinition

Um die Tabelleneinträge zu sehen, wählen Sie oben rechts OPEN DATA. In dieser Tabelle sind die Rohdaten enthalten; neben den drei in der csv-Datei angegebenen finden Sie dort auch den von Ihnen soeben übermittelten Datensatz (siehe Abbildung 3.43). Diesen können Sie leicht erkennen, da er der einzige Eintrag mit Verwaltungsdaten ist.

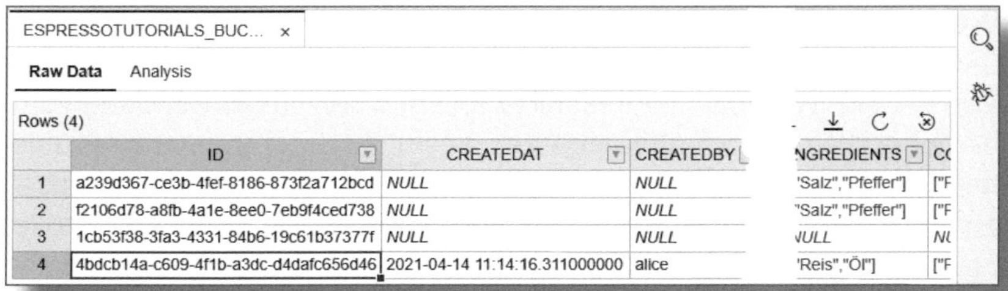

	ID	CREATEDAT	CREATEDBY	NGREDIENTS	CC
1	a239d367-ce3b-4fef-8186-873f2a712bcd	NULL	NULL	'Salz","Pfeffer"]	["F
2	f2106d78-a8fb-4a1e-8ee0-7eb9f4ced738	NULL	NULL	"Salz","Pfeffer"]	["F
3	1cb53f38-3fa3-4331-84b6-19c61b37377f	NULL	NULL	NULL	NU
4	4bdcb14a-c609-4f1b-a3dc-d4dafc656d46	2021-04-14 11:14:16.311000000	alice	'Reis","Öl"]	["F

Abbildung 3.43: Tabelleneinträge in der SAP-HANA-Datenbank

So haben Sie mit wenigen Schritten bereits Ihre noch lokal laufende Anwendung mit einer auf SAP BTP betriebenen Datenbank verknüpft. Schauen wir uns im nächsten Schritt Events und die Einbindung des Message Brokers *SAP Event Mesh* an.

3.6.2 Anbinden von SAP Event Mesh

SAP Event Mesh ist ein Cloud-Service, der es Anwendungen ermöglicht, über asynchrone Events zu kommunizieren. Lassen Sie uns also zunächst kurz über asynchrone Kommunikation und Events sprechen. Mit dem REST Client konnten Sie beispielsweise Anfragen an Ihren Service stellen und erhielten ohne große Verzögerung eine Antwort auf Ihre Anfrage. Nachdem Sie den Service angefordert hatten, warteten Sie darauf, dass Ihre Anfrage bearbeitet wurde und erhielten eine Antwort vom Service. Hätte der Service nicht auf Ihre Anfrage geantwortet, würde der REST Client die Anfrage unter Umständen mehrmals wiederholen, bevor er Ihnen eine Fehlermeldung zurückgibt. Dabei handelt es sich um *synchrone Kommunikation* zwischen dem anfragenden Client und dem antwortenden Server.

Bei der *asynchronen Kommunikation* über Events fehlt diese direkte Abfragebeziehung zwischen Ihrer Anwendung und einem interessierten Client. In diesem Fall würde Ihre Anwendung in zuvor festgelegten Fällen ein Ereignis ausgeben, etwa bei der geänderten Bewertung eines Rezepts. Ihre Anwendung sendet dieses Ereignis dann an einen Message Broker. Sie verlassen sich darauf, dass dieser Message Broker, beispielsweise SAP Event Mesh, Ihre Events an interessierte Clients weiterleitet. Dies geschieht asynchron. Das kann ein großer Vorteil sein. Wenn ein interessierter Client oder Ihre Anwendung vorübergehend nicht verfügbar ist, führt dies nicht automatisch zu Problemen. So kann Ihre Anwendung beispielsweise auch dann Ereignisse an den Broker senden, wenn der Client nicht verfügbar ist. Der Broker bewahrt sie bis zu dessen Wiederverfügbarkeit auf. Umgekehrt kann der Client bei Nichterreichen der Anwendung immer noch mit den vorrätigen Events bzw. Nachrichten arbeiten und warten, bis neue erscheinen. Sie können die Kommunikation zwischen den Anwendungen also entkoppeln.

Definition: Message Broker

Ein Message Broker verwaltet Nachrichten, Queues und Subscriptions. Anwendungen, die Nachrichten empfangen oder versenden sollen, können sich mit dem Broker verbinden und diesen zur Kommunikation nutzen.

Der Umgang eines Message Broker mit einer Nachricht folgt verschiedenen Mustern. Ihre Anwendung wäre im gerade beschriebenen Fall der Publisher, da sie Events verwendet, um Nachrichten in einem bestimmten Thema zu veröffentlichen. Ein *Thema* (*Topic*) ist ein zwischengeschalteter Kanal, der eine Liste von Abonnenten (Subscriber) führt, an die er Nachrichten weiterleitet, die er von Publishern erhält. Die interessierten Verbraucher sind Abonnenten, die sich für Themen anmelden, um die entsprechenden Nachrichten zu erhalten. Dieses Muster für asynchrone Kommunikation wird *Publish/Subscribe Messaging*, kurz *Pub/Sub* genannt. Die Besonderheit dieses Musters ist, dass

Nachrichten zwischen Anwendungen ausgetauscht werden, ohne dass die Identität des Absenders oder Empfängers bekannt sein muss. Auf diese Weise können mehrere Verbraucher eine veröffentlichte Nachricht konsumieren bzw. ein Thema abonnieren oder abbestellen, ohne dass dies Auswirkungen auf den Publisher (z. B. Ihre Anwendung) hat. Dieses Muster unterscheidet sich von den derzeit üblichen Punkt-zu-Punkt-Integrationen, die im Mittelpunkt eines anderen Produkts der SAP Integration Suite stehen: SAP Cloud Integration.

SAP CAP unterstützt das Senden und Empfangen von Events und lässt sich einfach mit SAP Event Mesh integrieren. Das bedeutet, dass Sie ereignisgesteuerte Architekturen in CAP-Anwendungen einsetzen und SAP Event Mesh nutzen können, um miteinander verbundene Systeme zu entkoppeln und so Abhängigkeiten zwischen den Systemen zu reduzieren.

In Abschnitt 3.4.3 haben Sie sowohl ein Event in Ihrem Review-Service definiert als auch das Aussenden und darauf Reagieren implementiert. »Event« fungiert als Schlüsselwort, an dem CAP erkennt, dass Sie ein verwaltetes Ereignis benötigen. CAP hat also bereits Events erstellt und intern verwaltet, aber Ihre Anwendung veröffentlicht sie noch nicht im SAP Event Mesh. Das werden Sie in den folgenden Abschnitten ändern.

Erstellen der SAP-Event-Mesh-Instanz

Bevor Sie SAP Event Mesh nutzen können, müssen Sie den Service instanziieren. Diesmal legen Sie die Service-Instanz mit dem SAP BTP Cockpit an. Navigieren Sie zu Ihrem Space und öffnen Sie die Seite Service Marketplace. Geben Sie in der Suchleiste den Begriff *Event Mesh* ein. Diesen finden Sie im Bereich Integration Suite. Mit Klick auf die Kachel öffnet sich auf der rechten Seite ein neuer Bereich. Klicken Sie oben rechts auf die Schaltfläche Create (siehe Abbildung 3.44).

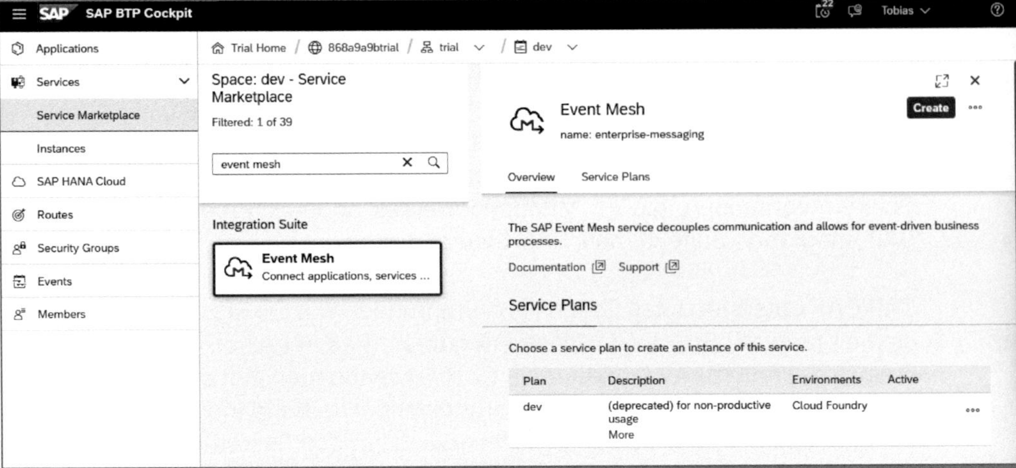

Abbildung 3.44: SAP Event Mesh im Service Marketplace

Wählen Sie als Basisinformationen in Schritt 1 den Serviceplan DEV sowie den Instanznamen *reciperater-event-mesh* und klicken Sie auf NEXT (siehe Abbildung 3.45).

! Abkündigung des Serviceplans

Der Serviceplan DEV ist bereits durch die SAP abgekündigt worden und wird somit zukünftig nicht mehr zur Verfügung stehen. Der Serviceplan für Testkonten soll mittelfristig ebenfalls durch einen neuen ersetzt werden, der allerdings zum jetzigen Zeitpunkt noch nicht verfügbar ist. Daher ist eine Veränderung der spezifischen Vorgehensweise zu erwarten. Die grundsätzlichen Konzepte werden jedoch beibehalten.

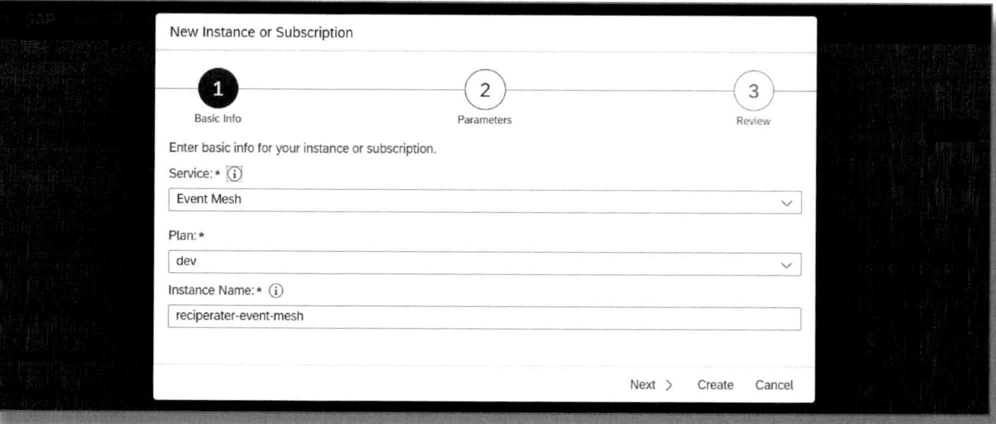

Abbildung 3.45: Erstellen der SAP-Event-Mesh-Instanz – Schritt 1

Für die Instanzerstellung dieses Service müssen in Schritt 2 einige PARAMETER übergeben werden (siehe Abbildung 3.46).

Abbildung 3.46: Erstellen der SAP-Event-Mesh-Instanz – Schritt 2

Fügen Sie die Parameter aus Listing 3.25 ein und bestätigen Sie danach mit CREATE:

```
{
    "emname": "reciperater-event-mesh",
    "options": {
        "management": true,
        "messagingrest": true,
        "messaging": true
    }
}
```

Listing 3.25: Parameter für das Erstellen der SAP-Event-Mesh-Instanz

Was genau haben Sie während der Instanzerstellung mit Listing 3.25 eingefügt? Sie haben den Namen des Messaging-Clients mit dem Parameter EMNAME angegeben. Ein Messaging-Client-Name wird von SAP Event Mesh verwendet, um diesen Client einfach zu identifizieren. Der Name muss innerhalb eines Subaccounts eindeutig sein. Verwechseln Sie ihn nicht mit dem Instanznamen des Messaging-Services. Beide können voneinander abweichen, es wird aber empfohlen, denselben Wert für Service-Instanzname und emname zu verwenden.

Anschließend sind drei Optionen angegeben:

- Das *management*-Attribut aktiviert die Verwendung der Management-REST-APIs.
- Das *messagingrest*-Attribut aktiviert die Verwendung der Messaging-REST-APIs.
- Das *messaging*-Attribut aktiviert die Verwendung des Messagings mittels AMQP.

Um auf das Messaging-Dashboard zuzugreifen, gehen Sie auf die Seite INSTANCES in Ihrem Space und klicken auf der rechten Seite des Eintrags auf die stilisierten drei Punkte für den soeben erstellten Event-Mesh-Service. Wählen Sie im zugehörigen Menü VIEW DASHBOARD (siehe Abbildung 3.47).

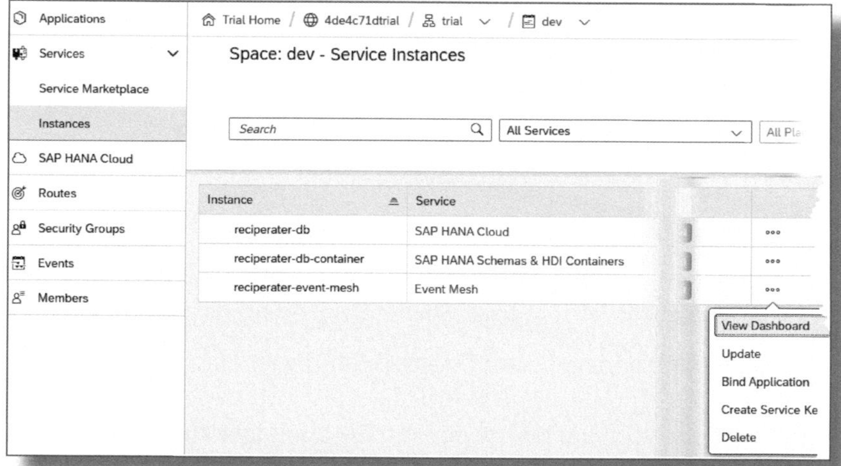

Abbildung 3.47: Navigation zum Dashboard des Event Mesh Service

In einem neuen Browser-Tab öffnet sich die *SAP Event Mesh – Messaging Administration* (siehe Abbildung 3.48). Hier müssen Sie den Service zunächst konfigurieren, indem Sie eine QUEUE und eine QUEUE SUBSCRIPTION erstellen.

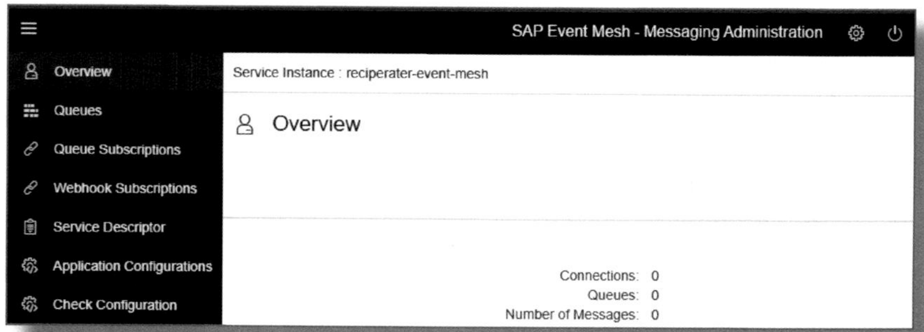

Abbildung 3.48: SAP Event Mesh – Messaging Administration

Mithilfe dieses Service können Anwendungen über Message-*Queues* miteinander kommunizieren. Dies ist in Abbildung 3.49 vereinfacht dargestellt: Die sendende Anwendung A schickt eine Nachricht an eine bestimmte, benannte Queue.

Zwischen der empfangenden Anwendung B und dieser Queue besteht eine eindeutige Beziehung, wobei die Queue die Nachrichten so lange aufbewahrt, bis die empfangende Anwendung sie konsumiert.

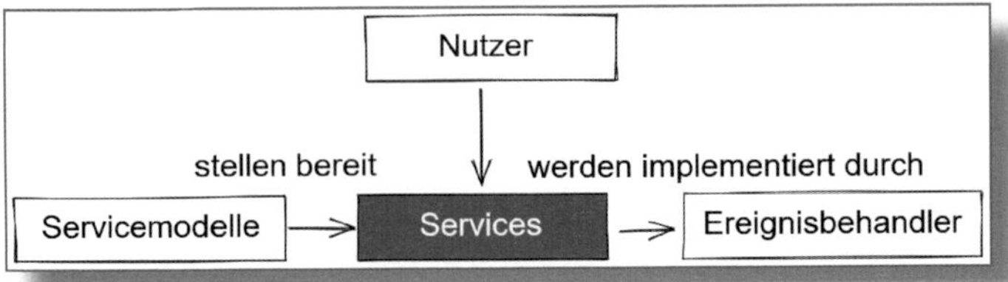

Abbildung 3.49: Konzept einer Queue in SAP Event Mesh

Um die Queue zu erstellen, navigieren Sie zunächst zum Menüeintrag QUEUES in der linken Menüleiste. Klicken Sie in dem sich öffnenden Bildschirm auf die Schaltfläche CREATE (siehe Abbildung 3.50).

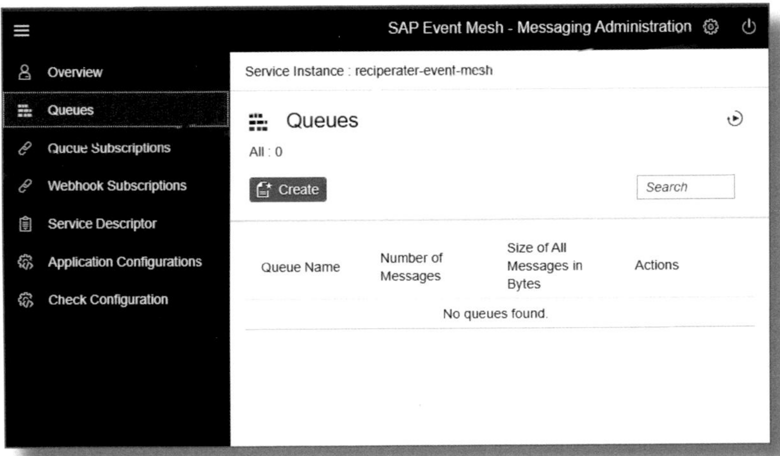

Abbildung 3.50: SAP Event Mesh – Messaging Administration, Queues

Geben Sie als Queue-Namen *reciperater* ein und klicken Sie erneut auf CREATE (siehe Abbildung 3.51).

Abbildung 3.51: Erstellen einer neuen Queue

Als Nächstes erzeugen Sie die *Queue Subscription*. Der Service ermöglicht es einer sendenden Anwendung, Nachrichten und Ereignisse in einem Thema zu veröffentlichen. Themen speichern keine Nachrichten, aber Sie können sie verwenden, wenn Nachrichten von mehreren empfangenden Anwendungen konsumiert werden sollen.

Dabei erlaubt der Service einer sendenden Anwendung (in Abbildung 3.52 wiederum Anwendung A), Nachrichten zu einem oder mehreren Themen zu veröffentlichen, die diese Nachrichten direkt an die Queue senden, an die sie gebunden sind. Die Queue Subscription stellt sicher, dass die Nachrichten so lange aufbewahrt werden, bis die empfangende Anwendung (Anwendung B) sie konsumiert.

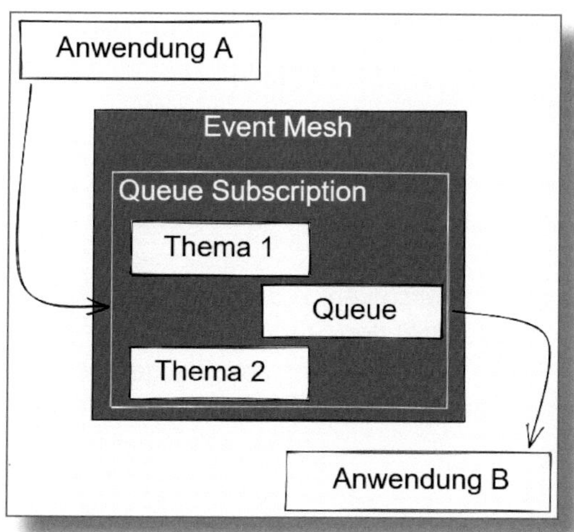

Abbildung 3.52: Konzept einer Queue Subscription in SAP Event Mesh

Gehen Sie dieses Mal in der linken Menüleiste von Abbildung 3.50 auf den Menüpunkt QUEUE SUBSCRIPTIONS und klicken Sie erneut auf CREATE. Wählen Sie in dem sich öffnenden Screen *reciperater* als Queue-Namen sowie *ReviewService/** als Muster und bestätigen Sie mit CREATE (siehe Abbildung 3.53).

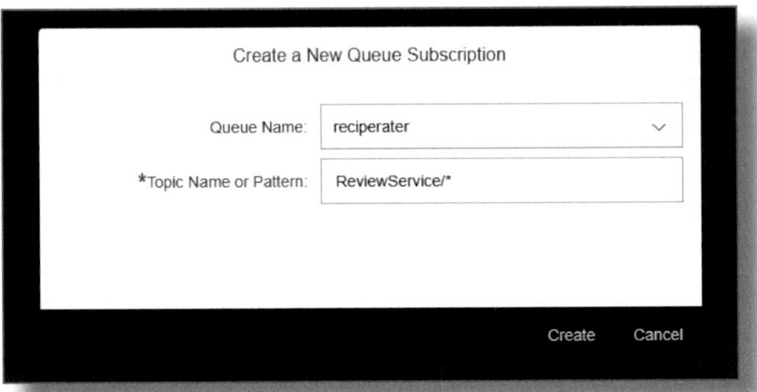

Abbildung 3.53: Erstellen einer neuen Queue Subscription

Ich möchte kurz zusammenfassen, was Sie gerade getan haben: Sie haben zunächst eine Queue mit dem Namen *reciperater* erstellt, gefolgt von einer Queue Subscription für das Thema *ReviewService*. Somit könnte jetzt eine andere Anwendung auf die in dieser Queue veröffentlichten Nachrichten reagieren. Allerdings müssen Sie Ihre Anwendung dafür vorher noch so konfigurieren, dass sie überhaupt Nachrichten an diese Queue sendet. Auf geht's!

Navigieren Sie also zurück zur Seite QUEUES, lassen Sie die Website im Hintergrund geöffnet und navigieren Sie zum SAP BTP Cockpit.

Sie müssen nun einen *Service Key* erstellen, damit Ihre Anwendung von einer lokalen Umgebung aus auf den Service zugreifen kann. Im gleichen Menü des SAP BTP Cockpits, über das Sie gerade zum Dashboard gelangt sind, finden Sie eine Schaltfläche CREATE SERVICE KEY (siehe Abbildung 3.54).

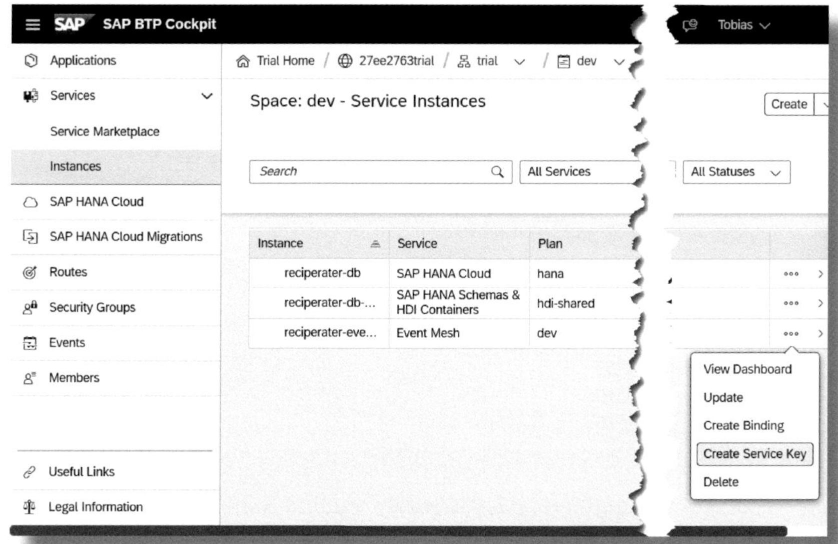

Abbildung 3.54: Service Key im SAP BTP Cockpit erstellen

Alternativ sehen Sie nach einem Klick auf den Service auf der rechten Seite einen Abschnitt SERVICE KEYS mit einer Schaltfläche CREATE. Klicken Sie auf diese Schaltfläche, geben Sie als SERVICE KEY NAME *reciperater-local* ein und klicken Sie auf CREATE (siehe Abbildung 3.55).

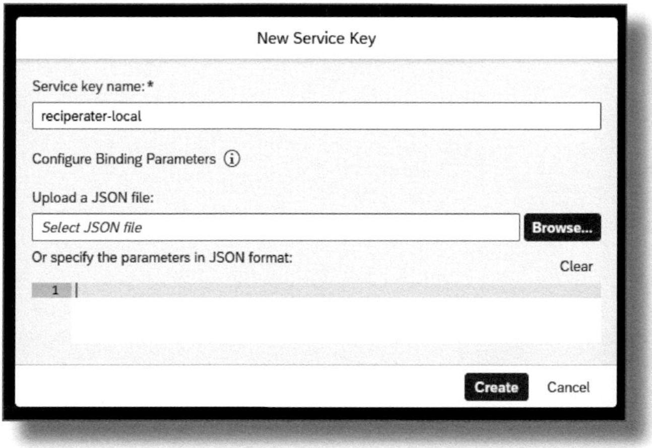

Abbildung 3.55: Erstellung eines Service Keys im SAP BTP Cockpit

Nach einem Klick links auf die Service-Instanz finden Sie rechts unter SERVICE KEYS Ihren soeben erstellten Schlüssel (siehe Abbildung 3.56).

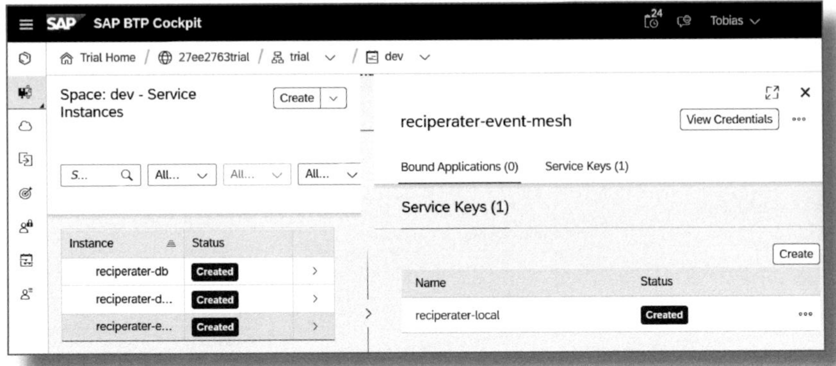

Abbildung 3.56: Angelegter Service Key »reciperater-local«

Klicken Sie auf diesen Schlüssel und im sich öffnenden Bildschirm CREDENTIALS auf COPY JSON (siehe Abbildung 3.57).

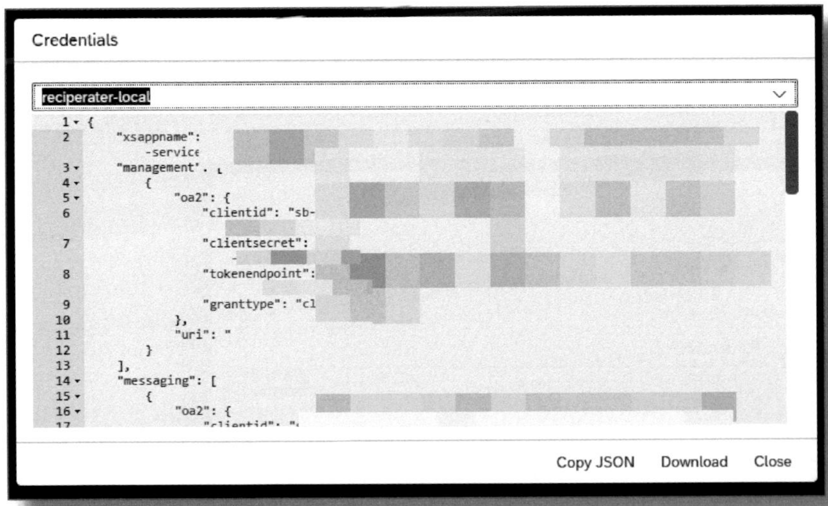

Abbildung 3.57: Service Key im SAP BTP Cockpit

Sie geben Ihrer Anwendung mit diesem Schlüssel Zugriff auf die zugehörige Service-Instanz.

! Schützen Sie Ihre Service Keys

Achten Sie darauf, dass Sie in Videos oder Bildschirmaufnahmen etwaige Service Keys unkenntlich machen. Anderenfalls ist es Dritten unter Umständen möglich, auf Ihre Services zuzugreifen.

Schließen Sie nun das Menü und schauen Sie sich den Servicenamen in der oberen rechten Ecke an (siehe Abbildung 3.58). Er lautet EVENT MESH (ENTERPRISE-MESSAGING).

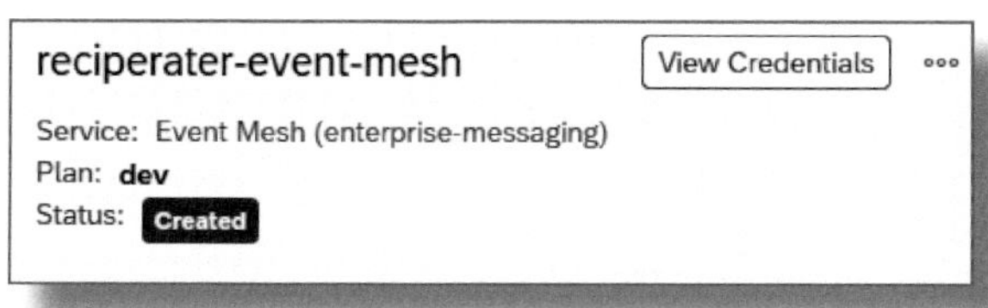

Abbildung 3.58: Informationen der Service-Instanz

Der in Klammern stehende Anteil wird im nächsten Abschnitt relevant sein. Öffnen Sie jetzt SAP BAS in einem neuen Tab und lassen Sie uns Ihre Anwendung anpassen.

Aktivieren der Messaging-Funktionen in Ihrer Anwendung

Wie im vorherigen Abschnitt für die SAP-HANA-Cloud-Datenbank gezeigt, können Sie Ihr lokal laufendes CAP-Projekt ebenso mit dem SAP Event Mesh auf SAP BTP verbinden. Dies ermöglicht es Ihrer App, Nachrichten zum Message Broker in der Cloud zu senden. Wie funktioniert das?

! Beta-Version

Die Messaging-Unterstützung befindet sich derzeit noch im Beta-Stadium und kann sich im Laufe der Zeit ändern.

Sie können Ihre Anwendung mit SAP Event Mesh verbinden, wenn Sie die URL und die Anmeldedaten kennen. CAP unterstützt Sie während der Entwicklung dabei, indem es beispielsweise die Anmeldeinformationen aus einer lokalen Konfigurationsdatei liest. Für die Bereitstellung dieser Informationen dient die Datei default-env.json im Hauptverzeichnis des Projekts (vgl. Abschnitt 3.6.1). Beim Einbinden der SAP HANA-Datenbank wurde diese durch den CAP-CLI-Befehl erstellt und befüllt. Nun werden Sie die Datei manuell anpassen.

Den Service Key haben Sie eben schon über das SAP BTP Cockpit ausgelesen. Öffnen Sie also die Datei DEFAULT-ENV.JSON und werfen Sie einen kurzen Blick darauf. Sie werden für SAP Event Mesh einen Abschnitt ähnlich demjenigen für die SAP-HANA-Datenbank erstellen. Ändern Sie die Datei gemäß Listing 3.26:

```
{
  "VCAP_SERVICES": {
    "hana": [
      {
        "name": "reciperater-db-container",
        "tags": [
          "hana"
        ],
        "credentials": {
          "certificate": [...]
        }
      }
    ],
    "enterprise-messaging":  [
      {
        "name": "reciperater-event-mesh",
        "label": "enterprise-messaging",
        "tags": [
          "enterprise-messaging"
        ],
        "credentials": <KOPIERTE JSON-DATEI>
      }
    ]
  }
}
```

Listing 3.26: Anpassung der default-env.json für SAP Event Mesh

Außerdem müssen Sie innerhalb der Datei package.json eine Ergänzung im Block CDS.REQUIRES vornehmen. Vervollständigen Sie den Block so, dass er wie Listing 3.27 aussieht:

```
"cds": {
    "requires": {
        "db": {
            "kind": "hana"
        },
        "messaging": {
            "kind": "enterprise-messaging-shared",
            "queue": {
                "name": "reciperater"
            }
        }
    },
    "hana": {
        "deploy-format": "hdbtable"
    }
}
```

Listing 3.27: Anpassung der package.json für SAP Event Mesh

Als letzten Schritt deklarieren und installieren Sie eine neue Abhängigkeit. Das Paket *@sap/xb-msg-amqp-v100* stellt eine Implementierung des AMQP-1.0-Protokolls bereit. Geben Sie zur Installation des Pakets in der Konsole `npm add @sap/xb-msg-amqp-v100` gefolgt von `npm i` ein.

Führen Sie nun erneut `cds watch` aus und erstellen Sie mittels der REST-Anfragen aus Abschnitt 3.5.4 ein Review für Ihr zuvor erzeugtes Rezept. Wenn Sie das Review bereits erzeugt haben, können Sie es einfach abändern. Wechseln Sie dazu unter SAP EVENT MESH – MESSAGING ADMINISTRATION wieder auf die Seite QUEUES. Sie werden sehen, dass der Nachrichtenzähler für jede Änderung oder jeden neu veröffentlichten Erfahrungsbericht um eins ansteigt (siehe Abbildung 3.59).

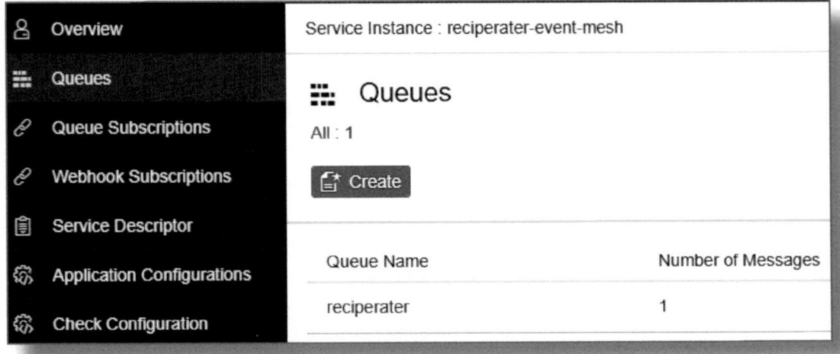

Abbildung 3.59: Empfangene Nachrichten im SAP Event Mesh

Sie können nun Nachrichten an SAP Event Mesh senden, wo ein anderer Service die Möglichkeit hat, darauf zu reagieren. Damit haben Sie schon viel erreicht, Ihnen fehlt aber noch die Benutzer- und Berechtigungsverwaltung in der Cloud. Lassen Sie uns das jetzt angehen.

3.6.3 Authentifizierung und Autorisierung mit Daten von SAP BTP

CAP ermöglicht es Ihnen, die Authentifizierung für Tests während der Entwicklung zu simulieren. Sie haben dazu in Abschnitt 3.5 beispielsweise die fiktiven Benutzer *bob* und *alice* verwendet. Jetzt möchte ich Ihnen zeigen, wie Sie die Authentifizierung über SAP BTP einrichten und in der Entwicklung ausprobieren können. Sie werden dazu Funktionen des *SAP Authorization and Trust Management Service* für SAP BTP in der Cloud-Foundry-Umgebung nutzen; genauer gesagt: den *Extended Services – User Account and Authorization (XSUAA) Service*.

Der XSUAA-Service stellt die Benutzeridentität sowie die zugewiesenen Rollen und Benutzerattribute bereit. Dazu wird ein JWT-Token im Authorization-Header der eingehenden HTTP-Anfrage verwendet. Sie benötigen einen Anwendungsrouter, um Benutzeranfragen über den Browser auf die XSUAA-Anmeldeseite um- und das JWT-Token an Ihre

CAP-Anwendung weiterzuleiten. Das Einrichten der Authentifizierung wird daher ein mehrstufiger Prozess sein.

Erstellen der XSUAA-Service-Instanz

Sie benötigen zuerst eine xs-security.json-Datei im Hauptverzeichnis des Projekts. Diese Datei wird bei der Erstellung oder Aktualisierung der XSUAA-Service-Instanz verwendet und enthält die Rollen, Scopes, Attribute und Rollenvorlagen, die Teil der Sicherheitsmaßnahmen für Ihre Anwendung sind. In Abschnitt 3.4.2 haben Sie bereits Scopes beim Erstellen der Anwendung definiert, indem Sie die Rolle *admin* für den Zugriff auf den Admin-Service vorausgesetzt haben.

Wechseln Sie nun zunächst wieder zu SAP BAS und erstellen Sie eine Datei namens *xs-security.json* im Hauptverzeichnis Ihrer Anwendung. Basierend auf den im CAP-Projekt gemachten Deklarationen können Sie mit dem Befehl `cds compile srv/ --to xsuaa` eine Mustereingabe für die Datei xs-security.json erzeugen. Führen Sie diesen Befehl in der Konsole aus und kopieren Sie die Ausgabe (gemäß Beispiel aus Listing 3.28) in Ihre neu erstellte Datei.

```
{
  xsappname: 'reciperater',
  'tenant-mode': 'dedicated',
  scopes: [
    {
      name: '$XSAPPNAME.admin',
      description: 'admin'
    }
  ],
  attributes: [],
  'role-templates': [
    {
      name: 'admin',
      description: 'generated',
      'scope-references': [
        '$XSAPPNAME.admin'
      ],
      'attribute-references': []
    }
```

```
    ]
}
```

Listing 3.28: Beispielhafte Ausgabe des Befehls »cds compile srv/ --to xsuaa«

Die Ausgabe enthält Ihren Anwendungsnamen sowie den Scope und die Rollenvorlage für die Admin-Rolle.

! Anpassung der Ausgabe von »cds compile srv --to xsuaa«

Bitte beachten Sie, dass die einzelnen Eigenschaften nicht wie in der Ausgabe mit einfachen, sondern mit doppelten Anführungszeichen umfasst sein müssen.

Um die Sicherheitseinstellungen aus SAP BAS und SAP BTP zu testen, müssen Sie für die Datei xs-security.json eine zusätzliche Konfiguration ergänzen, und zwar eine Eigenschaft, die festlegt, welche Redirect-URIs zulässig sind (siehe Listing 3.29):

```
"oauth2-configuration": {
    "redirect-uris": [
        ,
        "https://*.cfapps.*.hana.ondemand.com/**"
    ]
}
```

Listing 3.29: OAuth2-Konfiguration in der Datei »xs-security.json«

Vereinfacht ausgedrückt, können Sie damit von beiden Orten aus testen, da Sie den XSUAA-Service anweisen, Authentifizierungsanfragen sowohl von SAP BAS als auch von SAP BTP zuzulassen.

Ihre xs-security.json-Datei sollte nun wie in Listing 3.30 aussehen:

```
{
    "xsappname": "reciperater",
```

```
    "tenant-mode": "dedicated",
    "scopes": [
        {
            "name": "$XSAPPNAME.admin",
            "description": "admin"
        }
    ],
    "attributes": [],
    "role-templates": [
        {
            "name": "admin",
            "description": "generated",
            "scope-references": [
                "$XSAPPNAME.admin"
            ],
            "attribute-references": []
        }
    ],
    "oauth2-configuration": {
        "redirect-uris": [
            "https://*.applicationstudio.cloud.sap/**",
            "https://*.cfapps.*.hana.ondemand.com/**"
        ]
    }
```

Listing 3.30: Inhalt der Datei »xs-security.json«

Im nächsten Schritt müssen Sie die XSUAA-Service-Instanz mit der Konfiguration, die Sie in xs-security.json definiert haben, anlegen – und zwar dieses Mal nicht über das SAP BTP Cockpit, sondern über die Konsole. Öffnen Sie also die Konsole und erstellen Sie den Service mit dem folgenden Befehl:

```
cf create-service xsuaa application reciperater-xsuaa -c
xs-security.json
```

Lassen Sie uns das schnell herunterbrechen:

1. Sie rufen den Befehl `create-service` des Cloud Foundry CLI auf. Mit diesem Befehl können Sie einen Cloud-Foundry-Service erstellen, und da Sie sich in Abschnitt 3.6.3 (Erstellen der XSUAA-Ser-

vice-Instanz) schon im CF CLI eingeloggt haben, hat das System Sie bereits identifiziert. Aus diesem Grund sind auch die Organisation und der Space vordefiniert.

2. Sie spezifizieren, dass Sie einen Service der Art `xsuaa` mit dem Serviceplan `application` und dem Namen `reciperater-xsuaa` erstellen möchten.

3. Der Abschnitt `-c xs-security.json` gibt an, dass Sie servicespezifische Konfigurationsparameter aus der Datei xs-security.json bereitstellen möchten.

Wenn Sie diese Anforderung senden, erstellt Cloud Foundry die Service-Instanz, und Sie erhalten nach Abschluss ein OK in der Konsole zurück (siehe Abbildung 3.60).

```
user: reciperater $ cf create-service xsuaa application reciperater-xsuaa -c xs-security.json
Creating service instance reciperater-xsuaa in org 27ee2763trial / space dev as tobias.steckenborn@consolvis.de...
OK
```

Abbildung 3.60: XSUAA-Service über die Konsole in SAP BAS erstellen

> **! Fehler durch abgelaufene Anmeldung**
>
> Sollten Sie beim Ausführen des Befehls `create-service` eine Antwort erhalten, die auf einen Fehler aufgrund eines abgelaufenen Tokens hinweist, verwenden Sie den Konsolenbefehl `cf login`, um sich erneut anzumelden.

Anpassung der Anwendung zur Verwendung der XSUAA-Service-Instanz

In den vorherigen Abschnitten haben Sie eine default-env.json-Datei im Hauptverzeichnis des Projekts eingesetzt, um die Verbindung mit der SAP-HANA-Datenbank und SAP Event Mesh zu konfigurieren. Sie erweitern nun dieselbe Datei, um das Gleiche für die XSUAA-Instanz vorzunehmen.

Öffnen Sie die Datei default-env.json und fügen Sie einen xsuaa-Abschnitt mit einem Platzhalter für die Anmeldeinformationen hinzu (siehe Listing 3.31). Diesen werden Sie in Kürze füllen:

```
"xsuaa": [{
        "name": "reciperater-xsuaa",
        "label": "xsuaa",
        "tags": ["xsuaa"],
        "credentials": {...}
    }]
```

Listing 3.31: xsuaa-Abschnitt in der Datei »default-env.json«

Auch für diesen Service benötigen Sie einen Service Key, den Sie aber jetzt nicht über das SAP BTP Cockpit erzeugen, sondern mit der Konsole. Dazu geben Sie folgenden Befehl ein:

```
cf create-service-key reciperater-xsuaa reciperater
```

Mit diesem Befehl werden Service Keys erzeugt, hier für die Service-Instanz `reciperater-xsuaa` mit dem Namen `reciperater`. Nach dem Absenden des Befehls erhalten Sie in der Konsole wieder ein OK zurück.

Als Nächstes müssen Sie den Service Key mittels des folgenden Konsolenbefehls auslesen:

```
cf service-key reciperater-xsuaa reciperater
```

Kopieren Sie die Ausgabe dieses Befehls aus der Konsole und fügen Sie sie in den Platzhalter ein, den Sie oben im Abschnitt CREDENTIALS der Datei default-env.json hinterlassen haben.

Passen Sie anschließend die Datei package.json an, indem Sie den folgenden Eintrag im Block CDS.REQUIRES hinzufügen:

```
            "uaa": {
                "kind": "xsuaa"
            }
```

Außerdem können Sie nun die temporäre Änderung im Bereich DB zurücknehmen. Ändern Sie den zugehörigen Eintrag wieder wie folgt ab:

```
        "db": {
            "kind": "sql"
        }
```

Damit sieht der CDS-Block in der Datei package.json wie in Listing 3.32 aus:

```
"cds": {
    "requires": {
        "db": {
            "kind": "sql"
        },
        "messaging": {
            "kind": "enterprise-messaging-shared",
            "queue": {
                "name": "reciperater"
            }
        },
        "uaa": {
            "kind": "xsuaa"
        }
    },
    "hana": {
        "deploy-format": "hdbtable"
    }
}
```

Listing 3.32: Inhalt der Datei »package.json«

Abschließend müssen Sie, um den XSUAA-Service innerhalb Ihrer CAP-Anwendung nutzen zu können, eine weitere externe Abhängigkeit hinzufügen. Dabei handelt es sich um das Paket *@sap/xssec*, das die XS Advanced Container Security API für node.js darstellt. Das Hinzufügen und Installieren der Abhängigkeiten erfolgt, wie zuvor beschrieben. Verwenden Sie in der Konsole zunächst den Befehl `npm add @sap/xssec` gefolgt von `npm i`.

Mit `cds watch` greift Ihre Anwendung ab sofort auf die lokale In-Memory-Datenbank und die Testbenutzer zurück. Wenn Sie Ihre Anwendung mit dem Produktionsprofil ausführen, nutzen Sie den XSUAA-Service und die SAP-HANA-Datenbank. Setzen Sie dazu `cds watch -production` ein.

Bei der Verwendung von `cds watch -production` werden Sie nicht sofort eine Änderung sehen. Sie wenden hier aber nun den XSUAA-Service zur Authentifizierung und Autorisierung der Benutzer an. Das hat zur Folge, dass der Einsatz der zuvor zum Testen verwendeten Benutzer jetzt zu Fehlern führt. Beim Testen der Benutzeroberfläche werden Sie feststellen, dass Sie in den gesicherten Services nicht länger einen Benutzernamen und ein Passwort eingeben können. Um auf diese Dienste zugreifen zu können, benötigen Sie ein gültiges Token des XSUAA-Service. Dazu erstellen Sie im nächsten Abschnitt ein Application-Router-Modul.

Erstellen eines Application Router

Eine produktive Anwendung sollte nicht direkt ansprechbar sein. Daher ist das Application-Router-Modul entscheidend, da es der Einstiegspunkt für den browserbasierten Zugriff auf Ihre Anwendung sein wird. Jede Anforderung an dieses Modul wird an die verschiedenen Backend-Services weitergeleitet.

Erstellen Sie im Ordner APP des Projekts eine neue package.json-Datei und kopieren Sie den Inhalt aus Listing 3.33 dort hinein.

```
{
  "name": "approuter",
  "dependencies": {
 "@sap/approuter": "^9.1"
  },
  "scripts": {
 "start": "node node_modules/@sap/approuter/approuter.js"
  }
}
```

Listing 3.33: package.json für den Application Router

Wie zuvor müssen Sie die Abhängigkeiten mit dem Node Package Manager installieren (vgl. Abschnitt 3.5.1). Dieses Mal müssen Sie jedoch die Konsole im APP-Ordner öffnen. Klicken Sie dazu mit der rechten Maustaste auf den APP-Ordner und wählen Sie OPEN IN TERMINAL. Anschließend führen Sie `npm i` aus und schließen die Konsole.

Der Application Router verwendet eine Datei namens *xs-app.json*, um Muster in der Anfrage an die richtigen Ziele zu leiten. Legen Sie also neben der Datei package.json im Ordner APP eine Datei mit besagtem Namen an und füllen Sie sie mit dem Inhalt aus Listing 3.34:

```
{
    "authenticationMethod": "route",
    "routes": [
        {
            "source": "/(admin|browse|review)/(.*)",
            "destination": "reciperater-api",
            "csrfProtection": true,
            "authenticationType": "xsuaa"
        },
        {
            "source": "^/user-api(.*)",
            "target": "$1",
            "service": "sap-approuter-userapi"
        }
    ]
}
```

Listing 3.34: Inhalt der Datei »xs-app.json«

Neben anderen Informationen gibt diese Konfiguration an, dass Anfragen, die das Muster `/(admin|browse|review)/(.*)` enthalten, an eine Destination namens `reciperater-api` weitergeleitet werden – also jede Anfrage, die entweder mit `/admin/`, `/browse/` oder mit `/review/` beginnt.

Destinationen sind Abstraktionen, die für die ausgehende Kommunikation einer Cloud-Anwendung eingesetzt werden und die erforderlichen Verbindungsinformationen enthalten. Der Connectivity-Service löst die Destination zur Laufzeit auf der Grundlage des angegebenen Namens auf. Das Ergebnis ist ein Objekt, das die Details der individuellen Konfiguration enthält, z. B. die URL des Systems oder Services, den Authentifizierungstyp und die erforderlichen Anmeldeinformationen. Sie werden diese Destination so konfigurieren, dass sie die Verbindungsinformationen für Ihre Anwendung enthält. Die bereits aufgenommene Benutzer-API des Application Routers wird uns beim Testen der XSUAA-Verbindung nützlich sein.

Während des lokalen Testens benötigt auch der Application Router eine default-env.json-Datei, um sich mit der XSUAA-Instanz zu verbinden. Kopieren Sie daher diese Datei aus dem Hauptverzeichnis des Projekts in den Ordner APP. Bearbeiten Sie sie und fügen Sie einen Abschnitt DESTINATIONS vor dem Block VCAP_SERVICES ein:

```
"destinations": [{
  "name": "reciperater-api",
  "url": "http://localhost:4004",
  "forwardAuthToken": true
}],
```

Damit konfigurieren Sie eine Destination für den Application Router. Sie bestimmen darin, dass Anfragen, die an die Destination reciperater-api gerichtet sind, an die URL *http://localhost:4004* weitergeleitet werden sollen. Diese Weiterleitung ist notwendig, da beide Anwendungen getrennt voneinander laufen. In der lokalen Umgebung läuft die CAP-Anwendung standardmäßig auf Port 4004, an den der Application Router Anfragen und Autorisierungstoken weiterleitet.

Testen der Authentifizierung

Lassen Sie uns nun die Authentifizierung testen. Beenden Sie zunächst in der Konsole ggf. noch laufende Prozesse ihrer CAP-Anwendung mit `Strg` + `C` im entsprechenden Konsolenfenster. Starten Sie dann nacheinander die CAP-Anwendung und den Application Router.

- Geben Sie in einem Konsolenfenster im Hauptverzeichnis des Projekts den Befehl `cds run --production` ein, um Ihre CAP-Anwendung mit dem Produktionsprofil zu starten.

- Öffnen Sie für den Start des Application Router ein zweites Konsolenfenster im Ordner APP und geben Sie dort `npm start` ein.

In dem neuen Terminal erhalten Sie einige Informationen, von denen aktuell eine für Sie von Interesse ist: der Port, auf dem der Application Router gestartet wurde. Dies ist normalerweise der Port 5000. Unten rechts sehen Sie wieder Pop-ups, mit denen Sie die Services in einem neuen Tab öffnen können (siehe Abbildung 3.61).

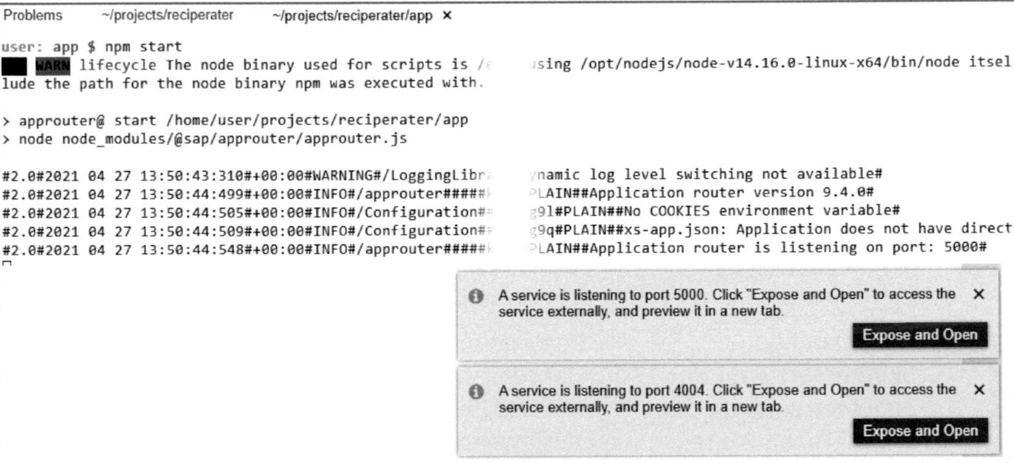

Abbildung 3.61: Start des Application Routers

Wählen Sie EXPOSE AND OPEN für den Application Router, also den Service auf Port 5000. Sie sehen zunächst eine Seite mit der Mitteilung NOT FOUND. Das ist kein Grund zur Sorge. Wenn Sie `/user-api/attributes` an die URL anhängen, sehen Sie Ihre Benutzerattribute, einschließlich Ihres Vornamens, Nachnamens und Ihrer E-Mail-Adresse (siehe Abbildung 3.62).

```
workspaces-ws-sfnzj-app1.eu10.tr     d.sap/user-api/attributes
{
    firstname: "Tobias",
    lastname: "Steckenborn",
    email: "tobias.steckenborn@consolvis.de",
    name: "tobias.steckenborn@consolvis.de"
}
```


Abbildung 3.62: Benutzerattribute aus der XSUAA API

Diese Informationen stammen vom *SAP ID Service*, den der XSUAA-Service als Standard-Identitätsanbieter verwendet. Da Sie in SAP BAS angemeldet sind, sind Sie bereits vom SAP ID Service authentifiziert und erhalten ohne erneute Anmeldung die Benutzerattribute der Schnittstelle des XSUAA-Services.

Wenn Sie die URLs in `/browse/Recipes` ändern, erhalten Sie eine Liste mit Ihren Rezepten zurück (Abbildung 3.63).

```
workspaces-ws-sfnzj-app1.eu10.trial.applicationstudio.cloud.sap/browse/Recipes
{
    @odata.context: "$metadata#Recipes",
  - value: [
      - {
            ID: "1cb53f38-3fa3-4331-84b6-19c61b37377f",
            name: "Das wahrscheinlich beste Rezept der Welt",
            instruction: null,
            cookwares: [ ],
            ingredients: [ ],
            serving_count: 5,
            cooking_time_minutes: null


                "Pfeffer"
            ],
            serving_count: 2,
            cooking_time_minutes: 30
        }
    ]
}
```


Abbildung 3.63: Rezepte-Abruf über den Browse-Service mittels Application Router

Die Weiterleitung des Application Router über die konfigurierte Destination zur URL der CAP-Anwendung funktioniert also. Auch wenn Sie die URL auf `/review/Recipes` ändern, erhalten Sie eine Liste Ihrer Rezepte zurück (siehe Abbildung 3.64).

workspaces-ws-sfnzj-app1.eu10.trial.applicationstudio.cloud.sap/user/Recipes


```
  @odata.context: "$metadata#Recipes",
- value: [
   - {
          ID: "1cb53f38-3fa3-4331-84b6-19c61b37377f",
          instruction: "Kochen",
          serving_count: 2,
          cooking_time_minutes: 30
     }
  ]
```


Abbildung 3.64: Rezepte-Abruf über den User-Service mittels Application Router

Sie haben in Abschnitt 3.4.3 definiert, dass ein Zugriff auf den Review-Service einen authentifizierten Benutzer benötigt. Dies verrät Ihnen: Sie haben nicht nur Benutzerdetails von der XSUAA-Benutzer-API zurückbekommen, sondern Ihre Anwendung hat Sie auch als authentifizierten Benutzer erkannt.

Und was passiert, wenn Sie versuchen, über den Admin-Dienst auf die Rezepte zuzugreifen? Beim Aufruf von `/admin/Recipes` wird Ihnen der Zugriff verwehrt (siehe Abbildung 3.65).

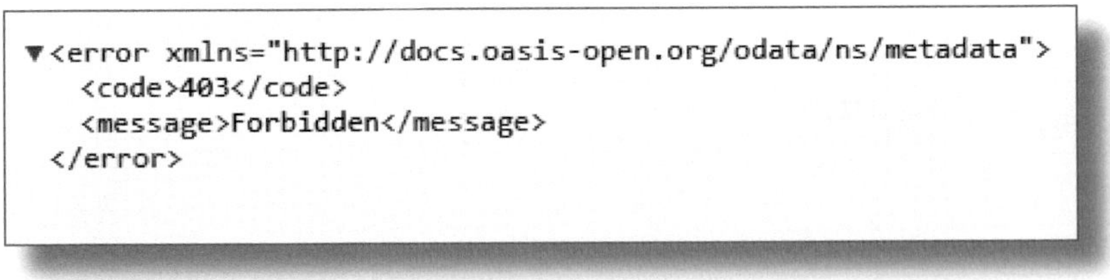

```
▼<error xmlns="http://docs.oasis-open.org/odata/ns/metadata">
   <code>403</code>
   <message>Forbidden</message>
 </error>
```


Abbildung 3.65: Rezepte-Abruf über den Admin Service mittels Application Router – kein Zugriff

Da Sie Ihrem Benutzer noch keine Rollen zugewiesen haben, ist das völlig in Ordnung. Die Authentifizierung gegenüber Ihrer Anwendung wird nun durch den XSUAA-Service ausgeführt, der auf SAP BTP läuft. Weisen Sie also im nächsten Schritt Ihrem Benutzer die Anwendungsrolle *admin* zu.

Ihrem Benutzer Anwendungsrollen zuweisen

Ihr SAP-ID-Service-Benutzer, mit dem Sie aufgrund der Anmeldung im SAP BAS automatisch authentifiziert werden, verfügt noch über keine Anwendungsrollen, sodass Sie im Moment nicht auf den Admin-Service zugreifen können.

Im SAP BTP Cockpit können Rollen nicht direkt Benutzern zugewiesen werden. Sie werden in Rollensammlungen gruppiert, die den Benutzern oder Benutzergruppen zugewiesen werden. Sie müssen daher zunächst eine Rollensammlung erstellen, die die Admin-Rolle Ihrer Anwendung enthält, um sie dann Ihrem Benutzer zuzuweisen. Auf diese Weise bringen Sie die Berechtigungsinformationen in das JWT-Token ein, wenn sich der Benutzer über XSUAA und Application Router an Ihrer Anwendung anmeldet.

Zur Anlage der Rollensammlung öffnen Sie das SAP BTP Cockpit und navigieren in Ihren Subaccount TRIAL. Rollensammlungen werden dort im Bereich SECURITY • ROLE COLLECTIONS verwaltet. Navigieren Sie dorthin und klicken Sie auf die +-Schaltfläche am oberen rechten Bildschirmrand (siehe Abbildung 3.66).

Nennen Sie Ihre Rollensammlung *reciperater-admin* und klicken Sie auf CREATE. Suchen Sie in der Übersicht nach der Rollensammlung (siehe Abbildung 3.67), klicken Sie sie an und wechseln Sie dann in den Bearbeitungsmodus, der durch EDIT oben rechts aktiviert wird.

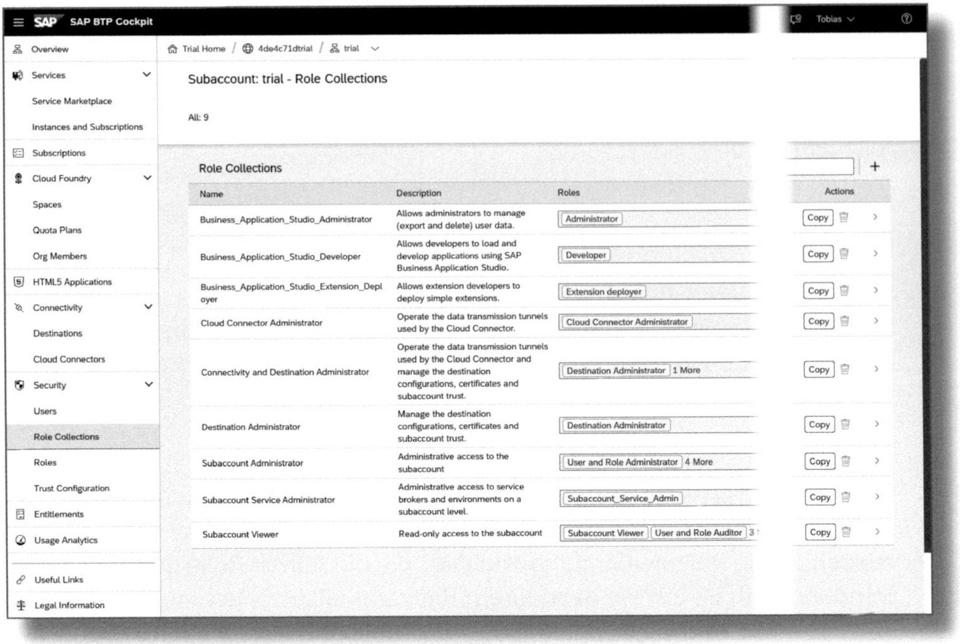

SAP BTP Cockpit

Trial Home / 4de4c71dtrial / trial

Subaccount: trial - Role Collections

All: 9

Role Collections

Name	Description	Roles	Actions
Business_Application_Studio_Administrator	Allows administrators to manage (export and delete) user data.	Administrator	Copy
Business_Application_Studio_Developer	Allows developers to load and develop applications using SAP Business Application Studio.	Developer	Copy
Business_Application_Studio_Extension_Deployer	Allows extension developers to deploy simple extensions.	Extension deployer	Copy
Cloud Connector Administrator	Operate the data transmission tunnels used by the Cloud Connector.	Cloud Connector Administrator	Copy
Connectivity and Destination Administrator	Operate the data transmission tunnels used by the Cloud Connector and manage the destination configurations, certificates and subaccount trust.	Destination Administrator 1 More	Copy
Destination Administrator	Manage the destination configurations, certificates and subaccount trust.	Destination Administrator	Copy
Subaccount Administrator	Administrative access to the subaccount	User and Role Administrator 4 More	Copy
Subaccount Service Administrator	Administrative access to service brokers and environments on a subaccount level.	Subaccount_Service_Admin	Copy
Subaccount Viewer	Read-only access to the subaccount	Subaccount Viewer, User and Role Auditor 3	Copy

Overview · Services · Service Marketplace · Instances and Subscriptions · Subscriptions · Cloud Foundry · Spaces · Quota Plans · Org Members · HTML5 Applications · Connectivity · Destinations · Cloud Connectors · Security · Users · Role Collections · Roles · Trust Configuration · Entitlements · Usage Analytics · Useful Links · Legal Information

Abbildung 3.66: Rollensammlungen im Subaccount

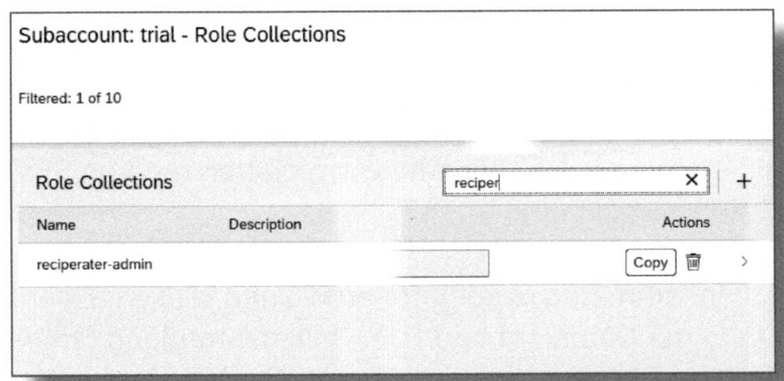

Abbildung 3.67: Suche nach der angelegten Rollensammlung

Verwenden Sie die Wertehilfe im Feld ROLE NAME und suchen Sie nach *reciperater* als APPLICATION IDENTIFIER. Wählen Sie die Rolle ADMIN und drücken Sie ADD (siehe Abbildung 3.68).

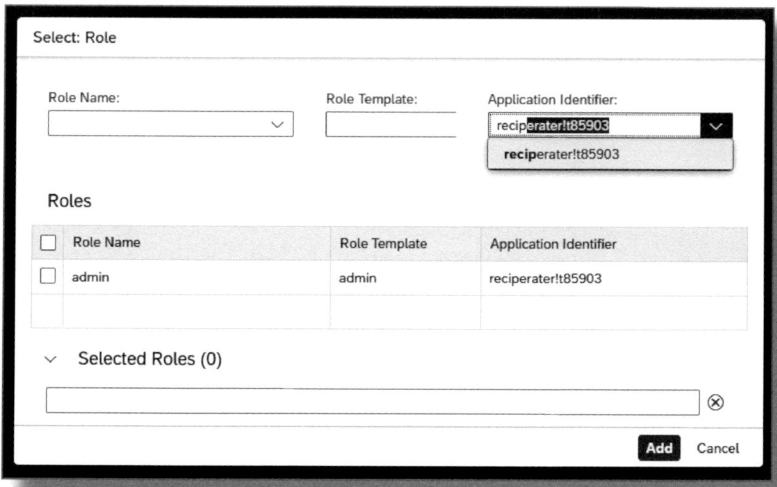

Abbildung 3.68: Wertehilfe zum Feld »Role«

Im Bearbeitungsbildschirm für die Rollensammlung (siehe Abbildung 3.69) weisen Sie Ihrem Benutzer die Rolle zu. Geben Sie im Bereich USERS Ihre E-Mail-Adresse ein. Speichern Sie anschließend die Rollensammlung.

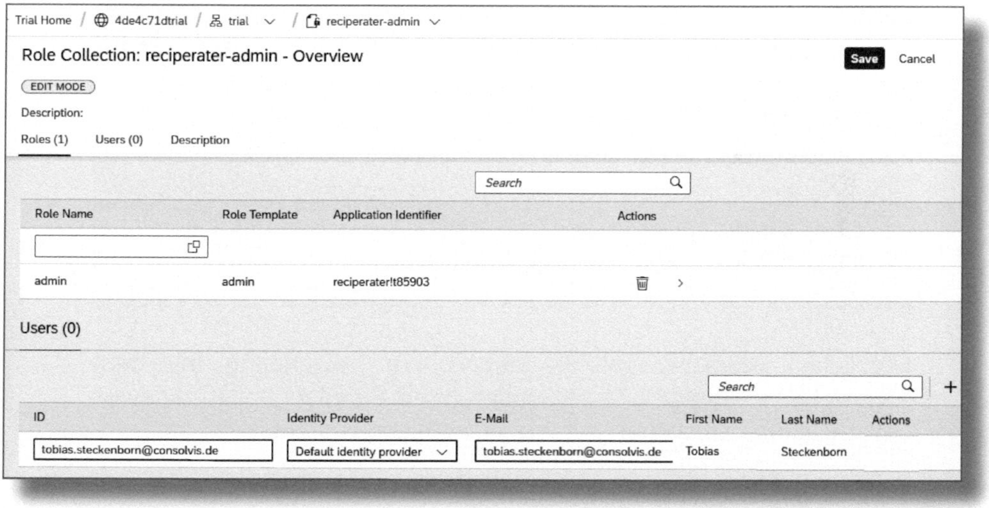

Abbildung 3.69: Speichern der Rollensammlung

Nach Zuweisung der Rolle und Ihres Benutzers zur Rollensammlung haben Sie die notwendigen Berechtigungen, um auf den Admin-Service zuzugreifen. Wenn Sie jetzt zurück zum Application Router wechseln, können Sie den Pfad `/admin/Recipes` aufrufen (siehe Abbildung 3.70).

```
workspaces-ws-sfnzj-app1.eu10.trial.applicationstudio.cloud.sap/admin/Recipes

{
    @odata.context: "$metadata#Recipes",
  - value: [
      - {
            ID: "1cb53f38-3fa3-4331-84b6-19c61b37377f",
            createdAt: null,
            createdBy: null,
            modifiedAt: null,
            modifiedBy: null,


            instruction: "Kochen",
            serving_count: 2,
            cooking_time_minutes: 30
        }
    ]
}
```

Abbildung 3.70: Rezepte-Abruf über den Admin-Service mittels Application Router – erfolgreich

! Kein Zugriff trotz zugeteilter Rolle

Wenn Ihnen der Zugriff trotz Rollenzuweisung verweigert wird, melden Sie sich bitte aktiv von allen verwendeten SAP-Seiten ab. Dazu gehören u. a. das SAP BTP Cockpit und SAP BAS. Um erneut den Application Router über SAP BAS aufzurufen, verwenden Sie die Tastenkombination `Strg` + `P`, geben *Ports: Preview* ein und wählen im folgenden Pop-up den Service auf Port 5000.

Herzlichen Glückwunsch! Sie haben Ihre Anwendung mit dem XSUAA-Service in SAP BTP verbunden, Ihrem Benutzer Rollen zugewiesen und können gesichert auf Ihre Anwendung zugreifen.

Eine letzte kleine Anpassung am REST Client ist allerdings noch notwendig, da die dort zuvor verwendete Basic Authentication nicht mehr zulässig ist: Sie müssen einen *OAuth2 Flow* konfigurieren.

Anpassung des REST Client

Aufgrund der vorgenommenen Änderungen lassen sich die bisher erfolgreichen Anfragen nicht mehr über den REST Client durchführen. Der SAP ID Service kennt die Testbenutzer nicht, und wenn der Application Router die Authentifizierung über den Browser versucht, schlägt dies bei Verwendung des REST Clients fehl. Mit dem REST Client sollten Sie daher den Application Router umgehen und einige Schritte manuell ausführen, die sonst vom Router erledigt werden.

Wechseln Sie dazu ins SAP BAS und fügen Sie in der Datei requests.http, die die REST-Client-Anfragen aus Abschnitt 3.5 enthält, das Coding aus Listing 3.35 nach den Variablendeklarationen ein:

```
### ------------------------------------------------------------
------------
# Anfordern eines OAuth-Tokens für die Autorisierung bei
nachfolgenden Aufrufen
# @name OAuthToken
// URL des XSUAA Service. Zu finden in der default-env.json
unter VCAP_Services -> xsuaa -> credentials -> url.
@xsuaa_url = <<xsuaa_url>>
// Client ID für den XSUAA Service. Zu finden in der default-
env.json unter VCAP_Services -> xsuaa -> credentials ->
clientid.
@xsuaa_client_id = <<client_id>>
// Client Secret für den XSUAA Service. Zu finden in der
default-env.json unter VCAP_Services -> xsuaa -> credentials ->
clientsecret.
@xsuaa_client_secret = <<clientsecret>>
// Die E-Mail-Adresse, mit der Sie sich bei SAP BTP anmelden.
@sap_btp_username = <<email>>
// Das Passwort, mit dem Sie sich bei SAP BTP anmelden.
@sap_btp_password = <<passwort>>
# Diese Daten werden aus der Anfrage gefüllt. Sie müssen hier
nichts eingeben.
@authToken = {{OAuthToken.response.body.access_token}}
@user_xsuaa = Authorization: bearer {{authToken}}

POST {{xsuaa_url}}/oauth/token
Content-Type: application/x-www-form-urlencoded
```

```
Accept: application/json
Authorization: Basic {{xsuaa_client_id}}:{{xsuaa_client_secret}}

username={{sap_btp_username}}
&password={{sap_btp_password}}
&grant_type=password
&response_type=token
```

Listing 3.35: Ergänzende Einträge zur Datei »requests.http«

Sie können die erforderlichen Daten aus dem Block XSUAA.CREDENTIALS in der Datei default-env.json beziehen. Nachdem Sie die Anfrage mit vervollständigten Daten ausgeführt haben, erhalten Sie ein Token zurück, über das Sie mit der Benutzervariable `user_xsuaa` wieder Anfragen an Ihre Services stellen können. Dieser Token ist nur für eine beschränkte Zeit gültig, sodass Sie diese Anfrage nach einiger Zeit erneut ausführen müssen.

3.7 Zusammenfassung

Lassen Sie uns die wesentlichen Inhalte dieses Kapitels noch einmal resümieren. Es begann mit der Theorie über die Anforderungen an Cloud-native Anwendungen und die von der SAP bereitgestellten Programmiermodelle. Anschließend haben Sie ein CAP-Projekt erstellt, das Sie Stück für Stück erweitert haben. Dabei haben Sie zunächst Mocks verwendet, bevor Sie die Funktionen von richtigen Services auf SAP BTP übernehmen ließen.

An dieser Stelle ist mir wichtig, dass Sie die generelle Vorgehensweise und nicht die Details verinnerlichen. Zunächst müssen Sie Services instanziieren. Dadurch kann sich eine außerhalb von SAP BTP laufende Anwendung mit einem Service Key gegenüber einer Instanz authentifizieren. Aktuell ist Ihre Anwendung immer noch nur lokal in SAP BAS verfügbar. Das ändern Sie im nächsten Kapitel. Dort wird es um die Bereitstellung Ihrer Anwendung in der SAP BTP, Cloud Foundry Runtime gehen.

4 Bereitstellung der Anwendung in der Cloud

Bisher haben Sie sich auf die Erstellung und Verwendung Ihrer App in einer lokalen Umgebung konzentriert. Aufbauend auf den Services, die Ihnen damit bereits auf SAP BTP zur Verfügung stehen, konzentriert sich dieses Kapitel darauf, auch Ihre Anwendung dort bereitzustellen. Sie beginnen mit einer manuellen Bereitstellung unter Verwendung eines nativen Cloud-Foundry-Befehls und einer von SAP angebotenen Alternative. Anschließend werden Sie Ihre Anwendung unter Versionskontrolle stellen und mit der Automatisierung der Bereitstellung fortfahren. Dazu nutzen Sie zunächst SAP Continuous Integration and Delivery und anschließend SAP Cloud Transport Management. Abschließend befassen Sie sich in diesem Kapitel mit der Skalierung und Anwendungsprotokollierung auf SAP BTP.

4.1 Cloud-Foundry-native Bereitstellung der Anwendung

Im ersten Kapitel habe ich die Einfachheit der Bereitstellung von Anwendungen als Vorteil von PaaS-Lösungen hervorgehoben. In diesem Abschnitt werden Sie die dafür erforderlichen Anpassungen der Anwendung vornehmen. Danach bleibt es Ihnen überlassen, ob Sie meiner Beurteilung zustimmen.

Sie können CAP-Anwendungen in der Cloud-Foundry-Umgebung ohne SAP-eigene Werkzeuge verfügbar machen. Das liegt daran, dass es sich um die Bereitstellung einer regulären Node.js-Anwendung handelt, einschließlich der Verbindung mit den gewünschten Service-Instanzen.

Dies ist jedoch nur möglich, da Sie bereits manuell Service-Instanzen erzeugt haben. Bei der Verwendung einer manifest.yml-Datei mit dem `cf push`-Befehl des Cloud Foundry CLI lassen sich keine Service-Instanzen erstellen. Dies ist nur mit einem Plugin namens *Create-Service-Push* und der Datei services-manifest.yml möglich, die die SAP-BAS-Vorlage in Ihrem Projektordner vorab erstellt hat. Das Plugin verhält sich wie `cf push`, erweitert den Befehl aber dahingehend, dass zuerst die Services erzeugt werden. Da das Arbeiten mit der Datei manifest.yml hier aber nur als Zwischenschritt zur Erklärung dient und Sie die Service-Instanzen bereits erstellt haben, werden Sie dieses Plugin vernachlässigen.

Um Ihre Anwendung bereitzustellen, wechseln Sie zunächst zu SAP BAS. Die SAP-BAS-Vorlage hat bei der Erstellung Ihres Projekts schon eine manifest.yml- und eine services-manifest.yml-Datei angelegt. Diese Dateien entsprechen jedoch nicht dem aktuellen Stand der Anwendung. Die Kommandozeilen-Schnittstelle von CAP bietet einen Befehl, der Ihnen hilft, die Manifeste zu aktualisieren. Öffnen Sie im BAS die Konsole und verwenden Sie den Befehl `cds add cf-manifest --force`. Dieser Befehl fügt die Manifeste hinzu. Sie verwenden die `force`-Option, da die Dateien bereits existieren und überschrieben werden müssen. Wenn Sie die Datei manifest.yml in Ihrem BAS öffnen, sollte sie nun gemäß Abbildung 4.1 aussehen.

Die Datei manifest.yml enthält derzeit zwei Einträge für Anwendungen: die von Ihnen erstellte SAP-CAP-Anwendung unter dem Kommentar `Backend Service` und eine `HANA Database Content Deployer App`. Für beide wurden bereits einige Services vorausgefüllt, an die diese Anwendungen gebunden werden sollen. Da aber der CLI-Befehl lediglich Bestandteile an Ihren Projektnamen anhängt, sind diese Services weder korrekt benannt noch vollständig. Lassen Sie uns das ändern.

```
# Generated manifest.yml based on template version 0.1.0
# appName = reciperater
# language=nodejs
# multitenancy=false
---
applications:
# -----------------------------------------------------------
# Backend Service
# -----------------------------------------------------------
- name: reciperater-srv
  random-route: true # for development only
  path: gen/srv
  memory: 256M
  buildpack: nodejs_buildpack
  services:
  - reciperater-db
  - reciperater-uaa

# -----------------------------------------------------------
# HANA Database Content Deployer App
# -----------------------------------------------------------
- name: reciperater-db-deployer
  path: gen/db
  no-route: true
  health-check-type: process
  memory: 256M
  instances: 1
  buildpack: nodejs_buildpack
  services:
  - reciperater-db
```

Abbildung 4.1: manifest.yml nach »cds add«-Befehl

Sie haben Ihre Anwendung mit drei verschiedenen Diensten verbunden: der SAP-HANA-Datenbankinstanz, der SAP-Event-Mesh-Instanz und der XSUAA-Instanz. Deren Namen müssen Sie in den Services-Block für den Backend-Service eintragen. Wenn Sie die Namen nicht mehr wissen, können Sie sie in Ihrem Space im SAP BTP Cockpit unter SERVICES • INSTANCES finden (siehe Abbildung 4.2). Zusätzlich werden Sie dem Service eine feste Route zuweisen, da Sie diese als Destination innerhalb des Application Router angeben müssen.

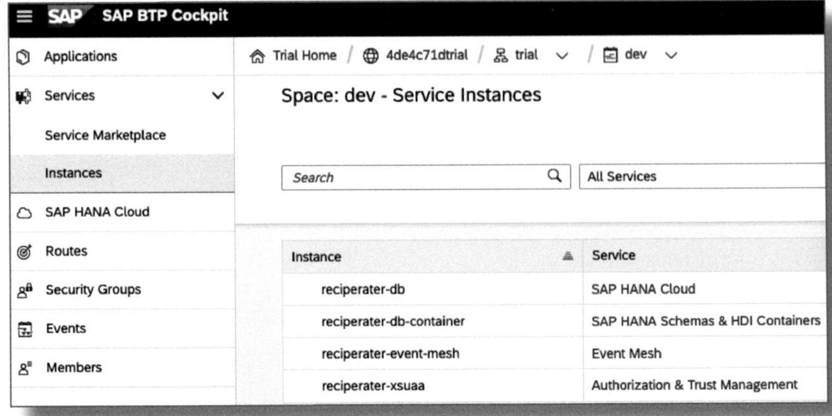

Abbildung 4.2: Namen der Service-Instanzen

Nach der Anpassung sollte der Codeabschnitt des Backend-Services wie in Listing 4.1 aussehen:

```
# ------------------------------------------------------------
--------------------
# Backend Service
# ------------------------------------------------------------
--------------------
- name: reciperater-srv
  routes:
    - route: espressotutorials-buch-reciperater-((ID)).
((LANDSCAPE_APPS_DOMAIN))
  path: gen/srv
  memory: 256M
  buildpack: nodejs_buildpack
  services:
  - reciperater-db-container
  - reciperater-xsuaa
  - reciperater-event-mesh
```

Listing 4.1: Eintrag für die SAP-CAP-Anwendung in der Datei »manifest. yml«

Diese Beschreibung führt dazu, dass Cloud Foundry versucht, mittels `nodejs_buildpack` eine Anwendung mit dem Namen *reciperater-srv* unter einer mit Variablen definierten Route, also einer Zugriffs-URL, bereitzustellen. Die Angabe des Buildpack ist optional. Cloud Foundry kann selbstständig versuchen, das notwendige Buildpack zu identifizieren, aber da es Teil der von Ihnen in Abschnitt 3.4.1 verwendeten Vorlage ist, werden Sie es nicht löschen. Cloud Foundry wird die Anwendung mit 256 Megabyte Arbeitsspeicher sowie den drei benannten und daran gebundenen Services erstellen.

Sie teilen Cloud Foundry hier außerdem mit, dass es die Anwendung unter dem Pfad GEN/SRV finden kann. Dieser Pfad ist derzeit aber noch leer. Sie werden ihn in wenigen Minuten erzeugen. Für die Route haben Sie zwei Variablen definiert, die Sie ebenfalls in Kürze setzen werden. Hintergrund ist, dass Routen innerhalb der SAP-BTP-Cloud-Foundry-Umgebung, in der Sie sich befinden, eindeutig sein müssen.

Für die HANA Database Content Deployer App müssen Sie nur den Namen des Datenbankservices anpassen. Ändern Sie also den Block gemäß Listing 4.2.

```
# ------------------------------------------------------------------
---------------------
# HANA Database Content Deployer App
# ------------------------------------------------------------------
---------------------
- name: reciperater-db-deployer
  path: gen/db
  no-route: true
  health-check-type: process
  memory: 256M
  instances: 1
  buildpack: nodejs_buildpack
  services:
  - reciperater-db-container
```

Listing 4.2: Eintrag für die HANA Database Content Deployer App in Datei »manifest.yml«

Damit sind Sie aber noch nicht fertig. Sie haben eine dritte Anwendung, die noch nicht im Manifest aufgeführt ist: Ihren Application Router. Ergänzen Sie diesen in einem zusätzlichen Block. Als einziger Service wurde der xsuaa-Service an den Application Router gebunden. Daher fügen Sie das Coding aus Listing 4.3 hinzu:

```
# ---------------------------------------------------------------
--------------------
# Application Router
# ---------------------------------------------------------------
--------------------
- name: reciperater-approuter
  path: app
  buildpacks:
    - nodejs_buildpack
  memory: 128M
  routes:
    - route: espressotutorials-buch-reciperater-web-((ID)).
((LANDSCAPE_APPS_DOMAIN))
  services:
    - reciperater-xsuaa
  env:
    destinations: >
      [
        {"name":"reciperater-api",
         "url":"https://espressotutorials-buch-reciperater-
((ID)).((LANDSCAPE_APPS_DOMAIN))",
         "forwardAuthToken": true}
      ]
```

Listing 4.3: Eintrag für den Application Router in der Datei »manifest. yml«

Wiederum haben Sie eine Route definiert, die Sie später für den Zugriff auf den Application Router verwenden können. Wie zuvor in der Datei default-env.json lokal geschehen, haben Sie auch hier eine Destination angegeben. Diese zeigt auf die URL Ihres Backend-Services.

Um die Variablen in den Routen zu füllen, erstellen Sie eine Datei namens *vars.yml* im Hauptverzeichnis des Projekts und fügen den Code aus Listing 4.4 hinzu:

```
# Angaben, um die Urls eindeutig zu machen. Ändern Sie den Wert
beispielsweise in Ihre Benutzer-ID.
ID: 00-00-00

# Wählen Sie "cfapps.eu10.hana.ondemand.com" bei einem Testkonto
bei AWS in Frankfurt. Für andere Landschaften modifizieren
Sie die URL entsprechend, indem Sie z. B. "eu10" durch "us10"
ersetzen.
LANDSCAPE_APPS_DOMAIN: cfapps.eu10.hana.ondemand.com
```

Listing 4.4: Inhalt der Datei »vars.yml«

Damit sind Sie schon fast am Ziel. Um alles für die Verwendung der App auf SAP BTP vorzubereiten, führen Sie den Befehl `cds build --production` in der Konsole aus. Dieser Befehl erzeugt Bereitstellungsartefakte im Ordner ./GEN Ihres Projektstammverzeichnisses. Mithilfe des Konsolenbefehls `cf push --vars-file vars.yml` wird die Cloud Foundry CLI Ihren Anwendungscode an Ihren Cloud Foundry Space übertragen und Ihre Anwendung verfügbar machen. Dabei werden die in Ihrer manifest.yml-Datei angegebenen Services an die Anwendung gebunden und die Routen mithilfe der vorgegebenen Variablendatei definiert.

Mögliche Fehlerquellen

Wenn Sie eine Fehlermeldung wie »The token expired, was revoked, or the token ID is incorrect. Please log back in to re-authenticate« erhalten, melden Sie sich mit `cf login` erneut an. Handelt es sich um eine Fehlermeldung wie »Failed to open connection to the database«, so prüfen Sie bitte, ob die SAP-HANA-Datenbank läuft.

In der Konsole können Sie die Schritte zur Bereitstellung Ihrer Anwendung verfolgen, dazu gehören das Anwenden des Manifests sowie das Verpacken und Hochladen der Dateien. Während dieses Prozesses werden alle externen Abhängigkeiten aufgelöst. Die Ausführung dieser Schritte wird einige Minuten in Anspruch nehmen. Nach Abschluss des Prozesses können Sie über die URL https://espressotutorials-buch-reciperater-web-((ID)).((LANDSCAPE_APPS_DOMAIN)) auf Ihren Application Router zugreifen, z. B. *espressotutorials-book-reciperater-web-00-00.cfapps.us10.hana.ondemand.com*. Sie finden diese URL auch im Protokoll des Befehls `cf push` (siehe Abbildung 4.3).

```
name:                 reciperater-approuter
requested state:      started
isolation segment:    trial
routes:               espressotutorials-buch-reciperater-web-■-■-■.cfapps.eu10.hana.ondemand.com
last uploaded:        Wed 28 Apr 08:47:21 UTC 2021
stack:                cflinuxfs3
buildpacks:
isolation segment:    trial
        name                 version   detect output   buildpack name
        nodejs_buildpack     1.7.44    nodejs          nodejs

type:            web
sidecars:
instances:       1/1
memory usage:    128M
start command:   npm start
     state     since                  cpu    memory         disk           details
#0   running   2021-04-28T08:48:32Z   3.3%   55.4M of 128M  129.9M of 1G
```

Abbildung 4.3: Protokoll des Befehls »cf push« – Abschnitt der App-Router-Anwendung

Öffnen Sie nun das SAP BTP Cockpit und navigieren Sie in Ihrem Space zum Reiter Applications. Auch dort sehen Sie die drei von Ihnen angegebenen Anwendungen (siehe Abbildung 4.4). Ihre Anwendungen stehen also bereits nach diesen Schritten lauffähig in der Cloud zur Verfügung.

Obwohl Sie die URL zu Ihrem Backend-Service wahrscheinlich schon erraten haben und dem Protokoll entnehmen können, bitte ich Sie, auf die Anwendung reciperater-srv zu klicken. Dort können Sie u. a. die Route zu Ihrer Anwendung sehen (siehe Abbildung 4.5).

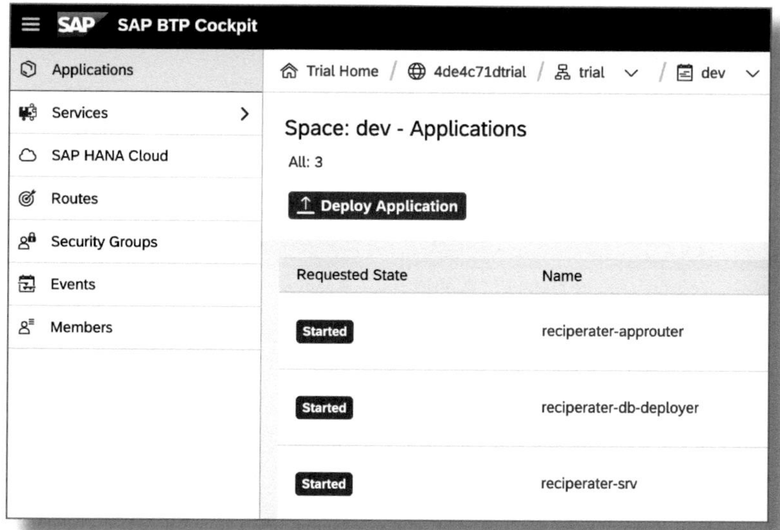

Abbildung 4.4: Laufende Anwendungen im Space

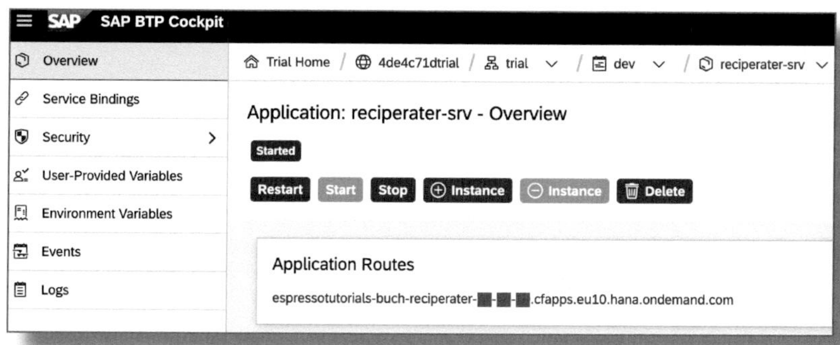

Abbildung 4.5: Übersicht der Anwendung »reciperater-srv«

Bitte übernehmen Sie die URL dieser Route mit den Anfragen für den REST Client auch in die Variable `@server` der Datei requests.http im SAP BAS. Der Eintrag könnte wie folgt aussehen: `@server = https://espressotutorials-buch-reciperater-00-00-00.cfapps.eu10.hana.ondemand.com`. Alle Anfragen Ihres REST Clients arbeiten dann weiterhin mit dem Benutzer hinter der Variablen `user_xsuaa` – gegen Ihre Anwendung in der Cloud.

Wechseln Sie als Nächstes im SAP BTP Cockpit auf die Ansicht SERVICE BINDINGS. Sie sehen daraufhin die drei mit Ihrer Anwendung verbundenen Services (siehe Abbildung 4.6).

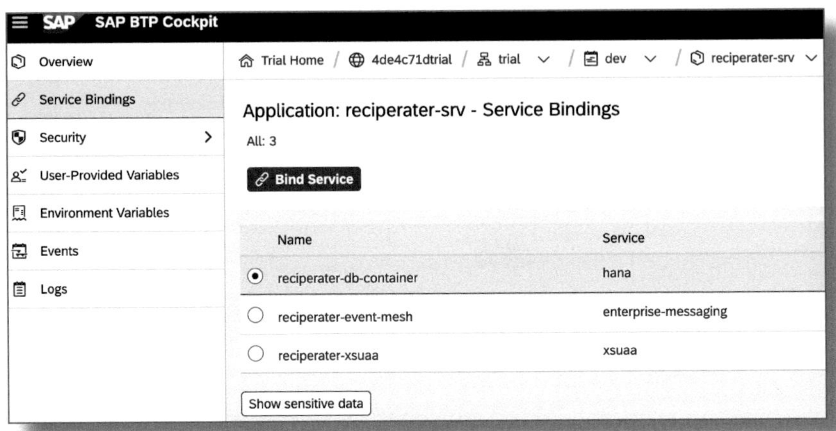

Abbildung 4.6: Mit der Anwendung verbundene Services

Rufen Sie die Registerkarte SECURITY auf. Hier finden Sie u. a. Ihren definierten »Admin«-Scope (siehe Abbildung 4.7).

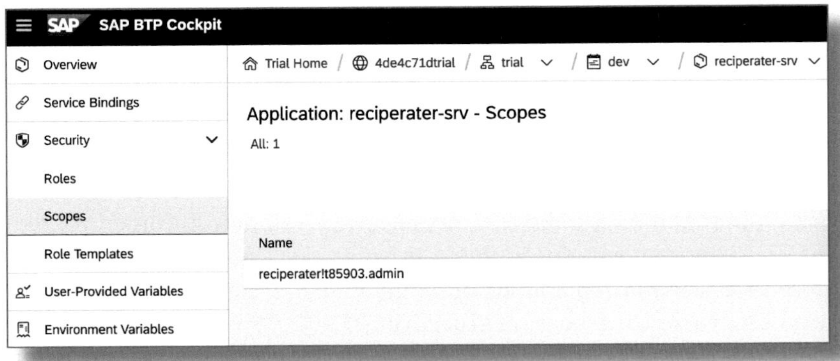

Abbildung 4.7: Scopes der Anwendung

Ihre Vorarbeit hat sich also gelohnt. Sie haben Ihre Anwendung zügig in der Cloud bereitgestellt. Wiederholen Sie nach der Aktualisierung der `@server`-Variable die Testaufrufe aus Abschnitt 3.5. Ich möchte Ihnen im nächsten Schritt die Bereitstellung unter Verwendung einer MTA zeigen. Dies bildet die Grundlage für die anschließende automatisierte Bereitstellung.

4.2 SAP-spezifische Bereitstellung der Anwendung mittels MTA

Multitarget-Anwendungen (MTA) umfassen mehrere Bestandteile, die logisch zusammenhängen. Diese Teile können mit unterschiedlichen Technologien erstellt sein, unterliegen aber demselben Lebenszyklus. Auf SAP-Plattformen ist diese von SAP angebotene Bereitstellungsoption leistungsfähiger als die Cloud-Foundry-native Option. Sie beschreiben als MTA-Entwickler das gewünschte Ergebnis mithilfe eines Modells, das Module und Ressourcen sowie deren Abhängigkeiten untereinander enthält. Anschließend validiert, orchestriert und automatisiert der *SAP Cloud Deployment Service* die Bereitstellung der MTA, was zu Cloud-Foundry-Anwendungen, -Services und SAP-spezifischen Inhalten führt.

Zum Erstellen von MTAs benötigen Sie das *Cloud MTA Build Tool (MBT)*, ein eigenständiges Kommandozeilenwerkzeug, das aus den Artefakten eines MTA-Projekts gemäß dem MTA-Entwicklungsdeskriptor (mta.yaml-Datei) des Projekts eine einsatzbereite MTA-Archivdatei (.mtar) erstellt. Im SAP BAS ist das MBT bereits vorinstalliert. Alternativ ist es im NPM-Paket *mbt* verfügbar.

Das CAP CLI bietet Ihnen, ähnlich wie bei der manifest.yml-Datei, die Möglichkeit, eine beispielhafte mta.yaml-Datei zu erstellen. Wechseln Sie dazu wieder zu SAP BAS, öffnen Sie die Konsole und geben Sie `cds add mta` ein. Wenn Sie sich die mta.yaml-Datei ansehen, werden Sie eine bemerkenswerte Ähnlichkeit mit der manifest.yml feststellen.

In der manifest.yml finden Sie Ihre Anwendungen im Bereich `Modules`. Diese verwenden Ressourcen, zu denen auch die angebundenen Services gehören. Im Gegensatz zur Datei manifest.yml müssen Ihre Ressourcen jedoch ausführlicher beschrieben sein, beispielsweise durch den Typ und den Serviceplan. Diese Informationen sind notwendig, da mit MTA die Services nicht nur gebunden, sondern auch erstellt werden können. Lassen Sie uns nun Schritt für Schritt Ihre Anwendungen und Dienste beschreiben und dabei auf Besonderheiten eingehen. Beginnen wir mit den Anwendungen, also mit dem Bereich `Modules`.

Analog zur Datei manifest.yml fügen Sie im Bereich `SERVER MODULE` für die CAP-Anwendung den SAP-Event-Mesh-Service hinzu und passen die Namen der Services an. Der Block sieht nach der Überarbeitung gemäß Listing 4.5 aus:

```
# -------------------- SERVER MODULE ----------------------
- name: reciperater-srv
  # ------------------------------------------------------------
  type: nodejs
  path: gen/srv
  requires:
    # Resources extracted from CAP configuration
    - name: reciperater-db-container
    - name: reciperater-xsuaa
    - name: reciperater-event-mesh
  provides:
    - name: reciperater-api # required by consumers of CAP
services (e.g. approuter)
      properties:
        srv-url: ${default-url}
```

Listing 4.5: Abschnitt zur CAP-Anwendung der Datei »mta.yaml«

Interessant ist hier der Bereich `provides`. Die verschiedenen Module innerhalb einer MTA können Variablen für andere Module zur Verfügung stellen. Sie benötigen also nicht wie zuvor beispielsweise mittels der Datei vars.yml extern bereitgestellte Variablenbestandteile, die Sie an den verschiedenen Stellen hinterlegen, sondern können anderen Anwendungsbestandteilen die dynamisch erzeugte URL zur Verfügung stellen. Dabei verwenden Sie die Variable `${default-url}`. Ihre Anwendung erhält diese URL als Route, falls nicht anderweitig festgelegt:

- Die Variable `${default-url}` setzt sich aus den beiden weiteren Variablen `${protocol}` und `${default-uri}` zusammen.
- `${default-uri}` setzt sich wiederum aus `${default-host}` und `${domain}` zusammen.
- Die Variable `${default-host}` wird üblicherweise mit `<Org-Name>-<Space-Name>-<Modul-Name>` generiert und die `${Domain}` der SAP-BTP-AWS-Region Frankfurt lautet gewöhnlich `cfapps.eu10.hana.ondemand.com`.

Ihre Anwendung ist also nach der Auflösung der Variablen unter der URL *https://<org-name>-dev-reciperater-srv.cfapps.eu10.hana.ondemand.com* erreichbar.

Wie bei der Datei manifest.yml fehlt auch hier derzeit noch der Application Router. Ergänzen Sie diesen daher als Nächstes. Achten Sie beim Einfügen auf das exakte Einrücken der Zeilen, da dies sonst zu Fehlern führen kann (siehe Listing 4.6).

```
# -------------------------------------------------------------
--------------------
# Application Router
# -------------------------------------------------------------
--------------------
- name: reciperater-approuter
  type: nodejs
  path: app
  requires:
    - name: reciperater-xsuaa
    - name: reciperater-api
      group: destinations
      properties:
        forwardAuthToken: true
        strictSSL: false
        name: reciperater-api
        url: '~{srv-url}'
```

Listing 4.6: Abschnitt zum Application Router der Datei »mta.yaml«

Mit diesem Coding definieren Sie wieder die Destination, über die Ihre Backend-Applikation erreicht werden kann. Hierfür benötigen Sie neben den Services auch die Ressource `reciperater-api`, die vom Backend-Service bereitgestellt wird. Als URL verwenden Sie die von dieser Ressource bereitgestellte Eigenschaft `~{reciperater-url}`.

Abschließend sind die Eigenschaften des DB-Deployer-Moduls anzupassen (siehe Listing 4.7). Damit ist dann die Beschreibung Ihrer drei Module bzw. Anwendungsbestandteile komplett.

```
# ------------------- SIDECAR MODULE -----------------------
- name: reciperater-db-deployer
  # -----------------------------------------------------------
  type: hdb
  path: gen/db
  parameters:
    buildpack: nodejs_buildpack
  requires:
    # 'hana' and 'xsuaa' resources extracted from CAP
configuration
      - name: reciperater-db-container
      - name: reciperater-xsuaa
```

Listing 4.7: Abschnitt zum DB-Deployer der Datei »mta.yaml«

Als Nächstes müssen Sie die Ressourcen, in unserem Fall die verwendeten Services, beschreiben. Fangen Sie mit den bereits enthaltenen Datenbank- und Authentifizierungsdiensten an. Bei beiden muss der Name angepasst werden. Beim XSUAA-Service müssen Sie zusätzlich hinterlegen, dass die Konfiguration aus der Datei *xs-security.json* ausgelesen wird (siehe Listing 4.8).

```
# ---------------------------------------------------------
- name: reciperater-xsuaa
  # -------------------------------------------------------
  type: org.cloudfoundry.managed-service
  parameters:
    service: xsuaa
    service-plan: application
    path: xs-security.json
# ---------------------------------------------------------
```

```
- name: reciperater-db-container
  # ------------------------------------------------------------
  type: com.sap.xs.hdi-container
  parameters:
    service: hana # or 'hanatrial' on trial landscapes
    service-plan: hdi-shared
  properties:
    hdi-service-name: ${service-name}
```

Listing 4.8: Anpassung der Services in der Datei »mta.yaml«

Hier sehen Sie bereits einige weitere Alleinstellungsmerkmale der MTA. Sie kennt nicht nur Service und Serviceplan, sondern auch SAP-spezifische Ressourcentypen. Während man die Eigenheiten im Rahmen der Beschreibung vernachlässigen kann, mag Ihnen das im richtigen Anwendungsfall helfen.

Nun müssen Sie noch den SAP-Event-Mesh-Service ergänzen. Bitte beachten Sie, dass Sie beim Anlegen dieses Service einige Parameter in einem JSON-Objekt bereitgestellt haben. Damit der Service durch die MTA erstellt werden kann, benötigt sie somit auch die Informationen dieses Objekts. Dazu geben Sie eine Datei an, in der die MTA die Parameter finden kann (siehe Listing 4.9).

```
# ------------------------------------------------------------
- name: reciperater-event-mesh
  # ------------------------------------------------------------
  type: org.cloudfoundry.managed-service
  parameters:
    service: enterprise-messaging
    service-plan: dev
    path: em-default.json
```

Listing 4.9: Abschnitt zum SAP Event Mesh der Datei »mta.yaml«

Die Datei *em-default.json* ist derzeit nicht vorhanden. Erstellen Sie sie im Stammverzeichnis des Projekts und kopieren Sie dorthin die beim Generieren der Event-Mesh-Service-Instanz verwendeten Werte mithilfe von Listing 4.10:

```
{
    "emname": "reciperater-event-mesh",
```

```
    "options": {
        "management": true,
        "messagingrest": true,
        "messaging": true
    }
}
```

Listing 4.10: Inhalt der Datei «em-default.json«

Mit diesen Einstellungen sind Sie in der Lage, Ihre Anwendungen auf SAP BTP bereitzustellen. Lassen Sie uns jedoch anhand von Listing 4.11 kurz auf relevante Informationen im Kopfbereich der Datei mta.yaml eingehen, der bisher noch nicht besprochen wurde:

```
## Generated mta.yaml based on template version 0.4.0
## appName = reciperater
## language=nodejs; multitenant=false
## approuter=
_schema-version: '3.1'
ID: reciperater
version: 1.0.0
description: 'A simple CAP project.'
parameters:
  enable-parallel-deployments: true

build-parameters:
  before-all:
    - builder: custom
      commands:
        - npm install --production
        - npx -p @sap/cds-dk cds build -production
```

Listing 4.11: Kopfbereich der Datei »mta.yaml«

Mit der Eigenschaft `ID` können Sie einen eindeutigen Bezeichner für die MTA angeben. Diese ID sehen Sie später beispielsweise zusammen mit der Versionsangabe im SAP Cloud Transport Management. Der Parameter `enable-parallel-deployments` aktiviert das parallele Bereitstellen von MTA-Modulen, die keine Abhängigkeiten in der Bereitstellungsreihenfolge haben. Fehlt der Parameter, werden die Module sequenziell bereitgestellt.

Mit `build-parameters` legen Sie optional das Verhalten des Builders durch Konfigurieren der Parameter fest. Für jedes Modul führt das Cloud MTA Build Tool einen Build-Vorgang mit einer für den Modultyp spezifischen Standardtechnologie durch, also zum Beispiel mit npm. Durch die Einstellung in diesem Bereich führen Sie zusätzliche Build-Schritte aus, bevor Sie die Builder der einzelnen Module ausführen. Dadurch wird Ihr manuelles `cds build --production` überflüssig.

Um nach diesen ganzen Konfigurationsschritten Ihre Anwendungen bereitzustellen, müssen Sie zunächst ein MTA-Archiv erstellen. Dies ist auf mehrere Arten möglich, u. a. über die Konsole oder grafisch im SAP BAS. Lassen Sie uns an dieser Stelle die grafische Variante verwenden. Klicken Sie mit der rechten Maustaste auf die Datei MTA.YAML und wählen Sie BUILD MTA PROJECT (siehe Abbildung 4.8).

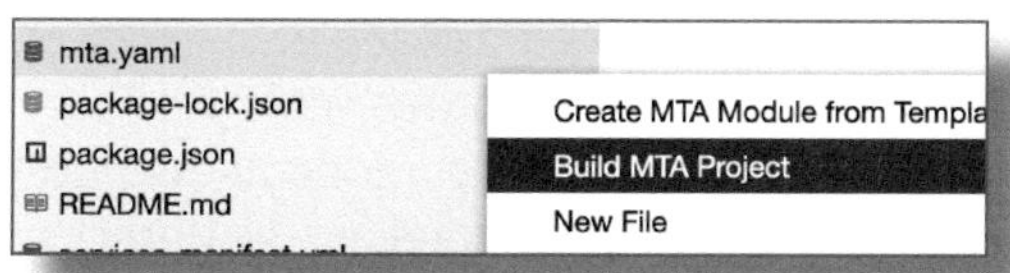

Abbildung 4.8: Schaltfläche zur Erstellung der Archivdatei

In der Konsole folgen Sie den Schritten zur Erstellung des Archivs (wird hier nicht weiter gezeigt). Der Vorgang dauert einige Minuten. Anschließend steht das Archiv im Ordner MTA_ARCHIVES zur Verfügung, wobei der Dateiname aus der ID und der Version generiert wird. Sobald die Archivdatei vorliegt, können Sie sie mit dem Befehl `cf deploy <.mtar file>` in der Konsole oder mit Rechtsklick und DEPLOY MTA ARCHIVE in SAP BAS auf SAP BTP bereitstellen (siehe Abbildung 4.9).

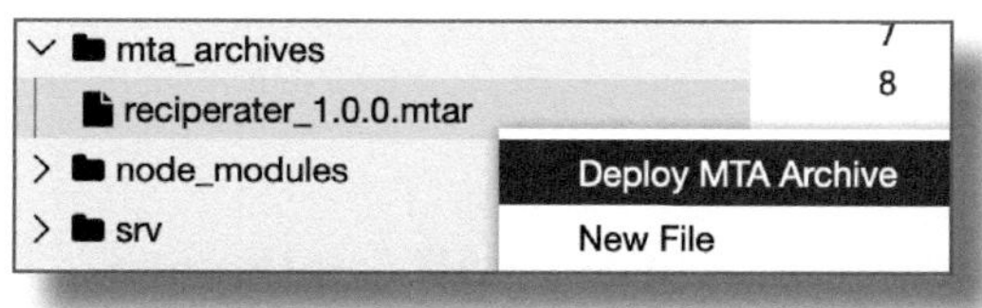

Abbildung 4.9: Bereitstellung der Archivdatei

Es werden alle notwendigen Bereitstellungsschritte durchlaufen, die Sie wiederum in der Konsole verfolgen können (siehe Abbildung 4.10). Auch dieser Vorgang wird einige Minuten in Anspruch nehmen.

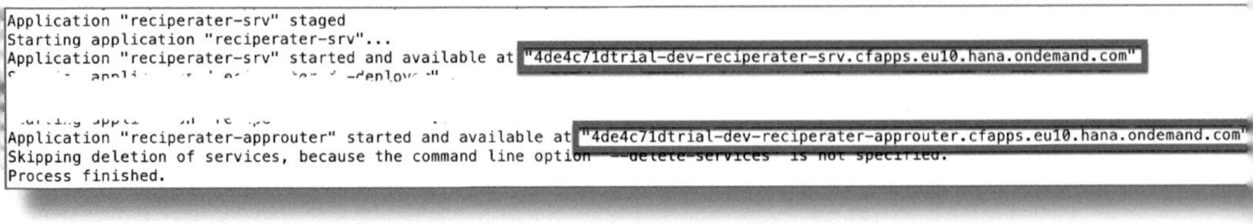

```
Application "reciperater-srv" staged
Starting application "reciperater-srv"...
Application "reciperater-srv" started and available at "4de4c71dtrial-dev-reciperater-srv.cfapps.eu10.hana.ondemand.com"

Application "reciperater-approuter" started and available at "4de4c71dtrial-dev-reciperater-approuter.cfapps.eu10.hana.ondemand.com"
Skipping deletion of services, because the command line option "--delete-services" is not specified.
Process finished.
```

Abbildung 4.10: Konsolenprotokoll des Bereitstellungsprozesses

Fazit

Nach Abschluss des Prozesses sind Ihre Anwendungen weiterhin in Ihrem Space verfügbar. Sie können die neue Bereitstellung u. a. daran erkennen, dass Ihre Anwendungen nun über neue Routen verfügbar sind. Die für den Zugriff verwendeten URLs müssen entsprechend geändert werden. So ist Ihre Backend-Anwendung jetzt beispielsweise unter der URL https://<OrgID>-dev-reciperater-srv.cfapps.eu10.hana.ondemand.com/ verfügbar. Um den REST Client zu nutzen, müssen Sie die URL in der `@server`-Variablen der requests.http-Datei im SAP BAS wieder entsprechend anpassen. Der Application Router für den Browserzugriff ist unter der URL https://<OrgID>-dev-reciperater-approuter.cfapps.eu10.hana.ondemand.com/ erreichbar.

Damit haben Sie bereits zwei Möglichkeiten kennengelernt, Ihre Anwendung in der Cloud-Foundry-Umgebung von SAP BTP bereitzustellen. Allerdings mussten Sie alle dafür notwendigen Schritte manuell anstoßen. Im nächsten Abschnitt werden Sie die Bereitstellung Ihrer Anwendung automatisieren.

4.3 Automatisierte Bereitstellung mit SAP Continuous Integration and Delivery

Mit diesem Service können Sie vordefinierte CI/CD-Pipelines konfigurieren und ausführen. Doch bevor Sie an die Automatisierung denken können, müssen Sie das Projekt unter Versionskontrolle stellen. Der CI/CD-Service wird sich mit Ihrem auf GitHub verfügbaren Repository verbinden und bei Änderungen am Code automatisch Tests, Builds und Deployments durchführen.

Ich gehe davon aus, dass Sie bereits grundsätzlich mit Versionskontrollwerkzeugen vertraut sind, insbesondere mit Git und GitHub. Sollten Sie noch keinen GitHub-Benutzer besitzen, können Sie sich unter *https://github.com/* kostenlos registrieren. Verwenden Sie dazu die Schaltfläche SIGN UP ganz oben rechts im Bildschirm oder tragen Sie direkt eine E-Mail-Adresse im Eingabeformular unten links ein (siehe Abbildung 4.11).

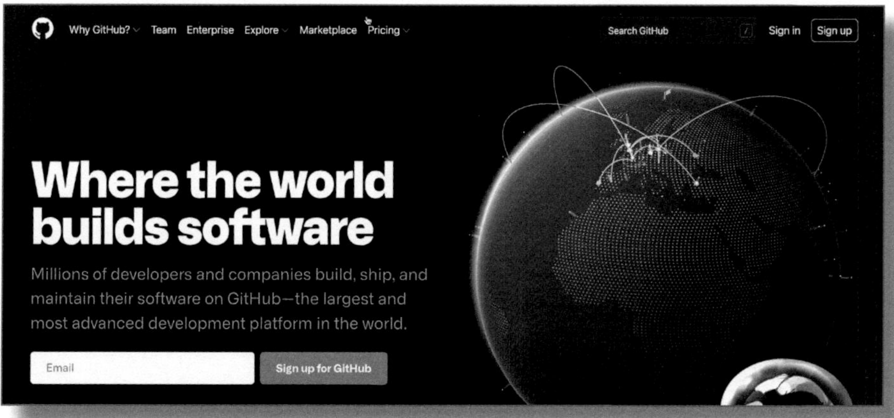

Abbildung 4.11: Webseite des Anbieters GitHub

In den folgenden Abschnitten initialisieren Sie Git im SAP BAS und konfigurieren es für die Verbindung mit einem GitHub-Repository. Anschließend stellen Sie Ihr Projekt in diesem Repository zur Verfügung, von dem aus SAP Continuous Integration and Delivery auf den Anwendungscode zugreifen und die Anwendung bereitstellen kann.

4.3.1 Bereitstellen des Anwendungscodes auf GitHub

Legen Sie zunächst ein Repository auf GitHub an, indem Sie nach der Anmeldung auf das +-Symbol im oberen rechten Bereich klicken und NEW REPOSITORY wählen (siehe Abbildung 4.12). Sie können sowohl ein privates als auch ein öffentliches Repository verwenden. Initialisieren Sie dieses ohne Inhalt.

Abbildung 4.12: Anlage eines neuen GitHub-Repositories

Nach der Erstellung kopieren Sie die URL Ihres Repositories (siehe Abbildung 4.13).

Abbildung 4.13: Übersichtsseite eines leeren Repositories

Öffnen Sie nun im SAP Business Application Studio die Datei .GITIGNORE. Da die Datei in der normalen Projektstruktur von SAP BAS verborgen ist, wählen Sie in der oberen Menüleiste FILE • OPEN... (siehe Abbildung 4.14).

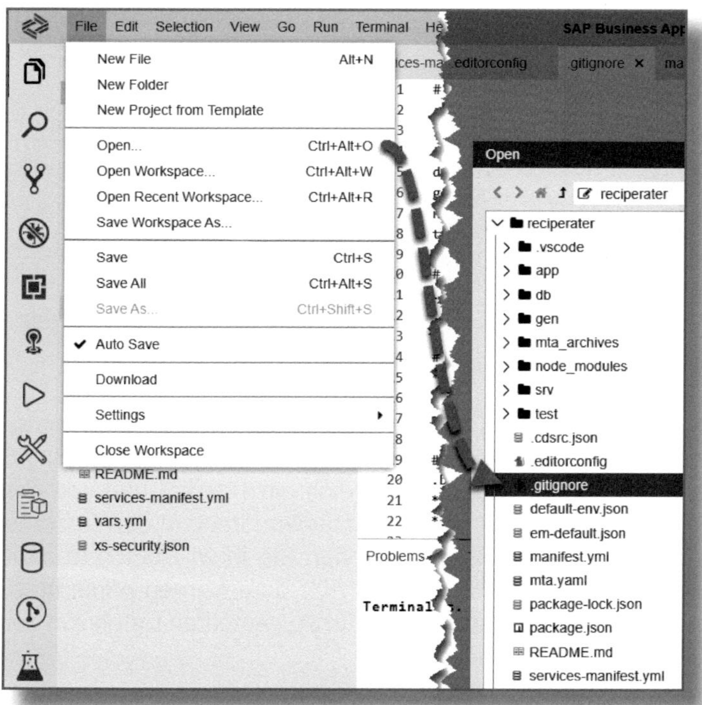

Abbildung 4.14: Öffnen der .gitignore-Datei

Diese Datei enthält Konfigurationen zu Dateien, die Git nicht unter Versionskontrolle stellen soll. Dazu gehören redundante Dateien, wie heruntergeladene externe Abhängigkeiten oder Bereitstellungsartefakte Ihrer Anwendung, sowie Dateien mit sensiblem Inhalt. Bereits ausgeschlossen sind Dateien wie Ihre default-env.json, die die Zugriffsschlüssel für Ihre Services enthält. In den HTTP-Anfragen der Datei requests.http für den REST Client haben Sie Ihr Passwort hinterlegt.

Dieses sollten Sie auf keinen Fall in die Versionskontrolle aufnehmen. Fügen Sie daher den folgenden zusätzlichen Eintrag ein:

```
test/requests.http
```

Führen Sie nach dem Erweitern der Datei .gitignore die Befehle aus Listing 4.12 in der Konsole aus:

```
git init
git add .
git commit -m "first commit"
git branch -m main
git remote add origin <<RepositoryURL>>
git push -u origin main
```

Listing 4.12: Git-Befehle zur Spiegelung des Anwendungscodes in das GitHub-Repository

Dadurch wird zunächst ein Git-Repository in Ihrem Projektordner initialisiert. Alle Dateien, die nicht durch .gitignore ausgeschlossen sind, werden im Anschluss dem Staging-Bereich hinzugefügt und committed, also, vereinfacht gesagt, in ihrem aktuellen Stand in der Versionskontrolle gespeichert. Daraufhin benennen Sie Ihren Branch in *main* um, fügen das Repository auf GitHub unter dem Namen *origin* hinzu und pushen die zuvor unter Versionskontrolle gestellten Dateien in den Branch *main* des GitHub-Repositories.

Zum Übertragen in das GitHub-Repository müssen Sie in SAP BAS Ihren GitHub-Benutzernamen und das -Passwort eingeben. Daraufhin befinden sich Ihre Daten unter Versionskontrolle mit dem Werkzeug Git und sind auf GitHub verfügbar, wo sie später durch SAP Continuous Integration and Delivery abrufbar sind.

! GitHub beendet Passwort-Authentifizierung

GitHub hat die Unterstützung für die Passwortauthentifizierung am 13. August 2021 entfernt. Bitte verwenden Sie stattdessen einen persönlichen Zugangstoken: siehe *https://github.blog/2020-12-15-*

token-authentication-requirements-for-git-operations/ für weitere Informationen.

4.3.2 Einrichten von SAP Continuous Integration and Delivery

In diesem Abschnitt werden Sie die Bereitstellung Ihrer App mit SAP Continuous Integration & Delivery automatisieren. Um diesen Service nutzen zu können, müssen Sie ihn zunächst abonnieren. Das Abonnieren von Services ist auf die gleiche Weise möglich wie das Anlegen von Service-Instanzen: Navigieren Sie im SAP BTP Cockpit auf die Subaccount-Ebene und gehen Sie dann unter SERVICES auf den SERVICE MARKETPLACE. Suchen Sie hier nach *CICD*, klicken Sie auf die Kachel CONTINUOS INTEGRATION & DELIVERY und legen Sie ein Abonnement an, indem Sie auf die Schaltfläche CREATE in der oberen rechten Ecke des sich öffnenden Bereichs klicken (siehe Abbildung 4.15).

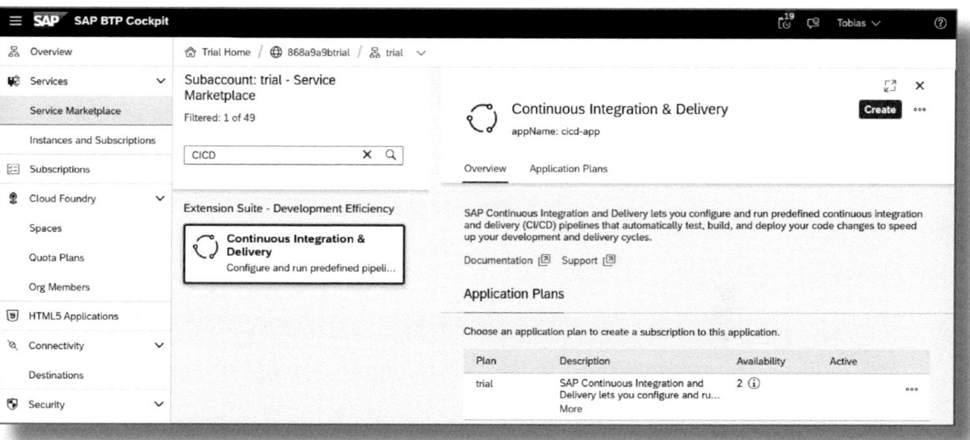

Abbildung 4.15: Abonnieren von SAP Continuous Integration & Delivery

Das SAP BTP Cockpit hat die Basisinformationen automatisch ergänzt. Sie müssen nur noch mit CREATE bestätigen. Damit wird das Abonnement des Dienstes angestoßen.

Im Gegensatz zu einer Service-Instanz steht ein Abonnement innerhalb des gesamten Subaccounts zur Verfügung und wird nicht an einzelne Anwendungen gebunden. Bei einem Abonnement erhalten Sie Zugriff auf Anwendungen, die in einem anderen Konto ausgeführt werden. Üblicherweise sind dies SaaS-Anwendungen, die von der SAP in deren Subaccounts betrieben und gewartet werden.

Mit dem Dienst werden auch neue Berechtigungen, sprich Rollen, ausgeliefert. Sie sollten sich die Rollensammlung für Administratoren zuweisen. Gehen Sie dazu auf der Ebene des Subaccounts über die Registerkarte SECURITY auf ROLE COLLECTIONS, so wie Sie auch Rollen aus Ihrer Anwendung zuweisen können. Suchen Sie nach *cicd* und weisen Sie Ihrem Benutzer die Rollensammlung CICD SERVICE ADMINISTRATOR zu (siehe Abbildung 4.16).

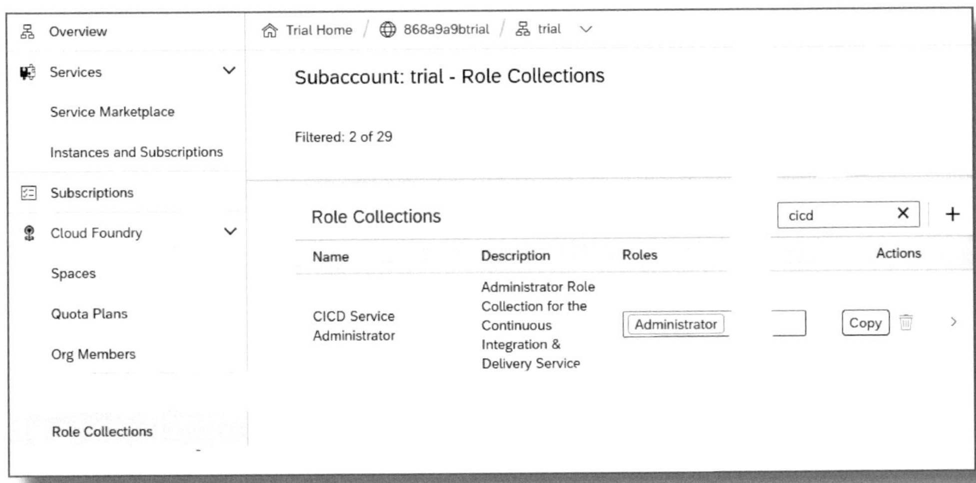

Abbildung 4.16: Ausgelieferte Rollensammlungen des CI/CD-Services

Mit dieser Rollensammlung können Sie alle notwendigen Einstellungen des Dienstes vornehmen, wie das Erstellen von Anmeldeinformationen und das Anlegen eines Jobs. Zur Konfiguration müssen Sie auf die Administrationsoberfläche der Anwendungen zugreifen. Navigieren Sie dazu zurück in den Bereich SERVICES • INSTANCES AND SUBSCRIPTIONS. Klicken Sie auf das Symbol rechts neben dem Servicenamen, das eine stilisierte Webseite mit einem Pfeil anzeigt (siehe Abbildung 4.17).

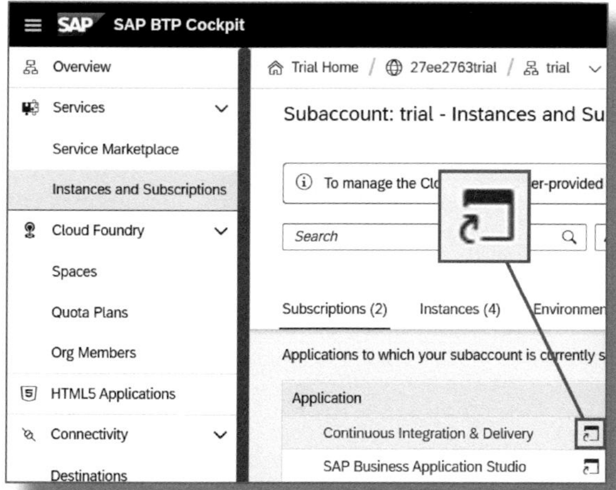

Abbildung 4.17: Übersicht der Abonnements und Service-Instanzen

Daraufhin öffnet sich die Verwaltungsoberfläche des Dienstes in einer neuen Browser-Registerkarte, und Sie sehen drei Registerkarten zum Konfigurieren von JOBS, REPOSITORIES und Anmeldeinformationen (CREDENTIALS) (Abbildung 4.18).

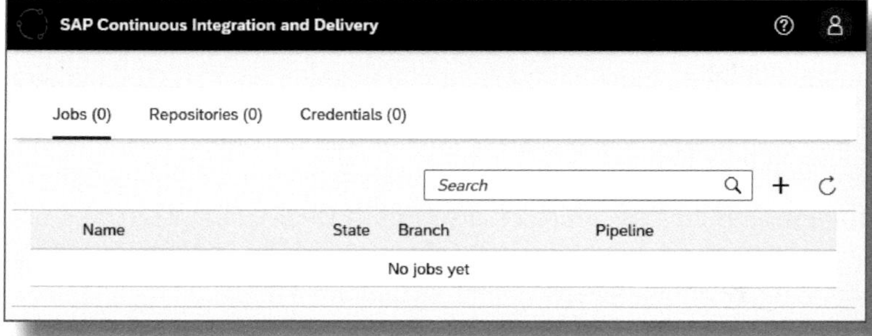

Abbildung 4.18: SAP Continuous Integration and Delivery – Dashboard

Um die Bereitstellung zu automatisieren, benötigen Sie einen Job, der auf ein Repository verweist, das Anmeldeinformationen verwendet. Beginnen Sie zunächst mit dem Anlegen eines Jobs, indem Sie in der entsprechenden Registerkarte auf das +-Symbol in der oberen rechten Ecke klicken (siehe Abbildung 4.19).

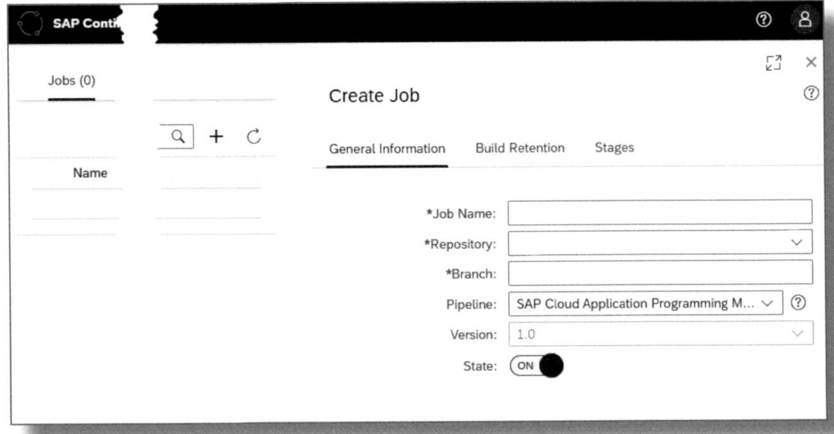

Abbildung 4.19: SAP Continuous Integration and Delivery – Anlage eines Jobs

Geben Sie dem Job den Namen *reciperater-cicd* und wählen Sie dann ADD REPOSITORY im REPOSITORY-Dropdown-Menü. Dieses neue Repository benötigt ebenfalls einen Namen; verwenden Sie hier z. B. *reciperater-github*. Unter CLONE URL geben Sie die URL Ihres GitHub-Repositories ein (siehe Abbildung 4.20). Es handelt sich um dieselbe URL, die Sie im vorherigen Abschnitt für den Befehl `git remote add origin` verwendet haben.

Um eine Verbindung zu privaten GitHub-Repositories herzustellen, benötigt der CI/CD-Dienst Anmeldeinformationen. Wählen Sie im Dropdown-Menü zu CREDENTIALS die Option CREATE CREDENTIALS und geben Sie *github* als Namen sowie Ihre GitHub-Anmeldedaten unter USERNAME und PASSWORD ein (siehe Abbildung 4.21).

Bestätigen Sie abschließend Ihre Eingabe mit CREATE.

Im Bereich WEBHOOK EVENT RECEIVER in Abbildung 4.20 wählen Sie im Dropdown-Menü zu WEBHOOK CREDENTIALS die Option CREATE CREDENTIALS. Tragen Sie im sich nun öffnenden Pop-up (siehe Abbildung 4.22) als Namen *reciperater-webhook* sowie ein beliebiges Secret, also eine Art Passwort, ein. Bestätigen Sie auch hier mit Create. Sie benötigen den Webhook, damit später nach einer Änderung des Repositories eine automatisierte Bereitstellung erfolgt.

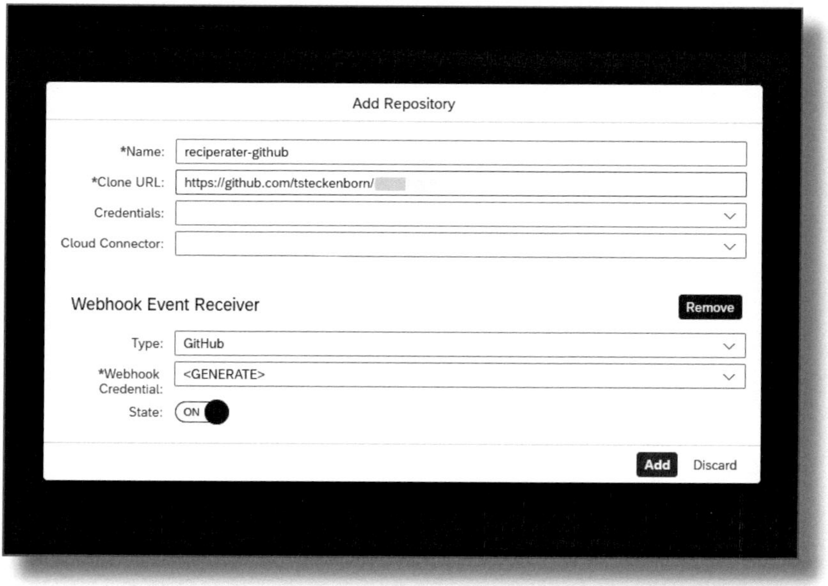

Abbildung 4.20: Hinzufügen eines Repositories zum SAP-CI/CD-Service

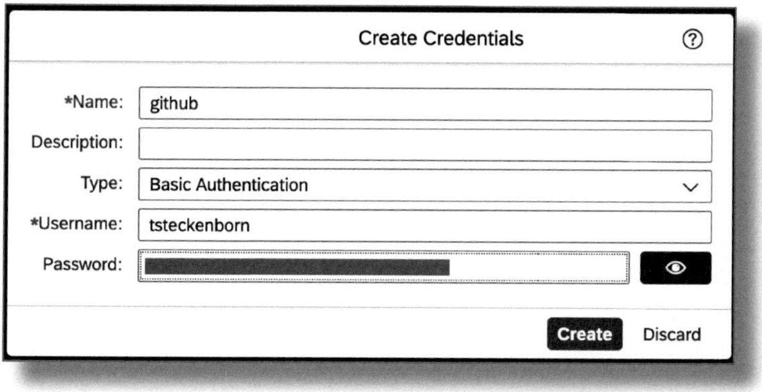

Abbildung 4.21: Anlage der GitHub-Anmeldedaten

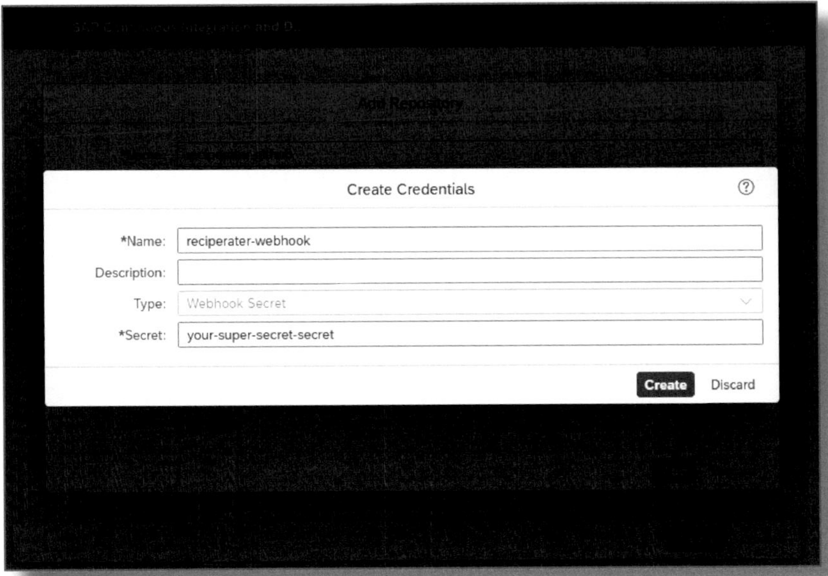

Abbildung 4.22: Anlage der Webhook-Anmeldedaten

Sie haben damit die Konfiguration des Repositories abgeschlossen und können es mit ADD hinzufügen (siehe Abbildung 4.23).

Innerhalb des Jobs müssen nun noch einige Änderungen vorgenommen werden. Geben Sie als BRANCH *main* an. Belassen Sie als PIPELINE die vorgewählte Option SAP CLOUD APPLICATION PROGRAMMING MODEL (vgl. Abbildung 4.19).

An der BUILD RETENTION müssen Sie nichts ändern. Hier ist einstellbar, wie lange der Service Protokolle speichern soll. In den STAGES-Einstellungen wählen Sie unter BUILD *mta* als BUILD-TOOL aus. Die Auswahl eines Builds ist verpflichtend und wird einmalig bei jeder Aktivierung durchgeführt. Zusätzlich können *Maven* und *Lint* verwendet werden. Maven prüft und verifiziert Java-Syntax und -Code. Lint erledigt im Prinzip dasselbe für JavaScript.

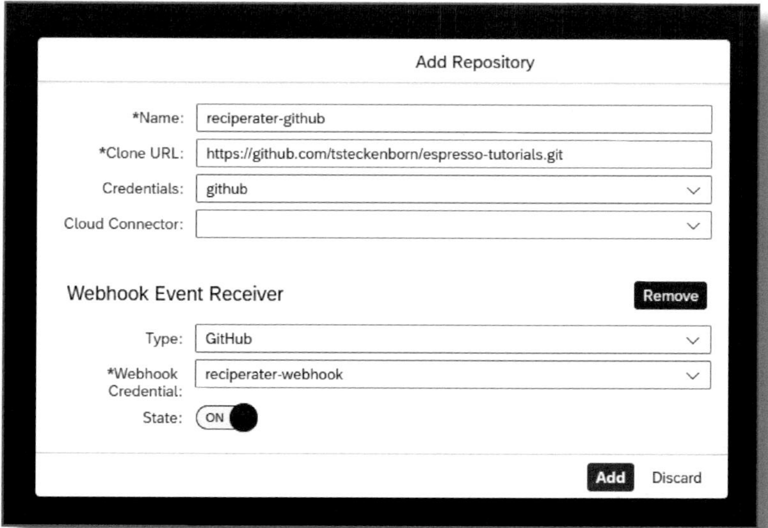

Abbildung 4.23: Hinzufügen des GitHub-Repositories

Sie können auch eigene Tests implementieren, die der Service im Schritt ADDITIONAL UNIT TESTS verifizieren würde. Für Ihren einfachen Code war das nicht notwendig. Wenn Sie jedoch mit CI/CD in produktiven Systemen bereitstellen, ist dies dringend zu empfehlen und sollte nicht vernachlässigt werden. Einfache Tests können unbedachte Fehler aufdecken, die sonst als Bugs zu Fehlern im System führen würden.

Unter RELEASE geben Sie vor, ob und wie Sie Ihre Anwendung bereitstellen möchten. Wählen Sie zunächst den direkten Modus in der Cloud-Foundry-Umgebung. Hierfür benötigen Sie Daten, die Sie der Übersichtsseite Ihres Subaccounts im SAP BTP Cockpit entnehmen können (siehe Abbildung 4.24).

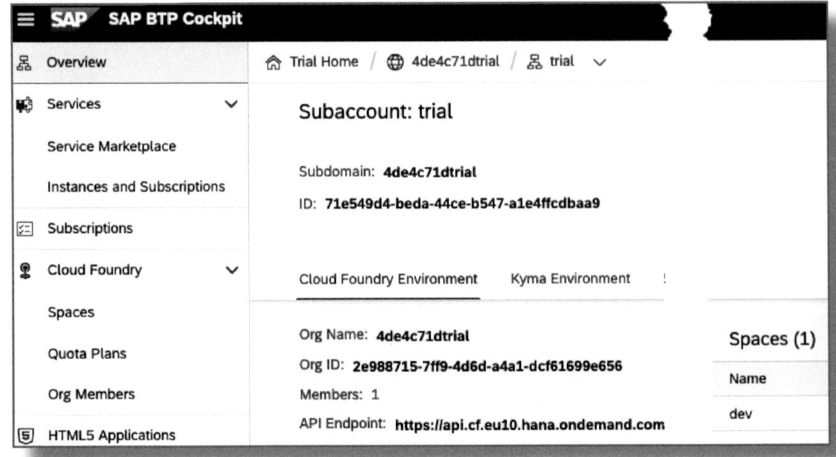

Abbildung 4.24: Übersicht des Subaccounts

Nach der Eingabe des API-ENDPUNKTS, ORG-NAMENS und SPACES (siehe Abbildung 4.25) werden wieder Anmeldeinformationen benötigt. Klicken Sie erneut auf das Dropdown-Menü für den Eintrag CREDENTIALS und wählen Sie CREATE CREDENTIALS. Geben Sie als Namen *sap-id-service* ein und verwenden Sie Ihre Anmeldeinformationen für das SAP BTP Cockpit.

Benutzer für »Deploy to Cloud Foundry Credentials«

Es ist wichtig, dass der Benutzer die Rolle »Developer« im Cloud Foundry Space besitzt und ein Mitglied der Cloud-Foundry-Organisation ist. Dies ist in Ihrem Testkonto mit Ihrem Benutzer gegeben.

Die Option des Hochladens in das Cloud Transport Management können Sie vorerst vernachlässigen. Legen Sie also den Job mittels CREATE an.

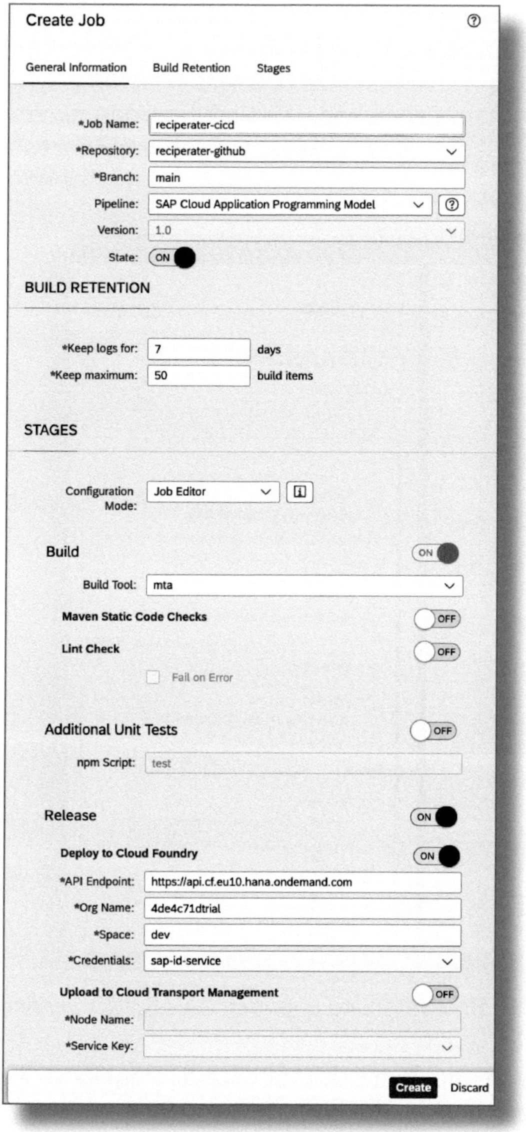

Abbildung 4.25: Anlage des CI/CD-Jobs

Im Anschluss an diese Konfiguration starten Sie über das Icon (TRIGGER BUILD) manuell die Bereitstellung Ihrer Anwendung aus dem

GitHub-Repository (siehe Abbildung 4.26). Dabei öffnet sich auf der rechten Seite ein weiteres Fenster mit Informationen über den aktuellen Status der Bereitstellung. Verwenden Sie das Aktualisierungssymbol [Symbol], um den aktuellen Status zu sehen. Die Bereitstellung nimmt, ähnlich wie der von Ihnen in Abschnitt 4.2 selbst ausgeführte Prozess, einige Zeit in Anspruch.

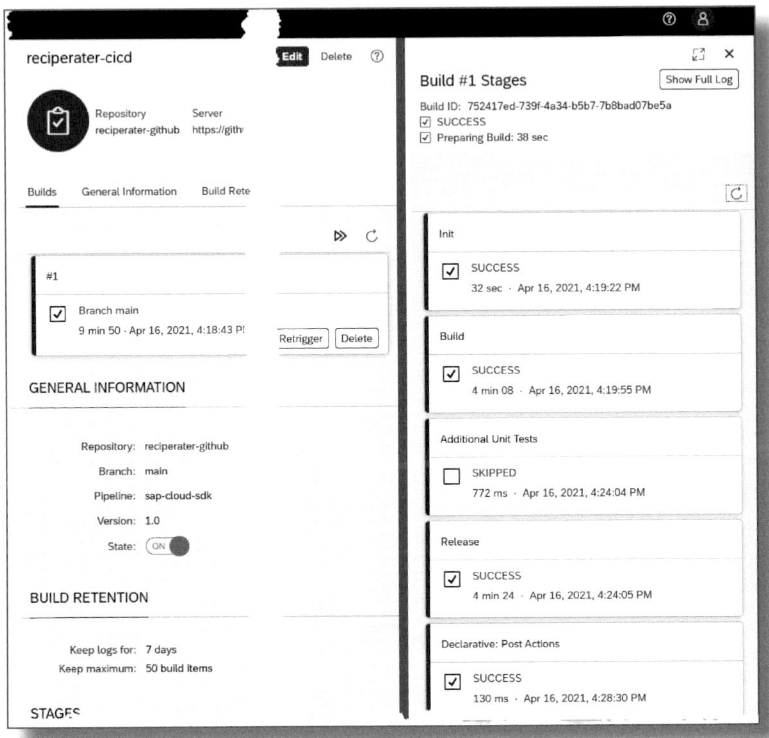

Abbildung 4.26: Erfolgreiche Bereitstellung über den SAP-CI/CD-Service

Sie haben Ihren ersten Build über den CI/CD-Service durchgeführt. Allerdings können Sie hier noch nicht von einer echten Automatisierung sprechen, denn auch diesen Build müssten Sie nach jedem Commit in das GitHub-Repository manuell ausführen. Die Lösung für diese Herausforderung liegt im Einrichten der zuvor aktivierten Webhooks, denn diese ermöglichen es, nach Änderungen des Repositories automatisiert Builds zu starten. Lassen Sie uns dies nachholen.

4.3.3 GitHub Webhook einrichten

Wie erreichen Sie also, dass der Build automatisch ausgelöst wird, wenn sich das GitHub-Repository ändert? Sie müssen dazu zum GitHub-Repository navigieren und den Webhook hinzufügen.

Zuvor haben Sie beim Erstellen des Repository-Eintrags im CI/CD-Service bereits Anmeldedaten für einen Webhook mit Secret erzeugt. Um auf die Daten des Webhook zuzugreifen, navigieren Sie im CI/CD-Service zur Seite Repositories (vgl. Abbildung 4.18), klicken auf das von Ihnen erstellte Repository und dann auf die Schaltfläche Webhook Data in der oberen rechten Ecke. Es öffnet sich ein Pop-up mit den erforderlichen Daten (siehe Abbildung 4.27).

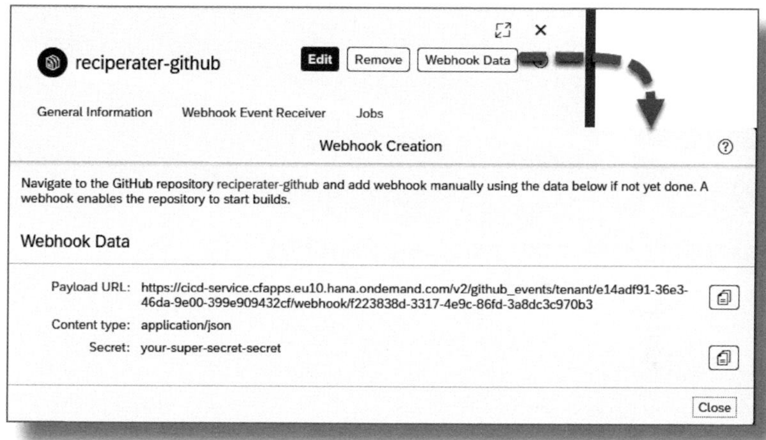

Abbildung 4.27: Daten des Webhooks im SAP-CI/CD-Service

Öffnen Sie einen weiteren Browser-Tab und navigieren Sie zu den Repository-Einstellungen in GitHub. Dort klicken Sie auf den Reiter Webhooks und anschließend in der oberen rechten Ecke auf die Schaltfläche Add webhook. Hinterlegen Sie im Pop-up auf der CI/

CD-Service-Webseite die Informationen zu PAYLOAD URL, CONTENT TYPE und SECRET. Für alle anderen Daten können Sie die Standardeinstellungen belassen (siehe Abbildung 4.28).

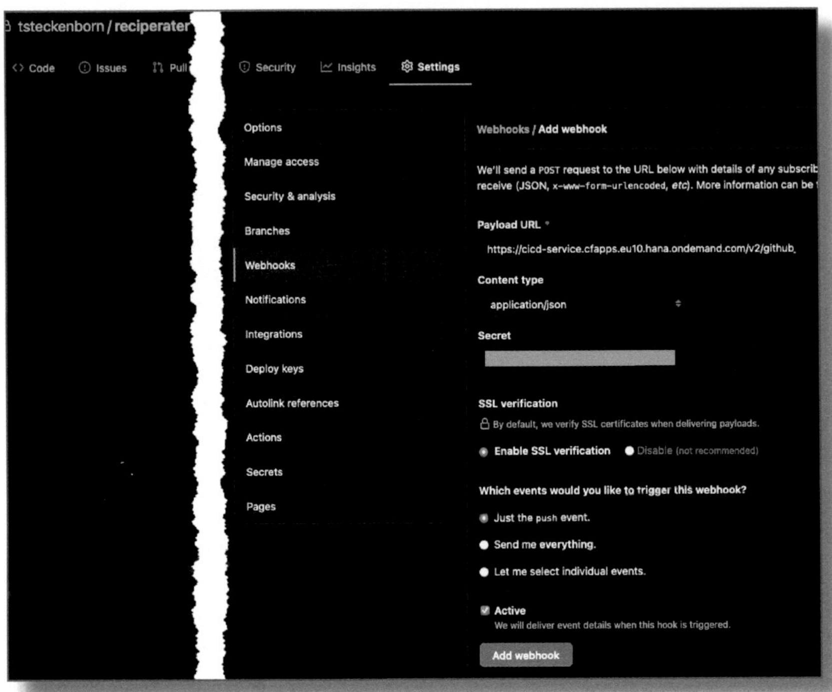

Abbildung 4.28: Anlage des Webhooks in GitHub

4.3.4 Fazit

Damit haben Sie alle Schritte unternommen, um die Bereitstellung der Anwendung nach der Aktualisierung der Codebase auszulösen. Der Bereitstellungsprozess ist nun vollständig automatisiert.

Bevor Sie ihn testen, werfen Sie einen Blick in Richtung SAP Cloud Transport Management. Denn auch wenn Sie technisch mittlerweile in der Lage sind, Ihre Änderungen direkt und automatisch von der Codebase in das Produktivsystem zu transportieren, ist das Vertrauen in automatisierte Tests nicht immer gegeben. Hier bietet sich SAP Cloud Transport Management in Verbindung mit dem CI/CD-Service an.

4.4 Bereitstellung von Anwendungen mit SAP Cloud Transport Management

Wenn Sie sich einen standardisierten Change-Management-Prozess für Ihre auf SAP BTP betriebenen Anwendungen wünschen, ist SAP Cloud Transport Management der geeignete Service. Er ermöglicht Ihnen, den Transport von Entwicklungsartefakten und anwendungsspezifischen Inhalten zwischen verschiedenen SAP-BTP-Konten zu verwalten, und sorgt für Transparenz beim Audit Trail von Änderungen. Sie erhalten Informationen darüber, wer wann welche Änderungen in Ihren Produktivkonten durchgeführt hat. Außerdem lässt sich eine Trennung von Verantwortlichkeiten etablieren. Beispielsweise kann ein Entwickler die Propagierung der letzten Änderungen auslösen, was zu einem Transportauftrag führt, der von einem Ops- oder Business-Team bearbeitet wird.

So können Sie SAP Cloud Transport Management als zusätzliche Kontrollebene zur Verwaltung Ihrer Produktivlandschaft nutzen und den im vorherigen Abschnitt vorgestellten Ansatz der Continuous Integration (CI) ergänzen. Sie wenden agile Prinzipien auf Ihr DEV-Konto an und nutzen dann das Transportmanagement zur Implementierung von Regeln, Richtlinien und Zeitplänen, um die Freigaben für das Produktivsystem zu steuern. Dadurch erhalten Sie Vorteile aus zwei Welten mit einer Mischung aus Agilität und Kontrolle.

Eine reibungslose Integration von der automatisierten CI- in die kontrollierte Transportmanagement-Umgebung ist der Schlüssel für diesen kombinierten Ansatz (siehe Abbildung 4.29). Um dies zu ermöglichen, gibt es eine Integration zwischen dem SAP-CI/CD-Service und SAP Cloud Transport Management, wobei Ersterer das Hochladen Ihres Anwendungsartefakts zum SAP Cloud Transport Management übernimmt.

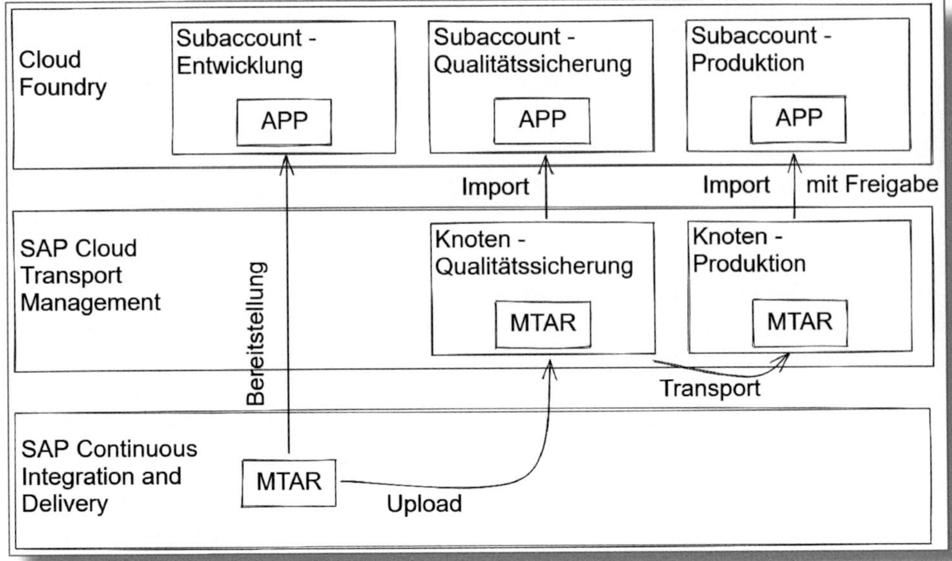

Abbildung 4.29: Zusammenspiel von SAP CI/CD und SAP Cloud Transport Management

Der typische Prozessablauf dieser Integration ist wie folgt:

1. Zunächst wird das Artefakt in die Import-Warteschlange des in der CI-Pipeline angegebenen Zielknotens, beispielsweise eines Staging-Systems, gestellt.
2. Anschließend kann ein Anwender den Import manuell auslösen oder einplanen, was zu einer physischen Bereitstellung des MTA-Archivs im entsprechenden Subaccount führt. Nach der Ausführung des Imports wird ein Transport entlang der definierten Transportroute angestoßen, sodass das MTA-Archiv die Import-Queue des nächsten Knotens, etwa der Produktivlandschaft, erreicht.
3. Dort wiederum kann der physische Import manuell oder über einen Job-Scheduler angestoßen werden.

Im Weiteren gehen wir von einer 2-stufigen Landschaft aus, die aus je einem Subaccount für die Entwicklungs- und Produktivlandschaft besteht. Die Vorgehensweise ist aber auch für Landschaften mit mehr Stufen gültig, sofern Sie die zusätzlichen Knoten und einen Transportweg definieren.

Das Arbeiten mit einer Kombination aus dem SAP-CI/CD-Service und SAP Cloud Transport Management umfasst folgende Schritte:

1. Pushen Ihrer Codeänderungen in Ihr GitHub-Repository.
2. SAP Continuous Integration and Delivery baut, testet und stellt Ihre Änderungen bereit und lädt diese in SAP Cloud Transport Management hoch. Der Artefakt erscheint in der Import-Queue.
3. Sie führen Akzeptanztests für die bereitgestellte Anwendung in Ihrer Entwicklungsumgebung durch.
4. Der Release-Manager genehmigt den Import, indem er den zu importierenden Transport auswählt.
5. Die Anwendung wird für das Produktivsystem freigegeben.

Im nächsten Abschnitt legen Sie einen zweiten Subaccount an, konfigurieren SAP Cloud Transport Management und richten die Integration zwischen den beiden Services ein.

4.4.1 Anlage des zweiten Subaccounts/Anpassungen

Mit SAP Cloud Transport Management können Sie Anwendungen auf der Basis von Transportwegen auf mehrere Umgebungen verteilen. Das bedeutet, dass Anwendungen nach einem erfolgreichen Commit mithilfe von SAP Continuous Integration and Delivery nicht nur in der Entwicklungsumgebung bereitgestellt werden, sondern auch die gezielte Bereitstellung nach einem Release in anderen Umgebungen durch SAP Cloud Transport Management ermöglicht wird. Um dies zu simulieren, werden Sie nun einen neuen Subaccount anlegen. Den bestehenden Subaccount nutzen Sie als Entwicklungsumgebung, während der neu angelegte Account Ihr Produktivsystem simuliert, auf das Sie Ihre Entwicklungen freigeben.

! Einschränkungen des Testkontos

Aufgrund der begrenzten Anzahl von Berechtigungen auf dem Testkonto werden Sie die Anwendung im zweiten Subaccount nicht vollständig bereitstellen können. Einige der Serviceabhängigkeiten sind in Bezug auf die Anzahl der möglichen Instanzen begrenzt und lassen sich daher nicht ein zweites Mal instanziieren.

Navigieren Sie im SAP BTP Cockpit zurück auf die Ebene GLOBAL ACCOUNT und wählen Sie CREATE • SUBACCOUNT (vgl. Abbildung 4.30).

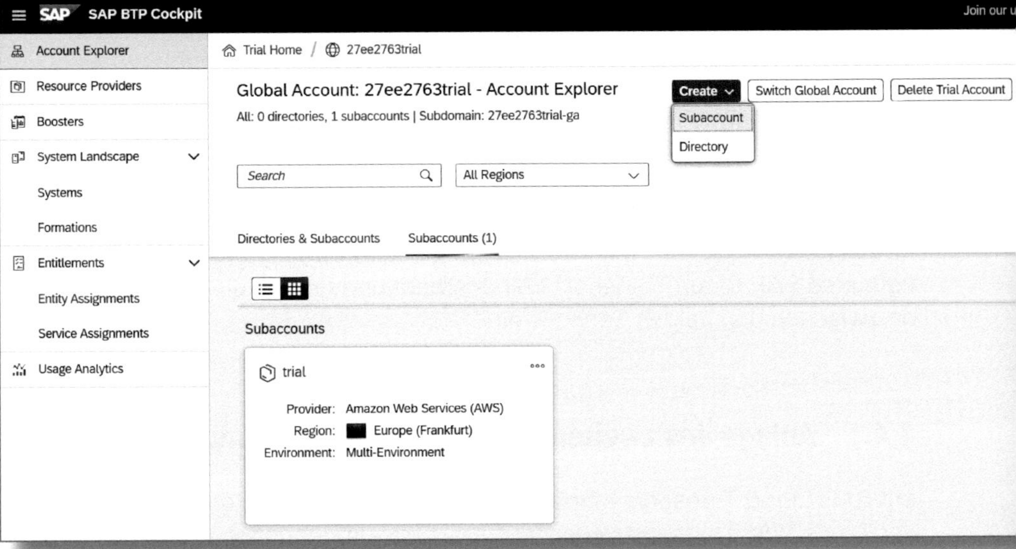

Abbildung 4.30: Account Explorer im Global Account

Verwenden Sie als Anzeigenamen *prod* und die REGION *Europe (Frankfurt)*. Als SUBDOMAIN können Sie den Vorschlag übernehmen. Hier ist wichtig, dass diese innerhalb der Region eindeutig sein muss (siehe Abbildung 4.31). Klicken Sie auf CREATE.

Navigieren Sie nach Abschluss des Erstellungsprozesses im Account Explorer zum zweiten Subaccount. Da dieser neu ist, sind zu Beginn noch keine Cloud-Foundry-Funktionalitäten aktiviert. Wählen Sie daher auf der Übersichtsseite ENABLE CLOUD FOUNDRY (siehe Abbildung 4.32).

Abbildung 4.31: Anlage eines Subaccounts

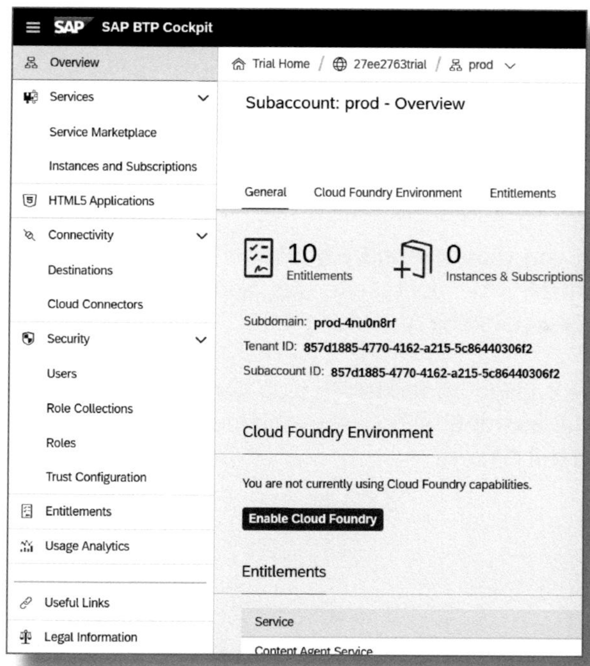

Abbildung 4.32: Aktivierung der Cloud-Foundry-Umgebung

Im sich jetzt öffnenden Pop-up können Sie den Standardwert belassen und die Erstellung der Cloud Foundry Org mit CREATE anstoßen (Abbildung 4.33).

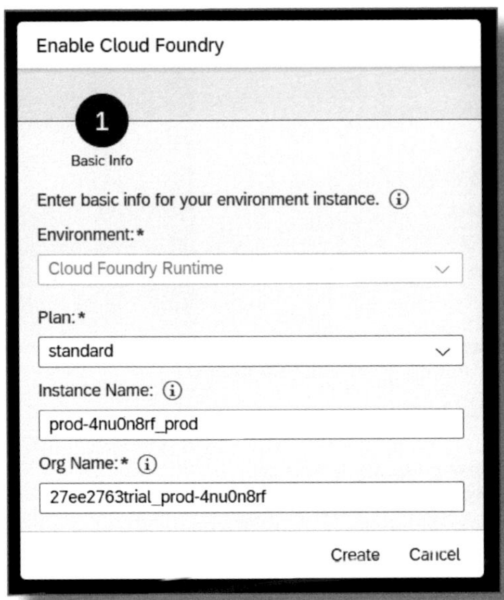

Abbildung 4.33: Aktivierung von Cloud Foundry im Subaccount

Nach der Aktivierung von Cloud Foundry benötigen Sie einen Space. Hierfür klicken Sie in der Übersichtsseite des Subaccounts auf die Schaltfläche CREATE SPACE (siehe Abbildung 4.34).

Geben Sie dem Space im sich öffnenden Pop-up den Namen *prod* und belassen Sie die Rollenzuordnungen (siehe Abbildung 4.35). Bestätigen Sie die Erstellung mit CREATE.

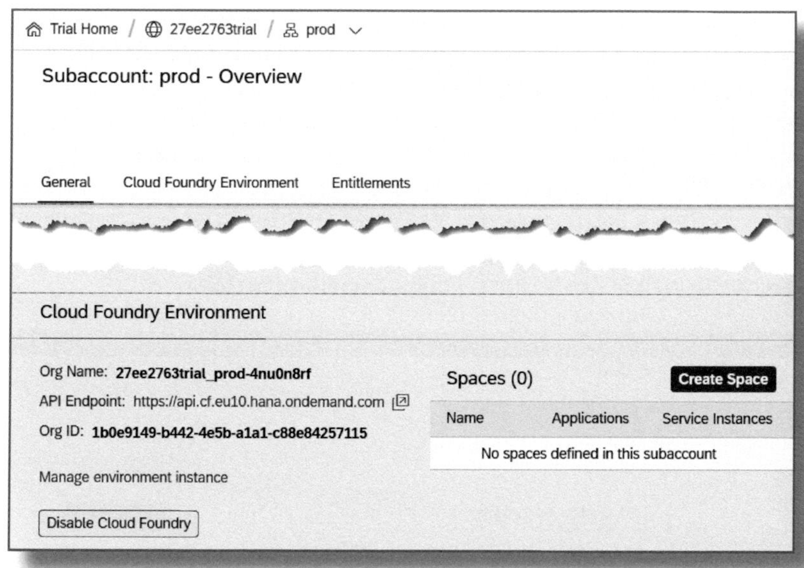

Abbildung 4.34: Übersicht des Subaccounts »prod«

Abbildung 4.35: Erstellen eines Space

Der neu angelegte Subaccount hat nach der Einrichtung noch keine Nutzungsrechte für Services. Damit fehlt derzeit die Berechtigung, beispielsweise Anwendungsinstanzen anzulegen. Da dem ersten Subaccount in Ihrem Testkonto alle verfügbaren Ansprüche automatisch zugewiesen wurden, müssen Sie dort zunächst die zugewiesenen Ansprüche reduzieren. Navigieren Sie dazu zum Subaccount TRIAL und dort zum Reiter ENTITLEMENTS. Wählen Sie CONFIGURE ENTITLEMENTS und reduzieren Sie die Anzahl der Nutzungsrechte im Bereich CLOUD FOUNDRY RUNTIME um 2 UNITS (siehe Abbildung 4.36).

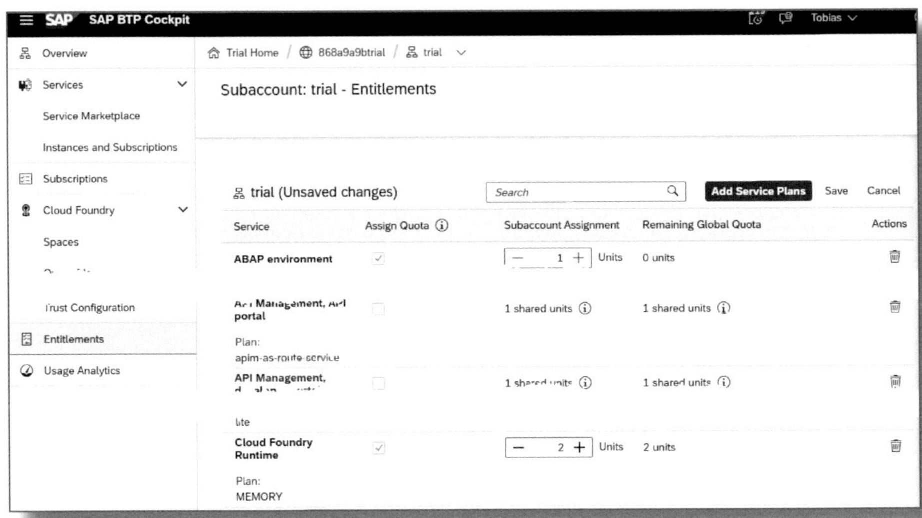

Abbildung 4.36: Reduktion der Ansprüche im Subaccount »trial«

Navigieren Sie nun zurück zum Subaccount PROD und erhöhen Sie dessen Nutzungsrechte um 2 UNITS. Wählen Sie dazu die Schaltfläche CONFIGURE ENTITLEMENTS gefolgt von der dann sichtbaren Schaltfläche ADD SERVICE PLANS (siehe Abbildung 4.37).

Suchen Sie im sich öffnenden Pop-up nach den Nutzungsrechten für die CLOUD FOUNDRY RUNTIME mit dem Serviceplan MEMORY. Fügen Sie diese mit der Schaltfläche ADD 1 SERVICE PLAN hinzu (siehe Abbildung 4.38).

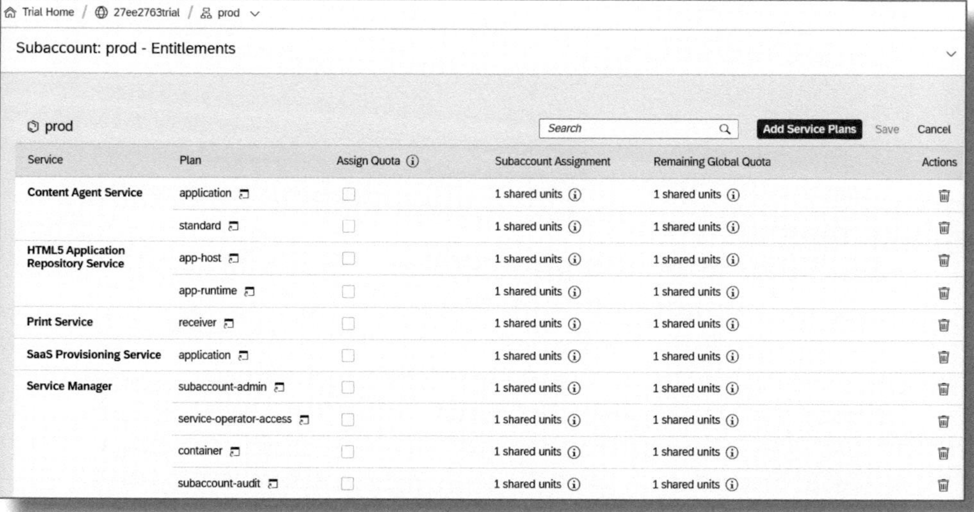

Abbildung 4.37: Übersicht der Nutzungsrechte im Subaccount »prod«

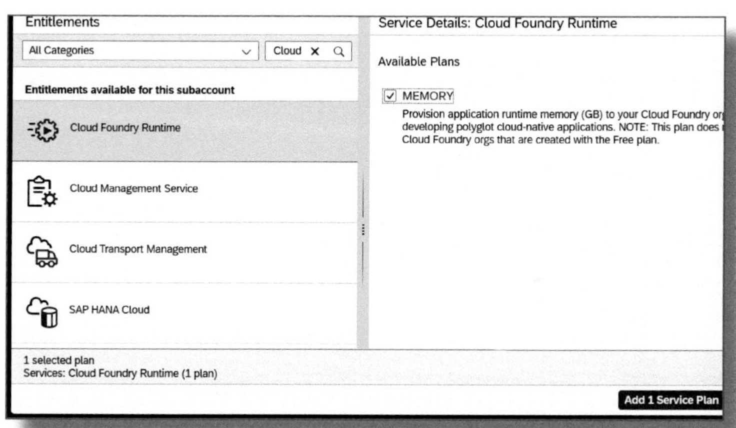

Abbildung 4.38: Hinzufügen des Cloud-Foundry-Runtime-Serviceplans

Zurück in der Übersicht können Sie dem Serviceplan die beiden verbliebenen Einheiten zuweisen. Speichern Sie diese Zuweisung dann mit einem Klick auf SAVE (siehe Abbildung 4.39).

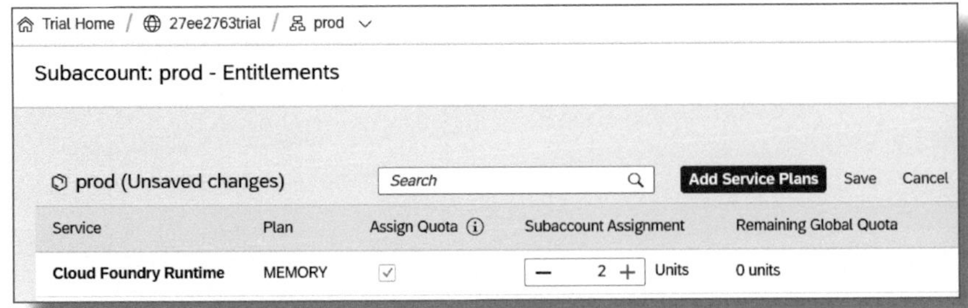

Abbildung 4.39: Erhöhung der Ansprüche im Subaccount »prod«

Alle weiteren Schritte werden Sie im Subaccount TRIAL ausführen. Wechseln Sie daher im SAP BTP Cockpit dorthin. Zunächst sollten Sie die SAP-HANA-Datenbankinstanz im neuen Subaccount und Space verfügbar machen. Navigieren Sie dazu in Ihren Space DEV und dort auf die Seite SAP HANA CLOUD. Klicken Sie oben rechts auf die Schaltfläche MANAGE SAP HANA CLOUD (siehe Abbildung 4.40).

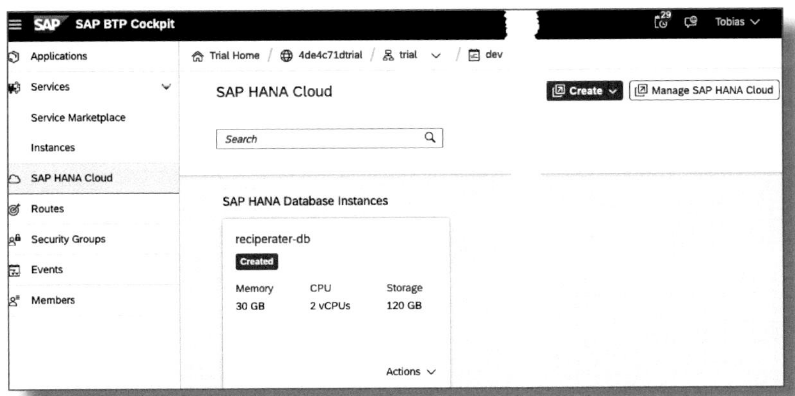

Abbildung 4.40: Seite »SAP HANA Cloud« im »dev«-Space

Dadurch gelangen Sie wieder zur Administrationsoberfläche SAP HANA CLOUD CENTRAL, die Sie bereits vom Anlegen der SAP-HANA-Datenbank kennen (vgl. Abschnitt 3.6.1). Klicken Sie dieses Mal auf den Namen Ihrer bereits vorhandenen Datenbankinstanz (siehe Abbildung 4.41).

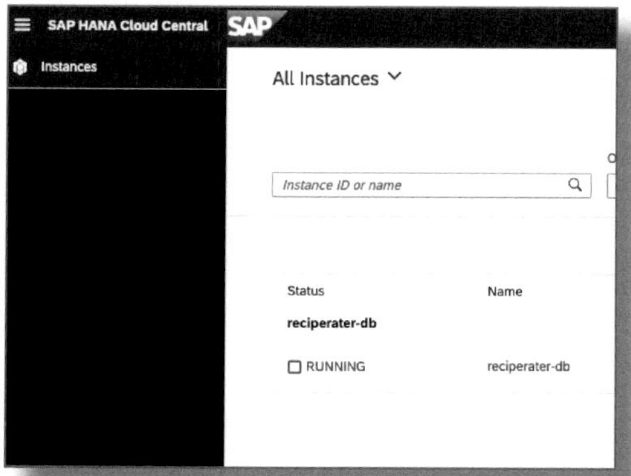

Abbildung 4.41: SAP HANA Cloud Central

Hier haben Sie die Möglichkeit, die Datenbankinstanz mit einer anderen Organisation oder einem Space zu teilen. Um einen Datenbankcontainer im zweiten Subaccount bereitstellen zu können, klicken Sie auf CREATE MAPPING und wählen Ihre neu angelegte Organisation sowie den zugehörigen Space aus (Abbildung 4.42).

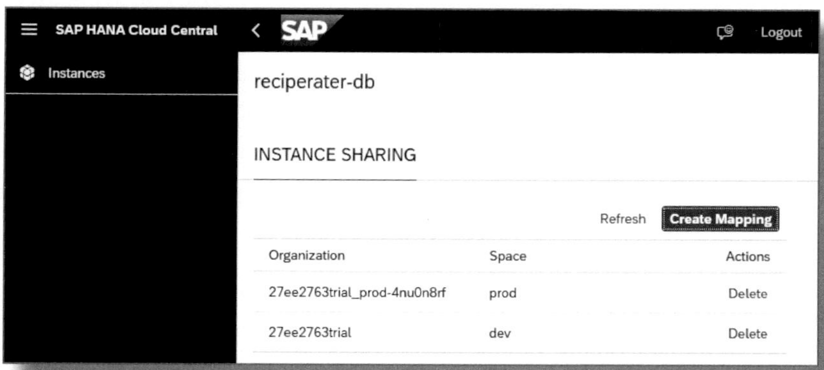

Abbildung 4.42: Teilen einer SAP-HANA-Datenbankinstanz zwischen mehreren Subaccounts und Spaces

Dadurch wird die Instanz zwischen beiden Subaccounts und Spaces geteilt, und Sie können sie auch dort verwenden.

4.4.2 SAP Cloud Transport Management – Abonnement und Konfiguration

Die Vorbereitungen sind nun abgeschlossen. Als Nächstes abonnieren Sie SAP Cloud Transport Management, indem Sie im Subaccount zum SERVICE MARKETPLACE navigieren und nach *Cloud Transport Management* suchen. Klicken Sie auf die Kachel zur Anwendung und im sich öffnenden Menü auf der rechten Seite auf CREATE (siehe Abbildung 4.43).

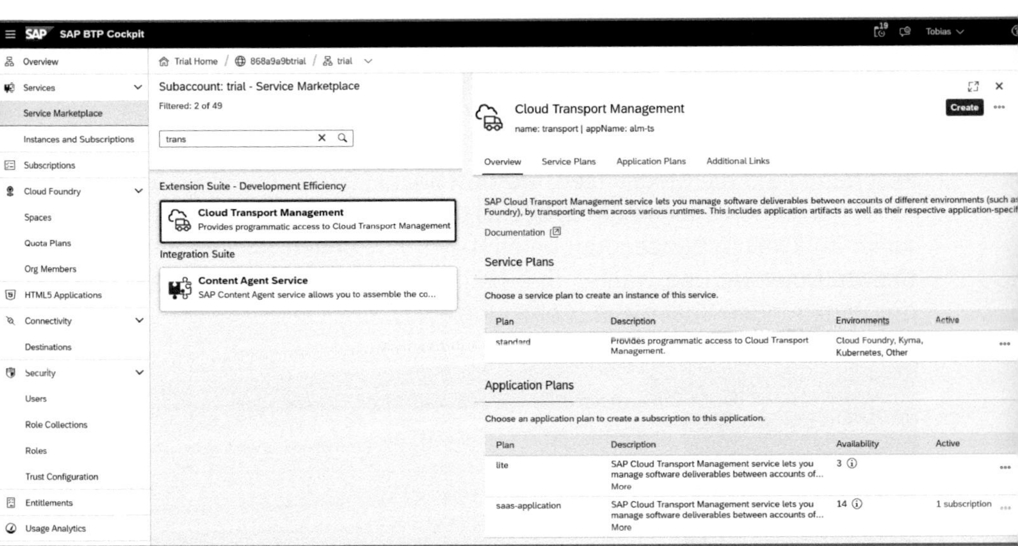

Abbildung 4.43: Erstellen einer SAP-Cloud-Transport-Management-Instanz über den Service Marketplace

Wählen Sie im sich öffnenden Pop-up den Serviceplan STANDARD (SUBSCRIPTION) und klicken Sie erneut auf CREATE (vgl. Abbildung 4.44).

Bevor Sie den Service nutzen können, benötigen Sie zusätzliche Berechtigungen. Diese werden nicht in einer Rollensammlung gruppiert zur Verfügung gestellt. Daher müssen Sie erneut eine eigene Rollensammlung für diese Berechtigungen anlegen. Navigieren Sie also über SECURITY • ROLE COLLECTIONS und generieren Sie eine neue Rollensammlung mit dem Namen *Transport Management Administrator* (siehe Abbildung 4.45).

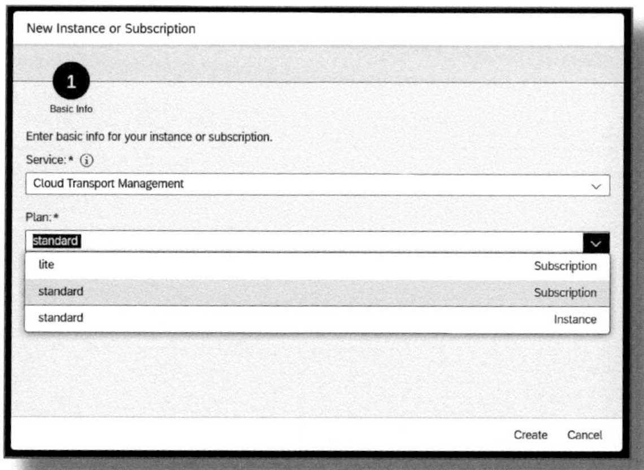

Abbildung 4.44: Erstellung des Abonnements für SAP Cloud Transport Management – Auswahl des Serviceplans

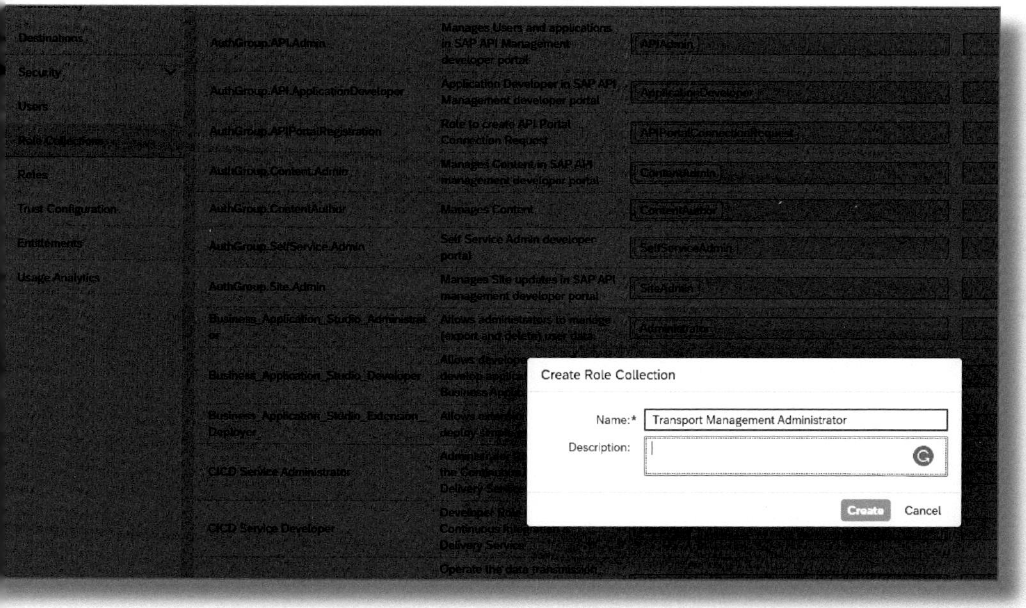

Abbildung 4.45: Erstellen einer Rollensammlung

Nun müssen Sie die Rollensammlung Ihrem Benutzer hinzufügen. Hier möchte ich Ihnen eine Alternative zum in Abschnitt 3.6.3 vorgestellten Weg zeigen: Navigieren Sie im Bereich SECURITY auf den Reiter USERS. Sie sehen eine Liste der Benutzer, die sich über den XSUAA-Service angemeldet haben, sowie den IDENTITY PROVIDER, von dem der Benutzer stammt (siehe Abbildung 4.46).

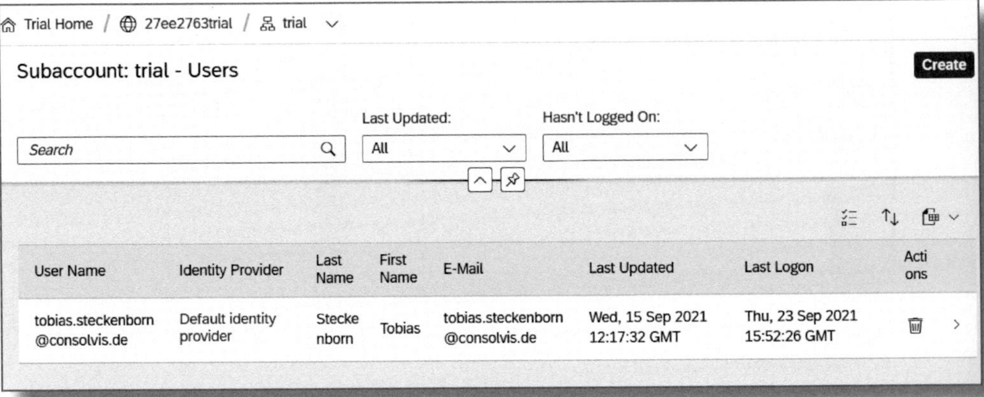

Abbildung 4.46: Benutzerübersicht im Subaccount

Durch Anklicken des Benutzers öffnet sich auf der rechten Seite eine Detailübersicht, in der Sie die Rollensammlung durch Klick auf ASSIGN ROLE COLLECTION zuordnen können (siehe Abbildung 4.47). Bitte weisen Sie Ihrem Benutzer die neu angelegte Rollensammlung *Transport Management Administrator* über ASSIGN ROLE COLLECTION zu.

Ihre Rollensammlung enthält noch keine Rollen. Auch hier möchte ich Ihnen einen von Abschnitt 3.6.3 abweichenden Weg der Zuordnung vorstellen: Navigieren Sie unter SERVICES auf den Reiter INSTANCES AND SUBSCRIPTIONS und klicken Sie in der Tabellenzeile zum CLOUD TRANSPORT MANAGEMENT auf die drei Punkte rechts. Dort finden Sie einen Eintrag für MANAGE ROLES (siehe Abbildung 4.48). Wählen Sie diesen aus.

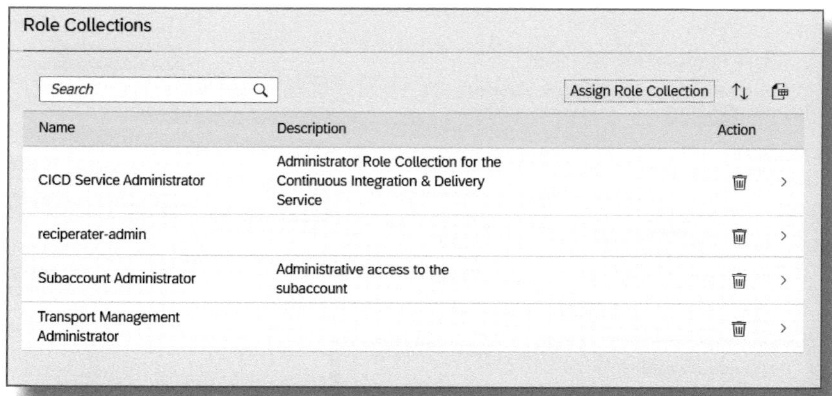

Abbildung 4.47: Zuordnung einer Rolle über die Benutzerverwaltung

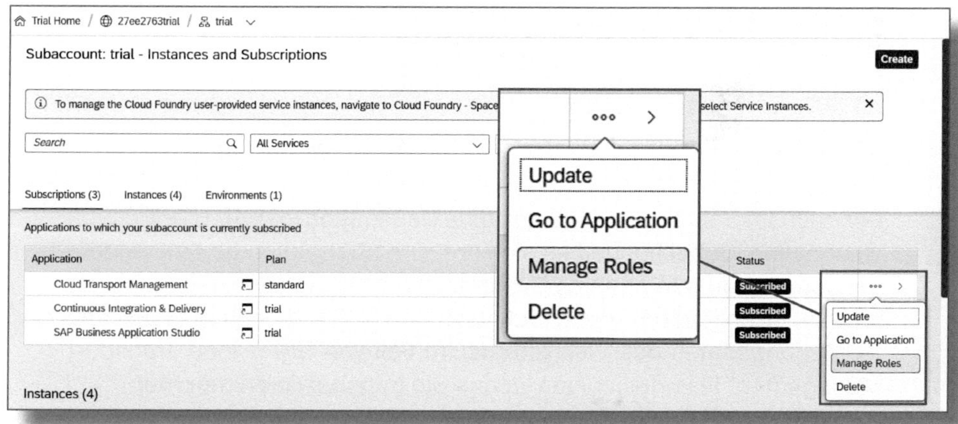

Abbildung 4.48: Rollenverwaltung für einzelne Anwendungen

Daraufhin öffnet sich auf der rechten Seite ein Menü, das die ausgelieferten Rollen anzeigt. Klicken Sie auf das +-Symbol zur Rolle des Administrators und fügen Sie diese im sich danach öffnenden Pop-up Ihrer Rollensammlung TRANSPORT MANAGEMENT ADMINISTRATOR hinzu (siehe Abbildung 4.49).

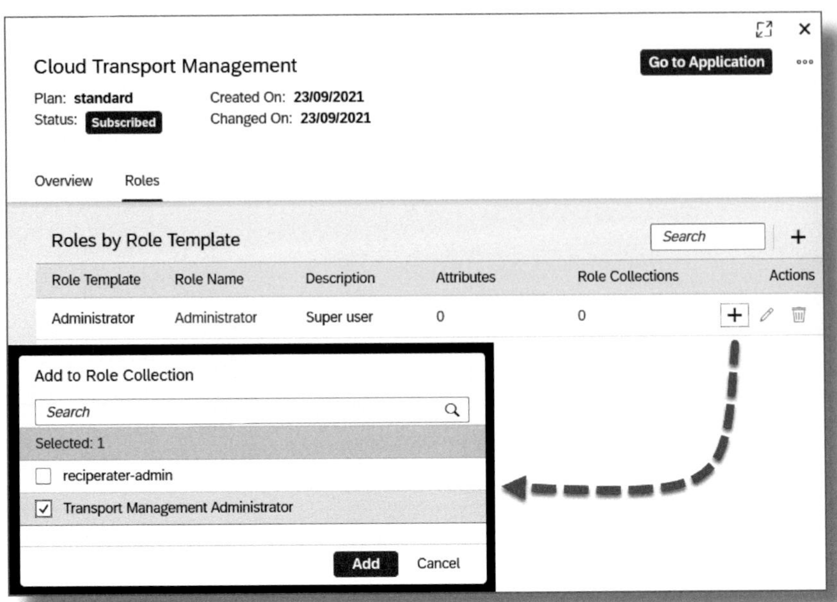

Abbildung 4.49: Hinzufügen der Rolle zur Rollensammlung

Der nächste Schritt besteht darin, eine Destination im SAP BTP Cockpit zu erstellen. Dabei handelt es sich um eine Abstraktion für eine andere Ressource oder ein anderes System, ähnlich derjenigen, die Sie zuvor für Ihren Application Router definiert haben. Sie enthält die URL und die Zugangsdaten des Zielsystems; im Fall von SAP Cloud Transport Management also desjenigen, in das Sie transportieren möchten.

Gehen Sie dazu im Bereich CONNECTIVITY zu DESTINATIONS. Klicken Sie auf NEW DESTINATION und wählen Sie als Namen *production-landscape*. Der Wert im Feld URL ist wie folgt aufgebaut: https://deploy-service.cfapps.<Standard-Domain>/slprot/<Org-Name>/<Space-Name>/slp. Wenn Sie die Werte nicht kennen, navigieren Sie kurz in einem zweiten Fenster zu Ihrem neu angelegten Subaccount PROD. Auf der Übersichtsseite können Sie bereits alle Daten sehen: Die Standard-Domain finden Sie im API-Endpunkt; für ein Testkonto bei AWS in Frankfurt ist dies EU10.HANA.ONDEMAND.COM. Der Name der Organisation ist unter ORG NAME und der Space-Name im Bereich SPACES zu finden – falls Sie dem Beispiel gefolgt sind – *prod* (siehe Abbildung 4.50). Wenn Ihr Org Name oder Space Leerzeichen enthält, müssen diese Leerzeichen durch *%20* ersetzt werden.

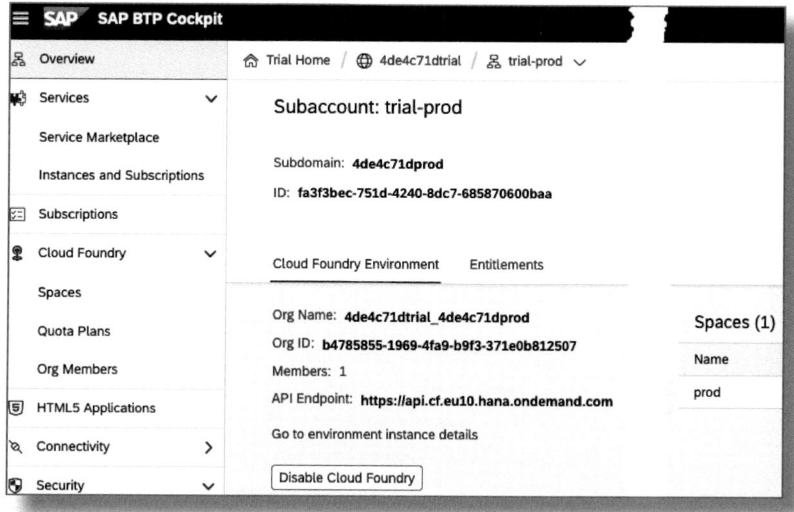

Abbildung 4.50: Übersicht des Subaccounts »prod«

Zur Authentifizierung wählen Sie BASIC AUTHENTICATION und verwenden Ihre SAP-BTP-Cockpit-Anmeldedaten. Speichern Sie die Destination und prüfen Sie die Verbindung mithilfe von CHECK CONNECTION. Im Erfolgsfall erhalten Sie den Code 200 zurück (siehe Abbildung 4.51).

! Benutzerdaten für Destinationen

In einer produktiven Landschaft sollten Sie keine persönlichen Benutzerdaten in einer Destination verwenden. Nutzen Sie nach der Anbindung eines Identitätsanbieters einen dort angelegten technischen Benutzer.

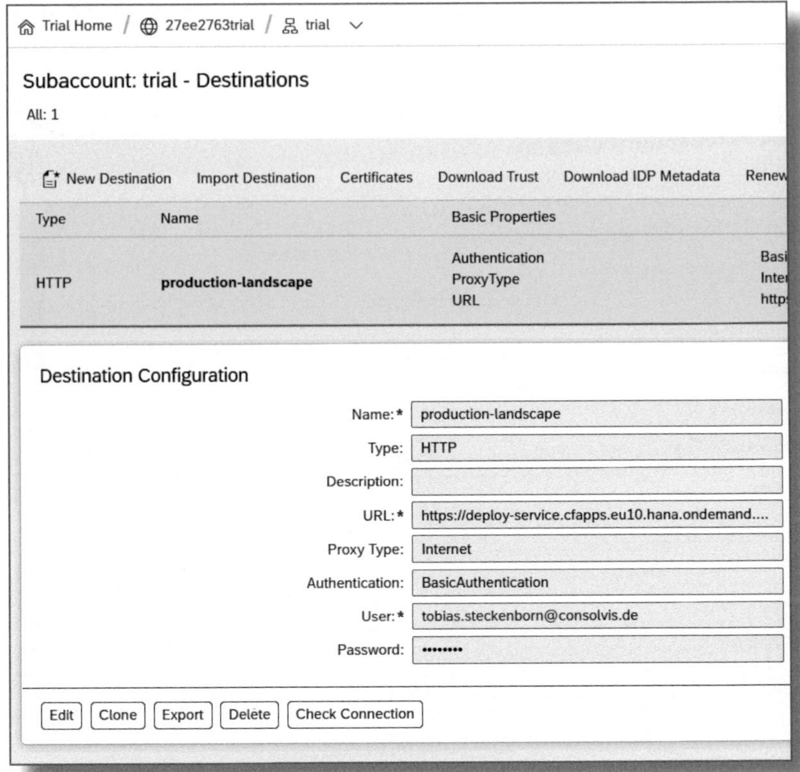

Abbildung 4.51: Erstellung einer Destination

Damit der CI/CD-Service auf den SAP-Cloud-Transport-Management-Service zugreifen kann, benötigen Sie einen Service Key. Dessen Erstellung erfordert eine SAP-Cloud-Transport-Management-Instanz. Dazu navigieren Sie zum SERVICE MARKETPLACE und suchen erneut nach *Transport Management*. In der Oberfläche zum Anlegen der neuen Instanz wählen Sie diesmal den Serviceplan STANDARD (INSTANCE). Anders als beim Abonnement werden Sie aufgefordert, eine Umgebung (RUNTIME ENIRONMENT) und einen SPACE auszuwählen. Diese sind mit

Cloud Foundry und *dev* vorselektiert und können so belassen werden. Wählen Sie als Instanznamen *reciperater-transport-management* und bestätigen Sie mit CREATE (siehe Abbildung 4.52).

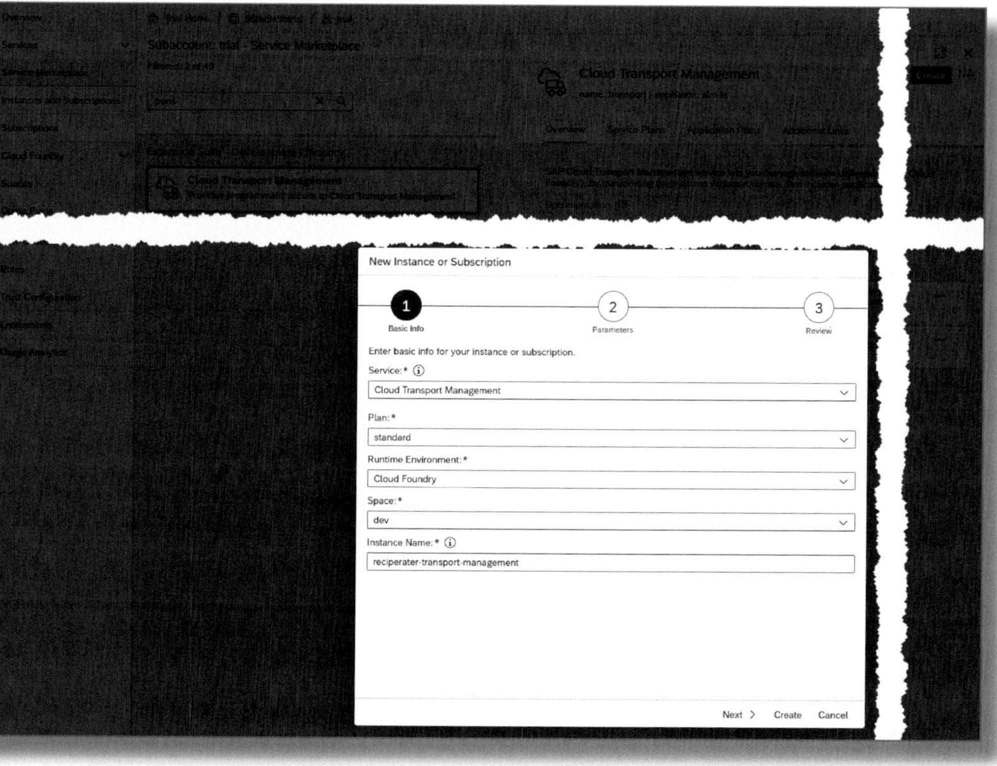

Abbildung 4.52: Erstellung einer SAP-Cloud-Transport-Management-Instanz

Um den Service Key zu erzeugen, gehen Sie auf die Seite INSTANCES AND SUBSCRIPTIONS und klicken auf die drei Punkte rechts in der Zeile der gerade erstellten Instanz. Dort wählen Sie CREATE SERVICE KEY (siehe Abbildung 4.53).

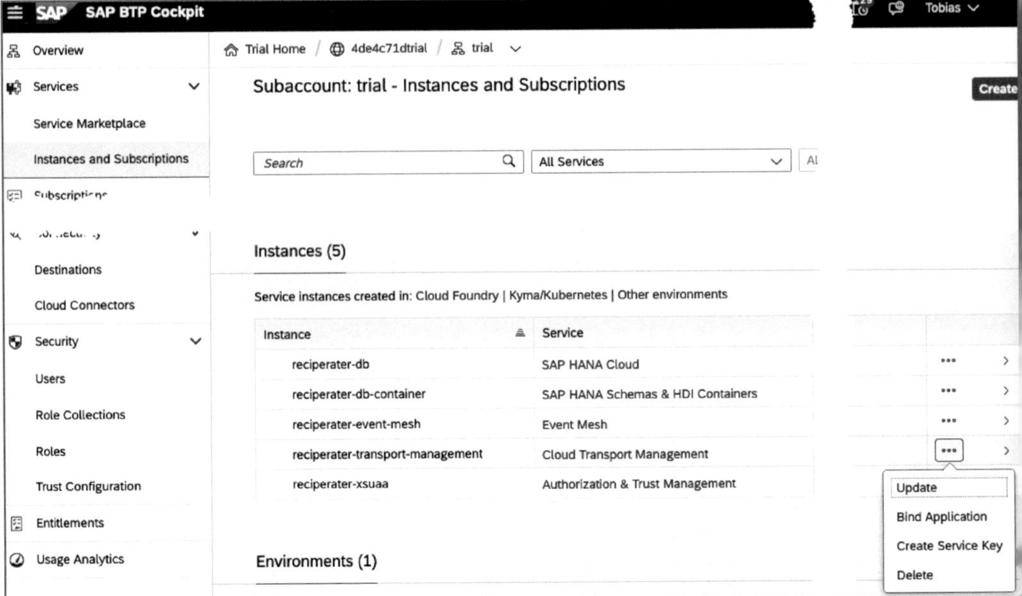

Abbildung 4.53: Service Key für die SAP-Cloud-Transport-Management-Instanz erstellen

Geben Sie dem Service Key den Namen *reciperater-transport-management*. Klicken Sie nach der Anlage auf den Service Key und kopieren Sie dessen Daten mit COPY JSON (siehe Abbildung 4.54).

Sie verwenden den Inhalt des Schlüssels zum Anlegen neuer Anmeldedaten im Service SAP Continuous Integration and Delivery.

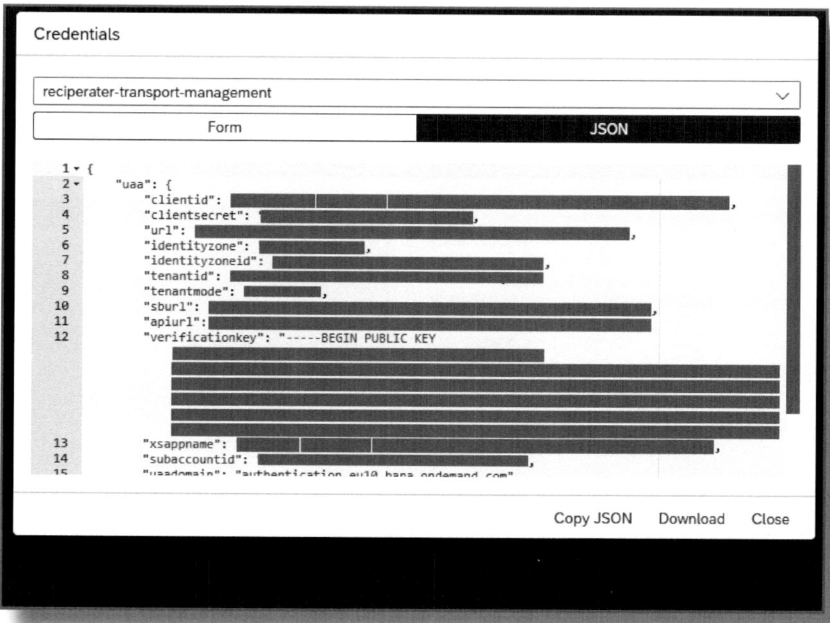

Abbildung 4.54: Service Key der SAP-Cloud-Transport-Management-Instanz

Konfiguration von SAP Continuous Integration and Delivery

Öffnen Sie wie bisher aus dem aktuellen Menü die Administrationsseite des CI/CD-Service. Klicken Sie auf den Job und gehen Sie über die Schaltfläche EDIT in der oberen rechten Ecke in den Änderungsmodus. Aktivieren Sie UPLOAD TO CLOUD TRANSPORT MANAGEMENT und wählen Sie CREATE CREDENTIALS im Dropdown-Menü zum Feld SERVICE KEY.

Fügen Sie den kopierten Service Key in das gleichnamige Feld ein und ergänzen Sie als Namen *reciperater-transport-management*. Bestätigen Sie mit CREATE (Abbildung 4.55).

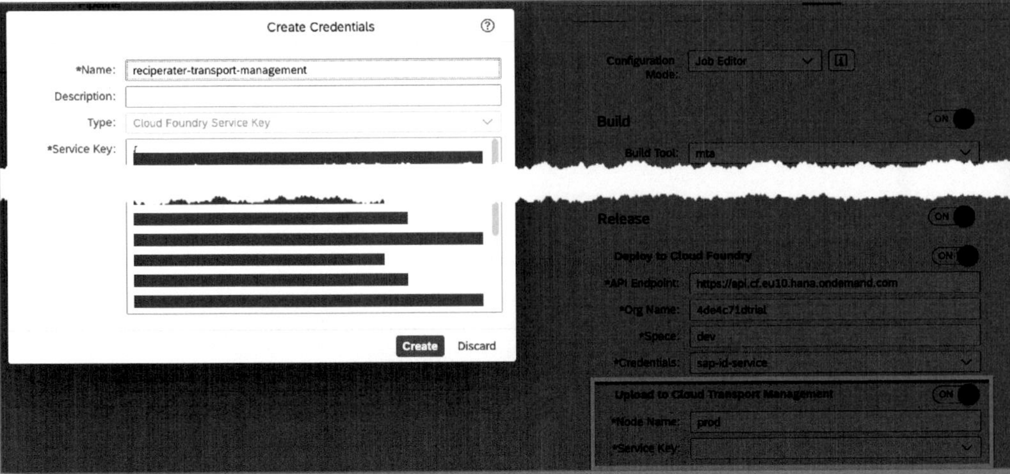

Abbildung 4.55: Erstellung der Anmeldedaten für SAP Cloud Transport Management im SAP-CI/CD-Service

Des Weiteren benötigen Sie den Namen eines Nodes, um die Integration des Transportmanagements abzuschließen. Im Cloud Transport Management stellen *Nodes* die Ursprungs- und Zielendpunkte eines Bereitstellungsprozesses dar – z. B. ein Cloud-Foundry-Subaccount. Transporte finden zwischen den Nodes statt. Dazu werden *Routen* verwendet, die die Nodes verbinden.

Bisher haben Sie im Cloud Transport Management noch keine Nodes angelegt. Tragen Sie im Feld NODE NAME trotzdem *prod* ein und speichern Sie. Damit haben Sie die Einstellungen in SAP Continuous Integration and Delivery abgeschlossen und können mit der Konfiguration von SAP Cloud Transport Management fortfahren.

Konfiguration von SAP Cloud Transport Management

Die Administrationsoberfläche dieses Service erreichen Sie über die Registerkarte INSTANCES AND SUBSCRIPTIONS in Ihrem Subaccount. Zunächst befinden Sie sich auf einer Übersichtsseite (siehe Abbildung 4.56).

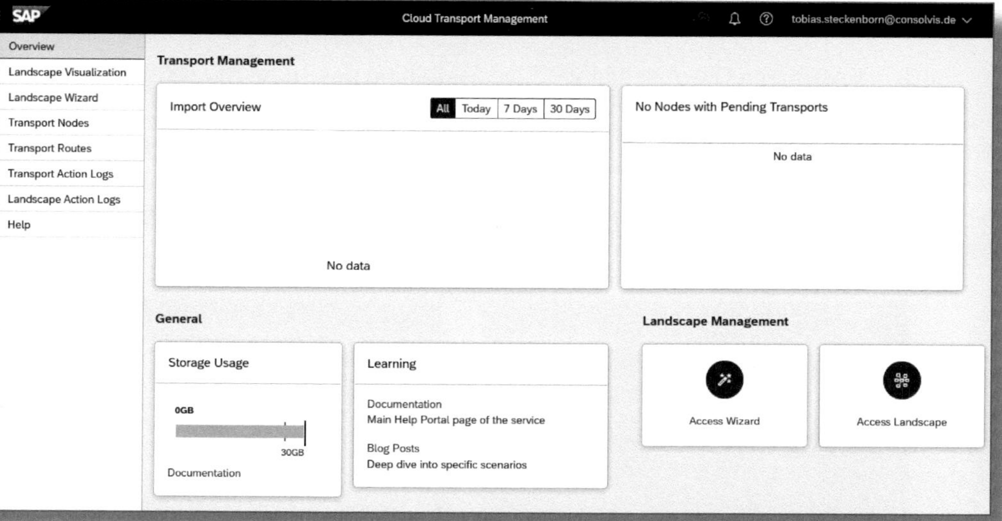

Abbildung 4.56: SAP Cloud Transport Management – Übersichtsseite

Erstellen Sie den Knoten wie folgt (siehe Abbildung 4.57):

1. Navigieren Sie im linken Menü zu TRANSPORT NODES.
2. Klicken Sie auf das +-Symbol in der oberen rechten Ecke, um das Pop-up zur Erstellung zu öffnen.
3. Wählen Sie als Name *prod* und aktivieren Sie ALLOW UPLOAD TO NODES. Dadurch wird dem CI/CD-Service erlaubt, das MTA-Archiv auf diesen Node hochzuladen.
4. Der FORWARD MODE ist in Ihrem Szenario nicht erforderlich, da er für Routen benötigt wird. Mit AUTO werden die Daten im Node automatisch an den nächsten Node der Route weitergeleitet, sobald das Archiv importiert wird. Bei MANUAL wird eine zusätzliche Schaltfläche FORWARD angezeigt.
5. Wählen Sie als CONTENT TYPE *Multi-Target Application*.
6. Wählen Sie als DESTINATION die zuvor erstellte *production-landscape*.

7. Verwenden Sie die DEPLOYMENT STRATEGY *default*.

8. Bestätigen Sie abschließend die Erstellung des Node mit OK.

Mit diesen Vorgaben verhält sich die Bereitstellung, wie Ihnen bereits bekannt. Ohne auf Details einzugehen, möchte ich darauf hinweisen, dass in einem realen produktiven Szenario die Bereitstellungsstrategie *blue-green* zu bevorzugen ist.

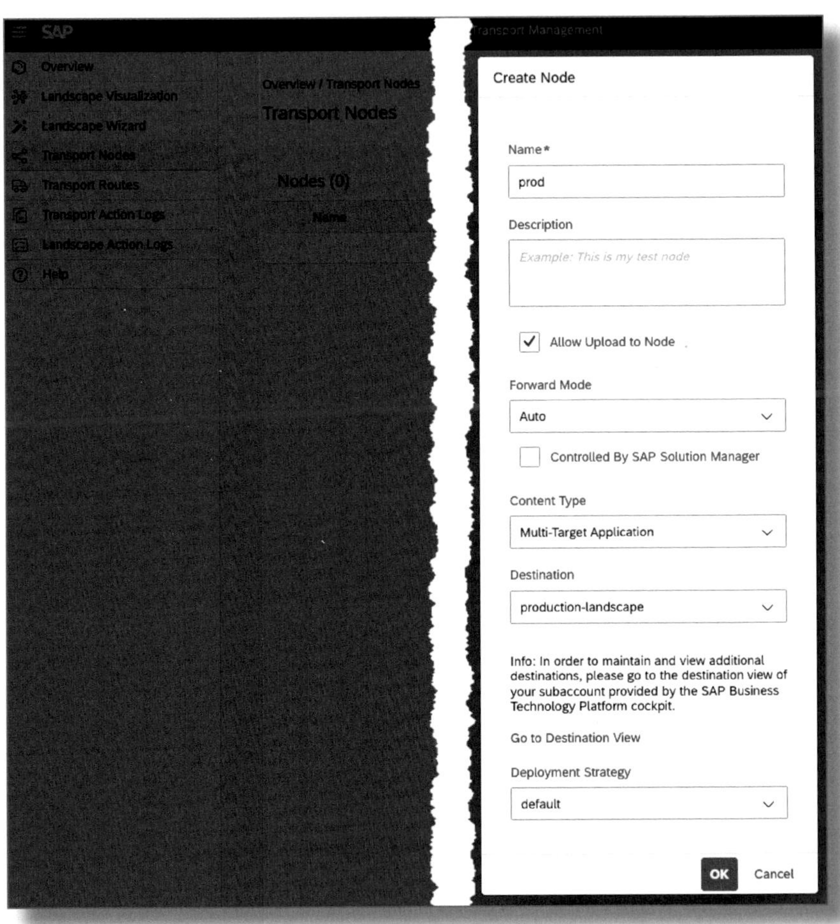

Abbildung 4.57: Erstellung des Transportknotens

4.4.3 Testen der kombinierten Bereitstellung mit dem SAP-CI/CD-Service und SAP Cloud Transport Management

Um den CI/CD-Service in Kombination mit SAP Cloud Transport Management zu testen, werden Sie nun eine Änderung in Ihre Anwendung einbauen. Dazu kehren Sie zu SAP BAS zurück und öffnen die Datei mta.yaml. Sie fügen zwei Dienste hinzu, den Application-Autoscaler- und den Application-Logging-Service, die wir uns in den nächsten Abschnitten noch genauer ansehen werden. Ergänzen Sie dazu die Einträge aus Listing 4.13 im Abschnitt RESOURCES.

```
# ---------------------------------------------------------------
- name: reciperater-autoscaler
  # ---------------------------------------------------------------
  type: org.cloudfoundry.managed-service
  parameters:
    service: autoscaler
    service-plan: standard
# ---------------------------------------------------------------

# ---------------------------------------------------------------
- name: reciperater-logging
  # ---------------------------------------------------------------
  type: org.cloudfoundry.managed-service
  parameters:
    service: application-logs
    service-plan: lite
# ---------------------------------------------------------------
```

Listing 4.13: Ergänzung der Datei »mta.yaml« im Abschnitt »Resources«

Ergänzen Sie anschließend die neuen Ressourcen als Abhängigkeiten der CAP-Anwendung. Passen Sie dafür den REQUIRES-Block Ihrer Anwendung an (vgl. Listing 4.14).

```
# -------------------- SERVER MODULE -----------------------
- name: reciperater-srv
  # ---------------------------------------------------------------
```

```
  type: nodejs
  path: gen/srv
  requires:
    # Resources extracted from CAP configuration
    - name: reciperater-db-container
    - name: reciperater-xsuaa
    - name: reciperater-event-mesh
    - name: reciperater-logging
    - name: reciperater-autoscaler
      parameters:
        path: as-policy.json
  provides:
    - name: reciperater-api # required by consumers of CAP
services (e.g. approuter)
      properties:
        srv-url: ${default-url}
```

Listing 4.14: Ergänzungen der Datei »mta.yaml« im Abschnitt »requires« der CAP-Anwendung

Eine Besonderheit ist hier, dass Sie das Binding der Anwendung mithilfe des Application Autoscaler mit Konfigurationsparametern versehen. Diese sollen aus der Datei *as-policy.json* gelesen werden. Etwas Ähnliches haben Sie im Abschnitt zu SAP Event Mesh konfiguriert, nur dass Sie dort Konfigurationsparameter für die Erstellung der Instanz hinterlegt haben (vgl. Abschnitt 4.2). Legen Sie die Datei as-policy.json im Hauptverzeichnis Ihres Projekts an und kopieren Sie den Inhalt aus Listing 4.15 dort hinein:

```
{
    "instance_min_count": 2,
    "instance_max_count": 5,
    "scaling_rules": [
        {
            "metric_type": "throughput",
            "operator": ">=",
            "threshold": 1,
            "adjustment": "+2",
            "breach_duration_secs": 60,
            "cool_down_secs": 60
        },
```

```
        {
            "metric_type": "throughput",
            "operator": "<",
            "threshold": 3,
            "adjustment": "-1",
            "breach_duration_secs": 300,
            "cool_down_secs": 180
        }
    ],
    "schedules": {
        "timezone": "Europe/Berlin",
        "recurring_schedule": [
            {
                "start_time": "10:00",
                "end_time": "18:00",
                "days_of_week": [
                    1,
                    2,
                    3,
                    4,
                    5
                ],
                "instance_min_count": 3,
                "instance_max_count": 6,
                "initial_min_instance_count": 6

            }
        ]
    }
}
```

Listing 4.15: Autoscaler Policy

Sie werden diese Richtlinie (*Policy*) in Abschnitt 4.5 näher kennenlernen.

Lassen Sie uns jetzt überprüfen, ob aufgrund der Änderungen nach einem Push auf GitHub die Services und Anwendungen automatisch neu bereitgestellt werden. Geben Sie dazu die Befehle aus Listing 4.16 in der Konsole ein:

```
git add .
git commit -m "Ergänzt Application Autoscaler und Logging"
git push
```

Listing 4.16: Konsolenbefehle zur Übertragung von Änderungen in das GitHub-Repository

Wechseln Sie jetzt zurück zum SAP BTP Cockpit und navigieren Sie in die Administrationsoberfläche von SAP Continuous Integration and Delivery. Nach einem Klick auf den von Ihnen eingerichteten Job sehen Sie nun einen zweiten Build, den der CI/CD-Dienst automatisch ausgelöst hat, nachdem Sie den Code auf GitHub gepusht haben (siehe Abbildung 4.58). Durch diesen werden die Änderungen auf Ihrem Trial-Subaccount-Dev-Space bereitstellt.

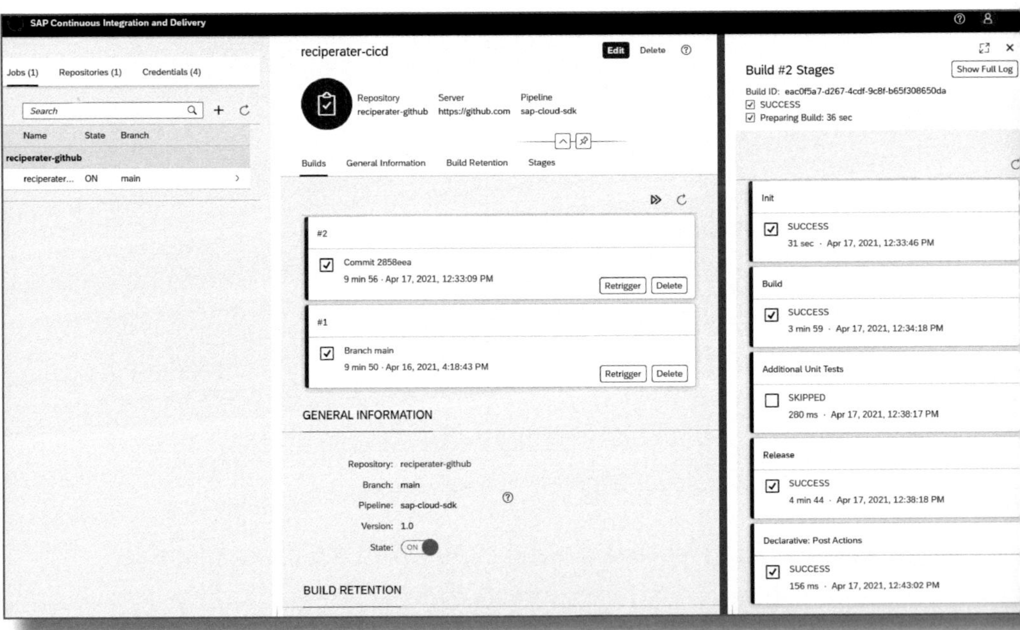

Abbildung 4.58: Erfolgreiche Bereitstellung im »Dev«-Space durch den SAP-CI/CD-Service

Warten Sie, bis der Build erfolgreich abgeschlossen ist, und wechseln Sie über das SAP BTP Cockpit in die Administrationsoberfläche von SAP Cloud Transport Management. Auf der Übersichtsseite sehen Sie nun im Bereich TOP NODES BY PENDING TRANSPORTS, dass ein Import für den Knoten PROD ansteht. Bitte klicken Sie auf diesen Eintrag (siehe Abbildung 4.59).

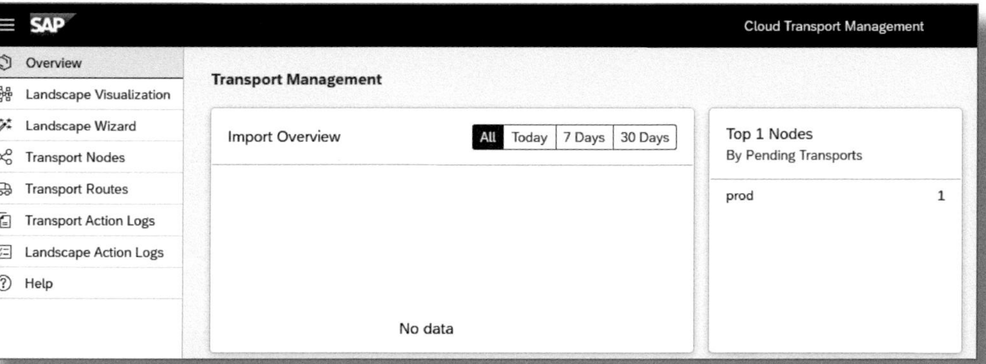

Abbildung 4.59: SAP Cloud Transport Management – Übersicht zum für Import bereitstehenden Transport

Sie werden auf eine Seite mit weiteren Informationen zum Transporteintrag weitergeleitet (siehe Abbildung 4.60). Dort klicken Sie unten rechts auf die Büroklammer, um einen flüchtigen Blick auf den Inhalt des Archivs zu werfen.

Wählen Sie dann IMPORT ALL und bestätigen Sie die Rückfrage im Popup.

Der Cloud-Transport-Management-Service wird nun versuchen, Ihre Anwendung im Subaccount PROD und dort im Space PRODUCTION bereitzustellen. Hier wird es allerdings aufgrund der begrenzten Anzahl von Berechtigungen zu Fehlern bei der Erstellung der Service-Instanzen und damit letztlich bei der Bereitstellung der Anwendung kommen. Mit einem Blick auf den Space des Subaccounts erkennen Sie dennoch, dass ein Importversuch stattgefunden hat.

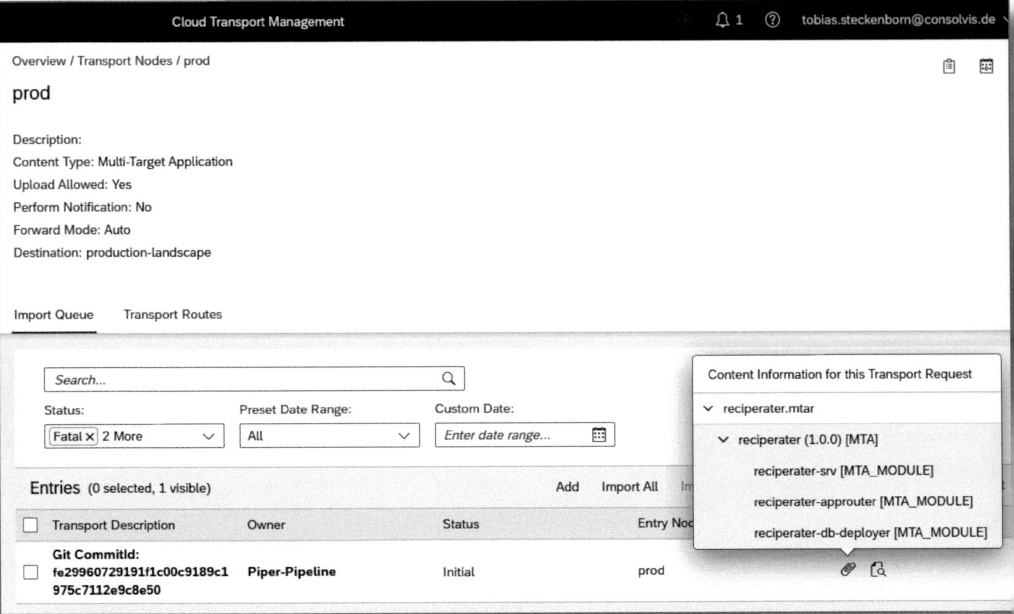

Abbildung 4.60: Import Queue des Transportknotens »prod«

4.4.4 Fazit

Sie haben es geschafft und die Bereitstellung Ihrer Anwendung nach Änderungen automatisiert. Ebenso haben Sie den Import in nachfolgende Landschaften mit einem Genehmigungsprozess versehen, auch wenn dies aufgrund der Einschränkungen des Testkontos für eine mehrstufige Landschaft nicht ganz erfolgreich war. Lassen Sie uns damit den Blick weg von der Bereitstellung und hin zur Skalierung und Protokollierung richten.

4.5 Anwendungsskalierung

Da Sie inzwischen ein grundlegendes Verständnis der Bereitstellungsautomatisierung erworben haben, möchte ich kurz auf einige wichtige

Themen eingehen, die sich im Anschluss an die Bereitstellung ergeben. Lassen Sie mich zunächst über die Skalierung Ihrer Anwendung sprechen.

Wenn Sie eine Anwendung entwickeln, wird diese mit der Zeit hoffentlich stetig mehr Nutzer bedienen, die selbst bei steigender Nachfrage eine performante Anwendung erwarten. Sobald Ihre Anwendung jedoch mehr Anfragen pro Minute verarbeiten muss, wird die Anwendungsleistung sinken, wenn Sie nicht darauf vorbereitet sind.

Anwendungsskalierbarkeit ist, einfach ausgedrückt, das Potenzial Ihrer Anwendung, mit der Zeit zu wachsen und mehr Anfragen pro Minute effizient zu verarbeiten. Sie haben grundsätzlich zwei Möglichkeiten, Ihre Anwendung zu skalieren:

1. **horizontal**, durch Hinzufügen weiterer laufender Instanzen der Anwendung
2. **vertikal**, indem Sie mehr Ressourcen wie Festplatten- oder Arbeitsspeicher für diese Instanzen hinzufügen

In Abschnitt 1.2.3 habe ich erwähnt, dass horizontale Skalierung bei dem Einsatz einer PaaS bevorzugt wird. Daher möchte ich erst einmal darauf eingehen, wie Cloud Foundry Anfragen an eine Anwendung weiterleitet, die über mehrere laufende Instanzen verfügt.

Standardmäßig verteilt Cloud Foundry Anfragen in einem Rundlaufverfahren (*Round-Robin*). Nehmen wir an, dass die Anwendung auf drei Instanzen läuft:

- Anfrage 1 trifft auf die erste Instanz
- Anfrage 2 trifft auf die zweite Instanz
- Anfrage 3 trifft auf die dritte Instanz
- Anfrage 4 trifft wieder auf die erste Instanz

Je mehr Instanzen Sie ausführen, desto besser wird die Last zwischen ihnen verteilt.

Schauen wir uns jetzt Ihre Anwendung an.

> **Aktive Autoscaler-Richtlinie**
>
> Bitte beachten Sie, dass Sie im Abschnitt 4.4.3 bereits eine Autoscaler-Richtlinie hochgeladen haben, die derzeit aktiv ist. Je nach Tag und Uhrzeit werden Sie zwei oder drei Instanzen Ihrer Anwendung sehen. Lassen Sie sich davon nicht verunsichern.

Sie können Ihre Anwendungsinformationen mit dem Konsolenbefehl `cf app` abrufen. Führen Sie `cf app reciperater-srv` in der Konsole von SAP BAS aus. Sie erhalten die Informationen für jede laufende Instanz, beispielsweise die CPU-, Speicher- und Festplattennutzung (siehe Abbildung 4.61).

```
user: reciperater $ cf app reciperater-srv
Showing health and status for app reciperater-srv in org 4de4c71dtrial / space dev a

name:                reciperater-srv
requested state:     started
isolation segment:   trial
routes:              4de4c71dtrial-dev-reciperater-srv.cfapps.eu10.hana.ondemand.com
last uploaded:       Wed 28 Apr 12:52:49 UTC 2021
stack:               cflinuxfs3
buildpacks:
isolation segment:   trial
        name                version   detect output   buildpack name
        nodejs_buildpack    1.7.44    nodejs          nodejs

type:           web
sidecars:
instances:      3/3
memory usage:   256M
     state     since                  cpu    memory         disk           details
#0   running   2021-04-28T12:53:26Z   0.4%   70M of 256M    261.1M of 1G
#1   running   2021-04-28T12:53:25Z   0.4%   70.7M of 256M  261.1M of 1G
#2   running   2021-04-28T12:53:25Z   0.5%   70.7M of 256M  261.1M of 1G
```

Abbildung 4.61: Ausgabe des Konsolenbefehls »cf app«

Wenn Sie entscheiden, dass Sie eine Anwendung skalieren müssen, können Sie den Befehl `cf scale` verwenden und angeben, in welcher Form die Skalierung erfolgen soll. In dem Befehl gibt das Flag `-i` die Anzahl der Instanzen an, `-k` das Festplattenlimit, `-m` das Speicherlimit und `--process` den zu skalierenden App-Prozess, wobei der Standardwert `Web` ist. Der Befehl könnte wie folgt aussehen: `cf scale reciperater-srv -i 4 -k 1256M -m 128M`. Führen Sie diesen Befehl aus und überprüfen Sie die Unterschiede zur vorherigen Ausgabe des Befehls `cf app` in der Konsole (siehe Abbildung 4.62).

```
Showing current scale of app reciperater-srv in org 27ee2763trial / space dev as tobias.steckenborn@consolvis.de...

name:                reciperater-srv
requested state:     started
isolation segment:   trial
routes:              27ee2763trial-dev-reciperater-srv.cfapps.eu10.hana.ondemand.com
last uploaded:       Fri 24 Sep 12:03:27 UTC 2021
stack:               cflinuxfs3
buildpacks:
isolation segment:   trial
        name               version   detect output   buildpack name
        nodejs_buildpack   1.7.52    nodejs          nodejs

type:           web
sidecars:
instances:      4/4
memory usage:   128M
     state     since                  cpu    memory         disk             details
#0   running   2021-09-24T12:35:06Z   0.7%   44.3M of 128M   162.4M of 1.2G
#1   running   2021-09-24T12:35:06Z   0.6%   58.5M of 128M   162.4M of 1.2G
#2   running   2021-09-24T12:35:06Z   0.0%   66.5M of 128M   162.4M of 1.2G
#3   running   2021-09-24T12:35:05Z   1.0%   44.6M of 128M   162.4M of 1.2G
```

Abbildung 4.62: Ausgabe des Konsolenbefehls »cf scale«

Es existieren nun vier Instanzen Ihrer Anwendung, die jeweils über mehr Festplattenlimit und weniger Speicherlimit als zuvor verfügen. Sie finden die gleichen Informationen, wenn Sie in Ihrem SAP BTP Cockpit zum Space navigieren und Ihre Anwendung öffnen (siehe Abbildung 4.63).

Wenn Sie ein paar Minuten warten, werden Sie sehen, dass die Anzahl der Instanzen wieder auf zwei oder drei reduziert wurde, je nach Wochentag und Uhrzeit. Dies ist eine Auswirkung der bereits erwähnten Autoscaler-Richtlinie. Dazu kommen wir gleich. Wenn Sie sich die letzten Anwendungsereignisse ansehen, werden Sie feststellen, dass der Autoscaler nur die Instanzen reduziert hat, nicht aber die zugewiesene Quote. Lassen Sie uns die Skalierung Ihrer Anwendung über das SAP BTP Cockpit anpassen, um den ursprünglichen Zustand wiederherzustellen.

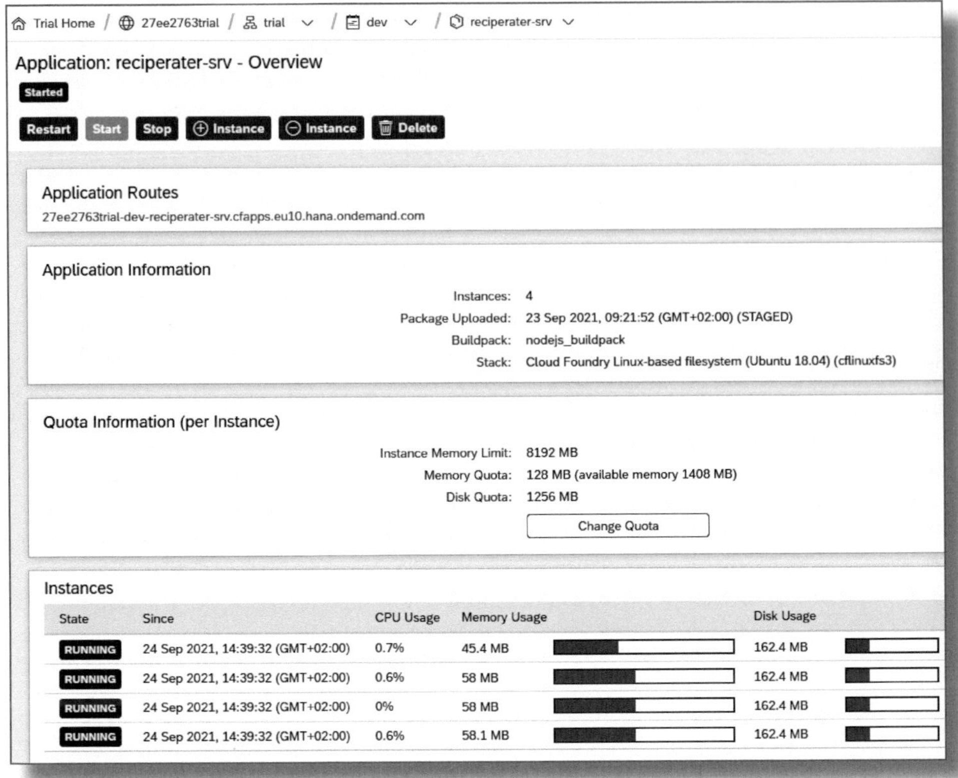

Abbildung 4.63: Übersichtsseite der Anwendung nach Skalierung

Über die obere Menüleiste (siehe Abbildung 4.63) könnten Sie mit den Schaltflächen +/- INSTANCE die Anzahl der Instanzen direkt erhöhen oder verringern, aber da diese vom Autoscaler verwaltet werden, ignorieren Sie diese Option vorerst. Im Bereich QUOTA INFORMATION (PER INSTANCE) finden Sie eine Schaltfläche CHANGE QUOTA, über die Sie die Festplatten- oder Speicherressourcen zuweisen, ähnlich wie Sie es gerade über die Konsole erledigt haben. Erhöhen Sie die MEMORY (Speicher-)QUOTA wieder auf *256* und reduzieren Sie die DISK (Festplatten-) QUOTA auf *1024* (siehe Abbildung 4.64).

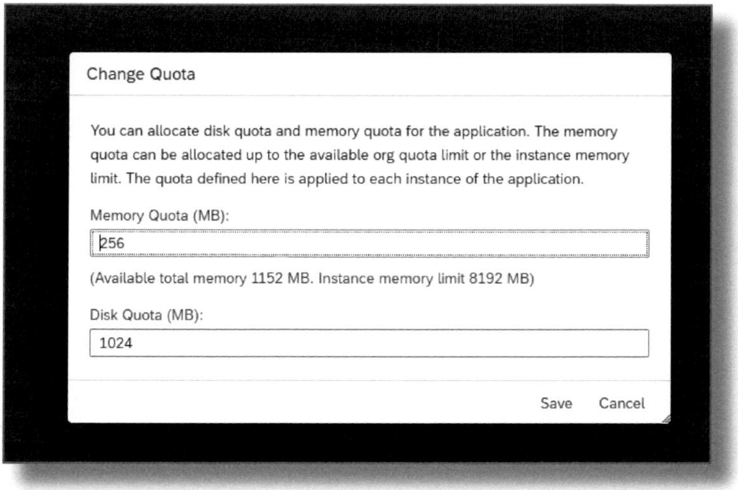

Abbildung 4.64: Veränderung der Ressourcenzuteilung über das SAP BTP Cockpit

Auch wenn eine manuelle Skalierung möglich ist, ist die automatische Skalierung vorzuziehen. Der *Application-Autoscaler-Service* bietet Optionen zur Unterstützung planmäßiger und dynamischer Skalierung auf der Grundlage von Anwendungsmetriken wie Speicherauslastung, Antwortzeiten und Durchsatz, und zwar mithilfe von Autoscaler-Richtlinien, welche Sie im letzten Abschnitt für Ihre Anwendung bereitgestellt haben. Mit dem Application Autoscaler können Sie also Ihre Anwendungsinstanzen auf der Grundlage der von Ihnen definierten Richtlinien automatisch erhöhen oder verringern. Sie können Ihre Anwendung sogar skalieren, indem Sie benutzerdefinierte Metriken definieren, die Ihren Anforderungen entsprechen. So müssen Sie Ihre Anwendung nicht ständig überwachen, um Nutzungsspitzen zu erfassen und auf diese zu reagieren.

Erhöhen Sie nun die Anzahl der Instanzen Ihrer Anwendung auf 7. Sie werden feststellen, dass nach einiger Zeit die Anzahl der Instanzen wieder abnimmt. Um herauszufinden, warum das so ist, lassen Sie uns einen Blick auf die aktive Richtlinie werfen. Navigieren Sie dazu in der Ansicht Ihrer Anwendung auf die Seite SERVICE BINDINGS (siehe

Abbildung 4.65) und springen Sie von dort mit einem Klick auf zum Dashboard ab.

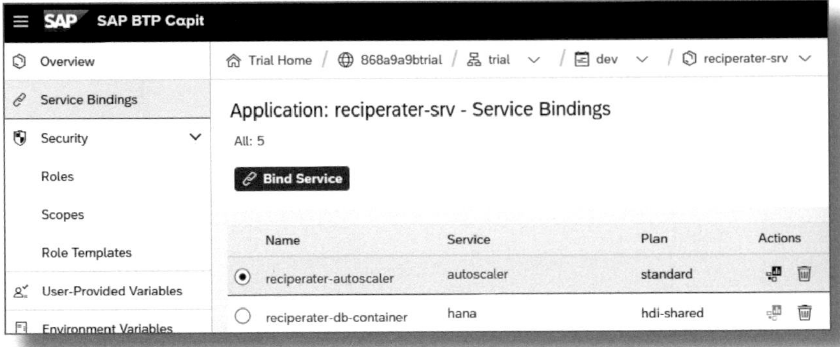

Abbildung 4.65: Mit der Anwendung verbundene Services

Wechseln Sie in der linken Menüleiste des sich öffnenden Dashboards (siehe Abbildung 4.66) auf die Seite REFERENCING APPS. Daraufhin sehen Sie rechts alle Anwendungen, die mit diesem Application Autoscaler verbunden sind, und deren aktuelle Instanzenzahl. Springen Sie über das stilisierte Zahnrad in der Spalte ACTIONS auf die Seite MANAGE POLICY für Ihre Applikation.

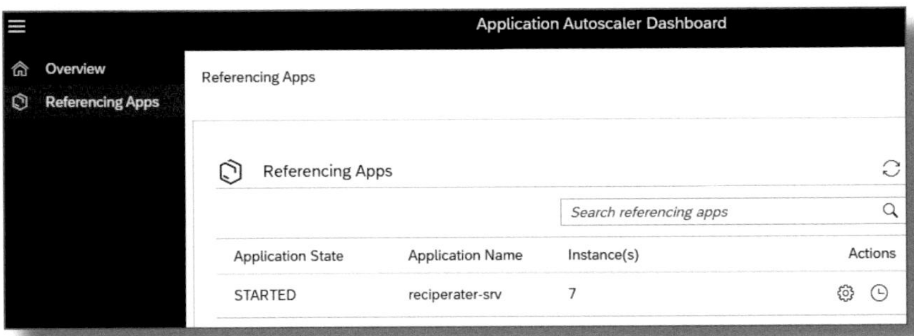

Abbildung 4.66: Vom Application Autoscaler referenzierte Anwendungen

Wie Abbildung 4.67 zeigt, finden Sie hier die bereitgestellte Anwendungsskalierungsrichtlinie und können sie anpassen. Beachten Sie jedoch, dass diese bei einer erneuten Bereitstellung von der in der JSON-Datei gespeicherten Richtlinie überschrieben wird.

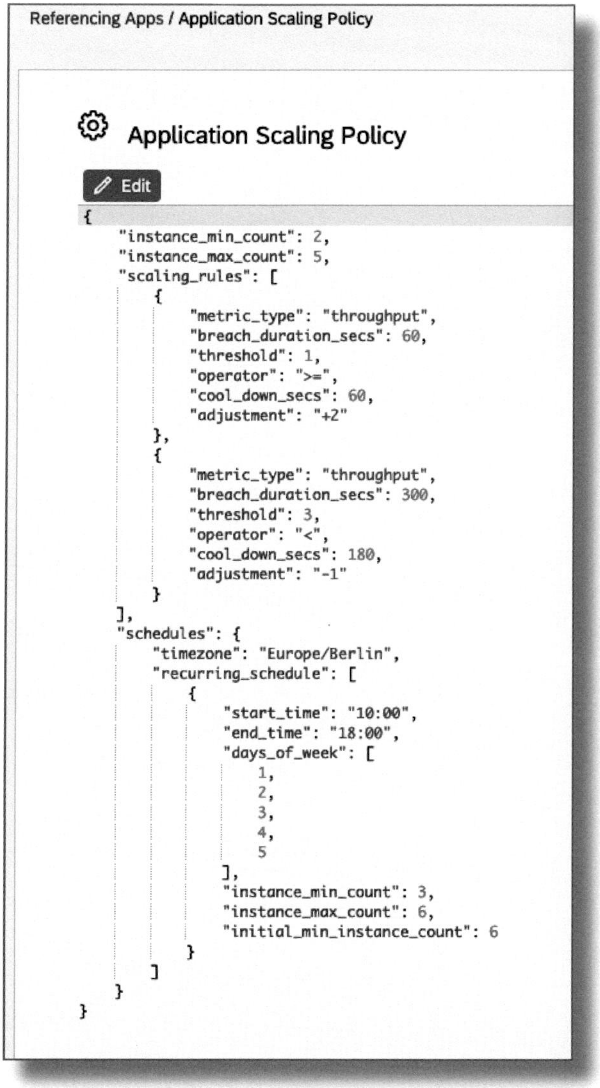

Referencing Apps / Application Scaling Policy

Application Scaling Policy

Edit

```
{
    "instance_min_count": 2,
    "instance_max_count": 5,
    "scaling_rules": [
        {
            "metric_type": "throughput",
            "breach_duration_secs": 60,
            "threshold": 1,
            "operator": ">=",
            "cool_down_secs": 60,
            "adjustment": "+2"
        },
        {
            "metric_type": "throughput",
            "breach_duration_secs": 300,
            "threshold": 3,
            "operator": "<",
            "cool_down_secs": 180,
            "adjustment": "-1"
        }
    ],
    "schedules": {
        "timezone": "Europe/Berlin",
        "recurring_schedule": [
            {
                "start_time": "10:00",
                "end_time": "18:00",
                "days_of_week": [
                    1,
                    2,
                    3,
                    4,
                    5
                ],
                "instance_min_count": 3,
                "instance_max_count": 6,
                "initial_min_instance_count": 6
            }
        ]
    }
}
```

Abbildung 4.67: Richtlinie zur Anwendungsskalierung

Lassen Sie uns kurz die Merkmale dieser Richtlinie betrachten. Zur besseren Lesbarkeit finden Sie sie nochmals in Listing 4.17 aufgeführt.

```
{
    "instance_min_count": 2,
    "instance_max_count": 5,
    "scaling_rules": [
        {
            "metric_type": "throughput",
            "operator": ">=",
            "threshold": 1,
            "adjustment": "+2",
            "breach_duration_secs": 60,
            "cool_down_secs": 60
        },
        {
            "metric_type": "throughput",
            "operator": "<",
            "threshold": 3,
            "adjustment": "-1",
            "breach_duration_secs": 300,
            "cool_down_secs": 180
        }
    ],
    "schedules": {
        "timezone": "Europe/Berlin",
        "recurring_schedule": [
            {
                "start_time": "10:00",
                "end_time": "18:00",
                "days_of_week": [
                    1,
                    2,
                    3,
                    4,
                    5
                ],
                "instance_min_count": 3,
                "instance_max_count": 6,
                "initial_min_instance_count": 6
```

```
            }
        ]
    }
}
```

Listing 4.17: Aktive Autoscaler-Richtlinie

- Sie haben definiert, dass der Application Autoscaler in der Regel mindestens zwei, aber nicht mehr als fünf Instanzen Ihrer Anwendung bereitstellen soll.
- Über Regeln haben Sie eine dynamische Skalierung eingestellt und festgelegt, dass sich die Anzahl der Instanzen um 2 erhöht, wenn der Durchsatz in den letzten 60 Sekunden größer oder gleich einer Anfrage pro Sekunde ist.
- Der Application Autoscaler darf diese Erhöhung frühestens alle 60 Sekunden erneut durchführen. Er verringert die Instanzen um 1, wenn die durchschnittliche Anzahl der Anfragen pro Sekunde in den letzten fünf Minuten kleiner als 3 war. Diese Änderung soll aber nur alle 180 Sekunden erneut geprüft und durchgeführt werden.
- Außerdem haben Sie eine Skalierung geplant: Montags bis freitags zwischen 10 und 18 Uhr deutscher Zeit werden die minimalen Instanzen auf 3 und die maximalen Instanzen auf 6 erhöht. Zu Beginn der gewählten Zeitspanne sollen sofort sechs Instanzen gestartet werden.

Diese Richtlinie beruht nicht auf sinnvollen Werten, aber sie verdeutlicht das Verhalten des Autoscalers. Dieser skaliert Ihre Anwendung in Abhängigkeit von einer bestimmten Situation, hier der durchschnittlichen Anzahl von Anfragen, hoch oder runter. Da Sie aber vermutlich wissen, dass Sie zu bestimmten Zeiten mit Lastspitzen rechnen müssen, lässt sich die Anzahl der Instanzen hierfür vorausplanen. Durch die Kombination dieser Optionen erhalten Sie mit geringem Aufwand eine vorhersehbare und zuverlässige Skalierung Ihrer Anwendung, ohne diese ständig überwachen zu müssen.

Anwendungsbeispiele für geplante Skalierungen

Beispiele für eine geplante Erhöhung sind der Schlussverkauf am Black Friday oder eine große jährliche Vertriebsveranstaltung, die zu erhöhter Auslastung führen können.

Sollten Sie hauptsächlich auf Unternehmenskunden abzielen, können Sie unter der Woche eine höhere Last erwarten und die Anzahl der Instanzen beispielsweise an Wochenenden reduzieren.

Aufgrund der fehlenden Werkzeuge im SAP BAS ist dort ein Lasttest nur umständlich durchführbar. Allerdings können Sie die Reduzierung der Instanzen aufgrund eines fehlenden Anfragevolumens leicht nachvollziehen. Gehen Sie dazu zurück auf die Seite REFERENCING APPS (vgl. Abbildung 4.66) und wählen Sie diesmal links oben die stilisierte Uhr, um die Skalierungshistorie zu sehen (siehe Abbildung 4.68).

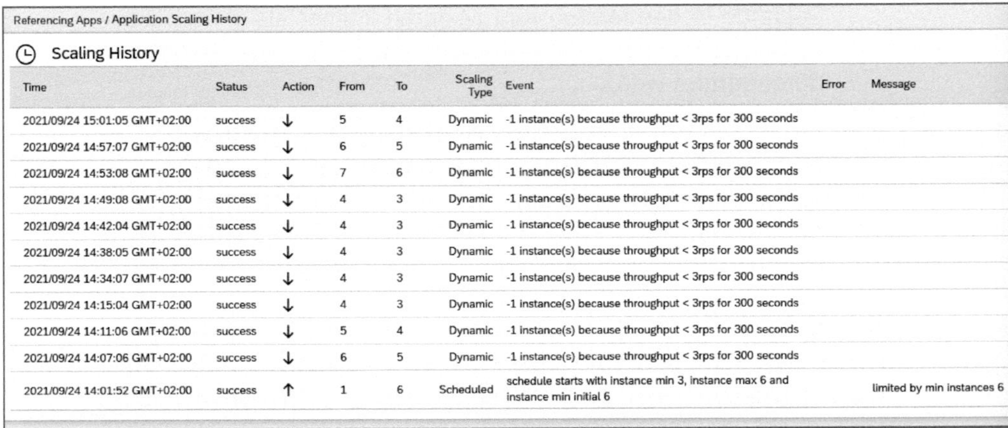

Referencing Apps / Application Scaling History

Scaling History

Time	Status	Action	From	To	Scaling Type	Event	Error	Message
2021/09/24 15:01:05 GMT+02:00	success	↓	5	4	Dynamic	-1 instance(s) because throughput < 3rps for 300 seconds		
2021/09/24 14:57:07 GMT+02:00	success	↓	6	5	Dynamic	-1 instance(s) because throughput < 3rps for 300 seconds		
2021/09/24 14:53:08 GMT+02:00	success	↓	7	6	Dynamic	-1 instance(s) because throughput < 3rps for 300 seconds		
2021/09/24 14:49:08 GMT+02:00	success	↓	4	3	Dynamic	-1 instance(s) because throughput < 3rps for 300 seconds		
2021/09/24 14:42:04 GMT+02:00	success	↓	4	3	Dynamic	-1 instance(s) because throughput < 3rps for 300 seconds		
2021/09/24 14:38:05 GMT+02:00	success	↓	4	3	Dynamic	-1 instance(s) because throughput < 3rps for 300 seconds		
2021/09/24 14:34:07 GMT+02:00	success	↓	4	3	Dynamic	-1 instance(s) because throughput < 3rps for 300 seconds		
2021/09/24 14:15:04 GMT+02:00	success	↓	4	3	Dynamic	-1 instance(s) because throughput < 3rps for 300 seconds		
2021/09/24 14:11:06 GMT+02:00	success	↓	5	4	Dynamic	-1 instance(s) because throughput < 3rps for 300 seconds		
2021/09/24 14:07:06 GMT+02:00	success	↓	6	5	Dynamic	-1 instance(s) because throughput < 3rps for 300 seconds		
2021/09/24 14:01:52 GMT+02:00	success	↑	1	6	Scheduled	schedule starts with instance min 3, instance max 6 and instance min initial 6		limited by min instances 6

Abbildung 4.68: Skalierungshistorie der Anwendung

Die Übersicht zeigt genau, warum und zu welcher Uhrzeit der Application Autoscaler die Instanzen angepasst hat. Im Screenshot erkennen Sie z. B., dass die geplante Skalierung um 14 Uhr zu einer Erhöhung der Instanzen von 1 auf 6 führte. Danach wurde knapp alle fünf Minuten eine

Instanz entfernt, da innerhalb der letzten fünf Minuten weniger Aufrufe pro Sekunde eintrafen als definiert. Zwischenzeitlich erfolgte Anfragen an die Anwendung und manuelle Skalierungen, wie etwa das Hinzufügen von Instanzen, sind hier nur indirekt erkennbar, erklären aber beispielsweise den Sprung der existierenden Instanzen von 4 auf 7.

Allerdings haben Sie damit noch nicht alle Möglichkeiten des Autoscaler-Service genutzt. Eine interessante Variante könnte für Sie die Definition eigener Metriken sein. Eigene Metriken und deren Werte lassen sich über die API des Dienstes übermitteln, auf deren Basis Sie dann eine Skalierung durchführen. Zum Beispiel könnten Sie ab einer bestimmten Anzahl von Verkäufen oder Bewertungen in einem festgelegten Zeitraum skalieren.

4.6 Anwendungsprotokollierung

Die Fähigkeit, Störungen Ihrer Anwendungen so schnell wie möglich zu beheben, ist entscheidend für Ihr Unternehmen. Wenn Sie einen möglichst umfassenden Einblick in die Geschehnisse vor und nach einer Störung erhalten, können Sie die Bearbeitungszeit deutlich verkürzen. Der Einsatz von Protokollen über den Zustand Ihrer Umgebung vor, nach und sogar während eines Ereignisses verschafft Ihnen mehr Transparenz. So ist für Sie feststellbar, wo der Vorfall aufgetreten ist, um Ihre Bemühungen auf einen bestimmten Bereich zu konzentrieren. Eine schnellere Lösung führt für Ihr Unternehmen zu einer besseren Kundenerfahrung.

In der Regel enthalten die von Diensten und Anwendungen erstellten Protokolle enorm viele Informationen. Sie werden aufgezeichnet und auf einem persistierenden Speicher gehalten, sodass sie bei Bedarf überprüft und analysiert werden können. Manche Protokolle sind auch in Echtzeit überwachbar, um je nach Dateninhalt des Protokolls potenzielle Probleme schnell erkennen und direkt darauf reagieren zu können. Außerdem ermöglicht die Protokollierung der Daten, in Ihren Anwendungen eine Grundlinie für das Leistungsverhalten zu erstellen sowie zu identifizieren, welche Werte typisch sind und welche abweichen.

Anwendungen, die auf Cloud Foundry laufen, liefern Ihnen grundsätzlich zahlreiche Informationen. Sie haben bereits die CPU-Nutzung, die Arbeitsspeicherauslastung und die Festplattennutzung betrachtet. Wenn Sie im SAP BTP Cockpit in der Übersicht Ihrer Anwendung zum Abschnitt EVENTS gehen, sehen Sie ein Protokoll von Ereignissen, die Ihre Anwendung betreffen, wie beispielsweise die Skalierung von Instanzen (siehe Abbildung 4.69).

Mit dem *SAP Audit Log Service* können Sie noch einen Schritt weiter gehen und die Audit-Protokolle für Ihren Subaccount abrufen.

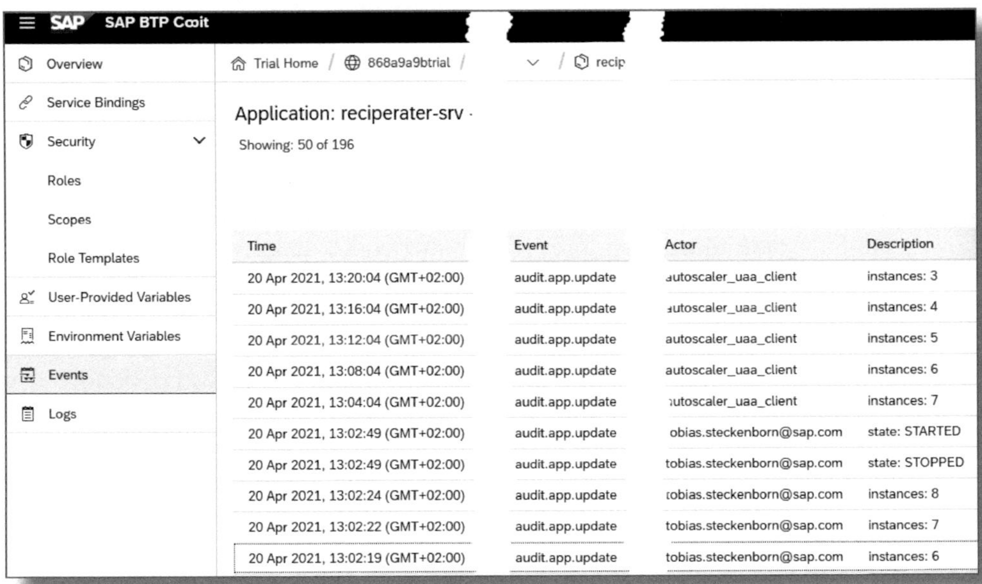

Time	Event	Actor	Description
20 Apr 2021, 13:20:04 (GMT+02:00)	audit.app.update	autoscaler_uaa_client	instances: 3
20 Apr 2021, 13:16:04 (GMT+02:00)	audit.app.update	autoscaler_uaa_client	instances: 4
20 Apr 2021, 13:12:04 (GMT+02:00)	audit.app.update	autoscaler_uaa_client	instances: 5
20 Apr 2021, 13:08:04 (GMT+02:00)	audit.app.update	autoscaler_uaa_client	instances: 6
20 Apr 2021, 13:04:04 (GMT+02:00)	audit.app.update	utoscaler_uaa_client	instances: 7
20 Apr 2021, 13:02:49 (GMT+02:00)	audit.app.update	obias.steckenborn@sap.com	state: STARTED
20 Apr 2021, 13:02:49 (GMT+02:00)	audit.app.update	tobias.steckenborn@sap.com	state: STOPPED
20 Apr 2021, 13:02:24 (GMT+02:00)	audit.app.update	tobias.steckenborn@sap.com	instances: 8
20 Apr 2021, 13:02:22 (GMT+02:00)	audit.app.update	tobias.steckenborn@sap.com	instances: 7
20 Apr 2021, 13:02:19 (GMT+02:00)	audit.app.update	tobias.steckenborn@sap.com	instances: 6

Abbildung 4.69: Anwendungsereignisse

In diesem Abschnitt wollen wir uns aber mit Protokollen befassen, die es Ihnen ermöglichen, Probleme mit Ihrer Anwendung zu beheben. Diese finden Sie auf der Seite LOGS (siehe Abbildung 4.70).

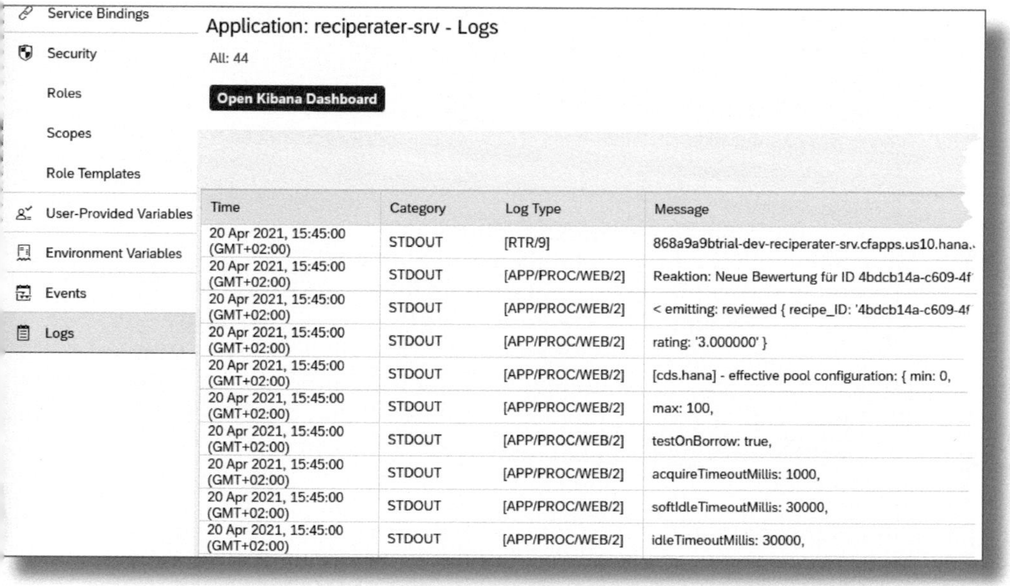

Service Bindings
Security
Roles
Scopes
Role Templates
User-Provided Variables
Environment Variables
Events
Logs

Application: reciperater-srv - Logs

All: 44

Open Kibana Dashboard

Time	Category	Log Type	Message
20 Apr 2021, 15:45:00 (GMT+02:00)	STDOUT	[RTR/9]	868a9a9btrial-dev-reciperater-srv.cfapps.us10.hana..
20 Apr 2021, 15:45:00 (GMT+02:00)	STDOUT	[APP/PROC/WEB/2]	Reaktion: Neue Bewertung für ID 4bdcb14a-c609-4f
20 Apr 2021, 15:45:00 (GMT+02:00)	STDOUT	[APP/PROC/WEB/2]	< emitting: reviewed { recipe_ID: '4bdcb14a-c609-4f
20 Apr 2021, 15:45:00 (GMT+02:00)	STDOUT	[APP/PROC/WEB/2]	rating: '3.000000' }
20 Apr 2021, 15:45:00 (GMT+02:00)	STDOUT	[APP/PROC/WEB/2]	[cds.hana] - effective pool configuration: { min: 0,
20 Apr 2021, 15:45:00 (GMT+02:00)	STDOUT	[APP/PROC/WEB/2]	max: 100,
20 Apr 2021, 15:45:00 (GMT+02:00)	STDOUT	[APP/PROC/WEB/2]	testOnBorrow: true,
20 Apr 2021, 15:45:00 (GMT+02:00)	STDOUT	[APP/PROC/WEB/2]	acquireTimeoutMillis: 1000,
20 Apr 2021, 15:45:00 (GMT+02:00)	STDOUT	[APP/PROC/WEB/2]	softIdleTimeoutMillis: 30000,
20 Apr 2021, 15:45:00 (GMT+02:00)	STDOUT	[APP/PROC/WEB/2]	idleTimeoutMillis: 30000,

Abbildung 4.70: Anwendungsprotokolle im SAP BTP Cockpit

Falls Sie derzeit keine Protokolle sehen, wechseln Sie bitte zu SAP BAS und stellen Sie einige Anfragen mit dem REST Client. Außerdem können Sie in der Konsole die Protokolle mit einem vom Cloud Foundry CLI bereitgestellten Befehl ansehen. Geben Sie in der Konsole `cf logs reciperater-srv --recent` ein. Wenn Sie das Review mehrfach geändert haben, erhalten Sie eine Ausgabe ähnlich wie Listing 4.18:

```
   2021-04-19T10:21:56.32+0000 [APP/PROC/WEB/0] OUT [cds] - PUT
/user/Reviews(fe15875e-2ef4-4556-aa90-b176753c53ef)
[...]
   2021-04-19T10:21:56.60+0000 [APP/PROC/WEB/0] OUT Reaktion:
Neue Bewertung für ID 4bdcb14a-c609-4f1b-a3dc-d4dafc656d46. Neue
Durchschnittsbewertung 3.000000
   2021-04-19T10:23:10.11+0000 [APP/PROC/WEB/1] OUT [cds] - PUT
/user/Reviews(fe15875e-2ef4-4556-aa90-b176753c53ef)
[...]
   2021-04-19T10:23:11.16+0000 [APP/PROC/WEB/1] OUT Reaktion:
Neue Bewertung für ID 4bdcb14a-c609-4f1b-a3dc-d4dafc656d46. Neue
Durchschnittsbewertung 3.000000
[...]
```

```
    2021-04-19T10:23:11.99+0000 [APP/PROC/WEB/2] OUT [cds] - PUT
/user/Reviews(fe15875e-2ef4-4556-aa90-b176753c53ef)
[...]
    2021-04-19T10:23:12.26+0000 [APP/PROC/WEB/2] OUT Reaktion:
Neue Bewertung für ID 4bdcb14a-c609-4f1b-a3dc-d4dafc656d46. Neue
Durchschnittsbewertung 3.000000
[...]
    2021-04-19T10:24:23.85+0000 [APP/PROC/WEB/2] OUT [cds] - PUT
/user/Reviews(fe15875e-2ef4-4556-aa90-b176753c53ef)
[...]
    2021-04-19T10:24:23.96+0000 [APP/PROC/WEB/2] OUT Reaktion:
Neue Bewertung für ID 4bdcb14a-c609-4f1b-a3dc-d4dafc656d46. Neue
Durchschnittsbewertung 3.000000
[...]
    2021-04-19T10:24:24.36+0000 [APP/PROC/WEB/0] OUT [cds] - PUT
/user/Reviews(fe15875e-2ef4-4556-aa90-b176753c53ef)
[...]
    2021-04-19T10:24:24.53+0000 [APP/PROC/WEB/0] OUT Reaktion:
Neue Bewertung für ID 4bdcb14a-c609-4f1b-a3dc-d4dafc656d46. Neue
Durchschnittsbewertung 3.000000
[...]
```

Listing 4.18: Konsolenausgabe von »cf logs« für die CAP-Anwendung nach mehrfacher Änderung des Reviews

Die Art der Ausgabe entspricht derjenigen im SAP BTP Cockpit (siehe Abbildung 4.70). Ich möchte Sie hier aber auf eine Besonderheit hinweisen: In diesen Protokollen können Sie Ihre skalierten Instanzen sehen. Schauen Sie sich dazu den Bereich `[APP/PROC/WEB/#]` an. Dort ist angegeben, dass die erste Anfrage von der Instanz 0 bearbeitet wurde, die zweite Anfrage von der Instanz 1, die dritte von der Instanz 2 und wieder zurück zu 0. Auf diese Weise erhalten Sie auch eine Vorstellung von der Lastverteilung in Cloud Foundry.

Allerdings ist dies, wie Sie vielleicht schon bemerkt haben, nicht unbedingt der sinnvollste Weg, um Ihre Protokolle zu analysieren, vor allem, wenn Sie eine größere Last auf Ihrer Anwendung haben. An dieser Stelle können Sie den SAP Application Logging Service für SAP BTP (vgl. Abschnitt 3.1.13, Telemetrie) einsetzen. Dieser streamt Ihre Protokolle von angebundenen Anwendungen an einen zentralen Application Logging Stack, um die darin enthaltenen Daten zu speichern und zu visualisieren. Der Service nutzt *Elastic Stack*, eine Sammlung von drei Open-Source-Projekten: Elasticsearch, Logstash und Kibana. Elastic Stack bietet einen zuverlässigen Mechanismus für die zentralisierte Protokollführung, die eine wesentliche Rolle bei der Identifizierung von anwendungsbezogenen Problemen spielt, und ist eine vollständige End-to-End-Lösung für die Log-Analyse. Er ermöglicht Ihnen, alle Logs an einem einzigen Ort zu durchsuchen und Probleme zu identifizieren, die sich über mehrere Server erstrecken, indem Sie deren Logs innerhalb eines bestimmten Zeitrahmens korrelieren.

Der SAP Application Logging Service bietet zudem eine webbasierte Kibana-Benutzeroberfläche, über die Sie Protokolle anzeigen, durchsuchen und analysieren können. Sie wird mit vordefinierten Dashboards geliefert, um relevante Aspekte durch interaktive Erkundung zu identifizieren. Lassen Sie uns einen Blick darauf werfen, indem Sie zurück zur Ansicht der Protokolle Ihrer Anwendung im SAP BTP Cockpit gehen und auf die Schaltfläche Open Kibana Dashboard klicken.

Es öffnet sich ein Dashboard, in dem Sie bereits einige Vorteile erkennen (siehe Abbildung 4.71). Wenn Sie den unteren linken Bereich betrachten, sehen Sie Organizations und Spaces. Selbst wenn Sie über eine einzelne Anwendung auf das Dashboard zugreifen, ist es nicht auf diese Funktionen beschränkt. Es handelt sich um ein zentrales Dashboard, das Ihnen die Protokolle aller Anwendungen zeigt, auf die Sie Zugriff haben und die an den Service gebunden sind.

Die einzelnen Anwendungen, zu denen Logs verfügbar sind, können Sie im Bereich Components sehen (im gezeigten Beispiel nur Ihre Anwendung reciperater-srv). Die angegebenen Werte sind alle filterbar.

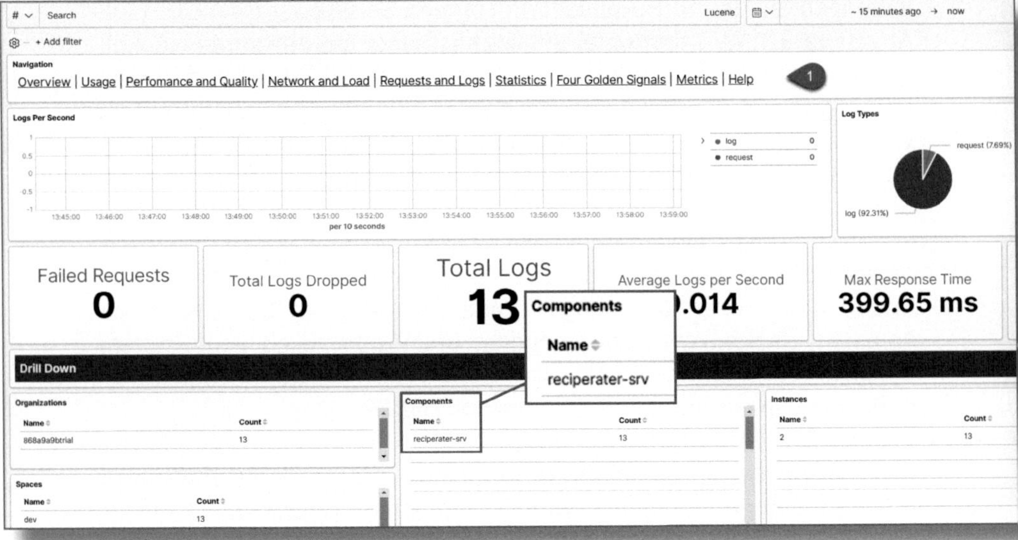

Abbildung 4.71: Kibana-Dashboard – Übersicht

Im oberen Bildschirmbereich sehen Sie einen Abschnitt NAVIGATION ❶ mit Links zu weiteren, vordefinierten Dashboards. Sollten Sie sich beispielsweise für die CPU-, Speicher- und Festplattennutzung Ihrer Instanzen im Zeitverlauf interessieren, gehen Sie einfach über die Navigation zum Dashboard METRICS (siehe Abbildung 4.72).

Wenn Sie das Dashboard betrachten, fällt Ihnen vielleicht auf, dass Ihre CPU-Auslastung einen sehr niedrigen Maximalwert aufweist. Für die hier dargestellte kurze Zeitspanne von 15 Minuten (vgl. Abbildung 4.71 oben rechts) ist dieser Wert nicht unbedingt aussagekräftig, könnte aber im Laufe der Zeit ein Indikator dafür sein, dass Sie die Ressourcen, die Sie jeder Instanz zuweisen, gegenwärtig überdimensioniert haben und senken könnten.

Nehmen wir außerdem an, Sie sind neugierig auf den Umfang der Nutzung Ihrer Anwendung. Wechseln Sie zum Dashboard REQUESTS AND LOGS, dort sehen Sie die aktuellen Anfragen und Anwendungsprotokolle (siehe Abbildung 4.73).

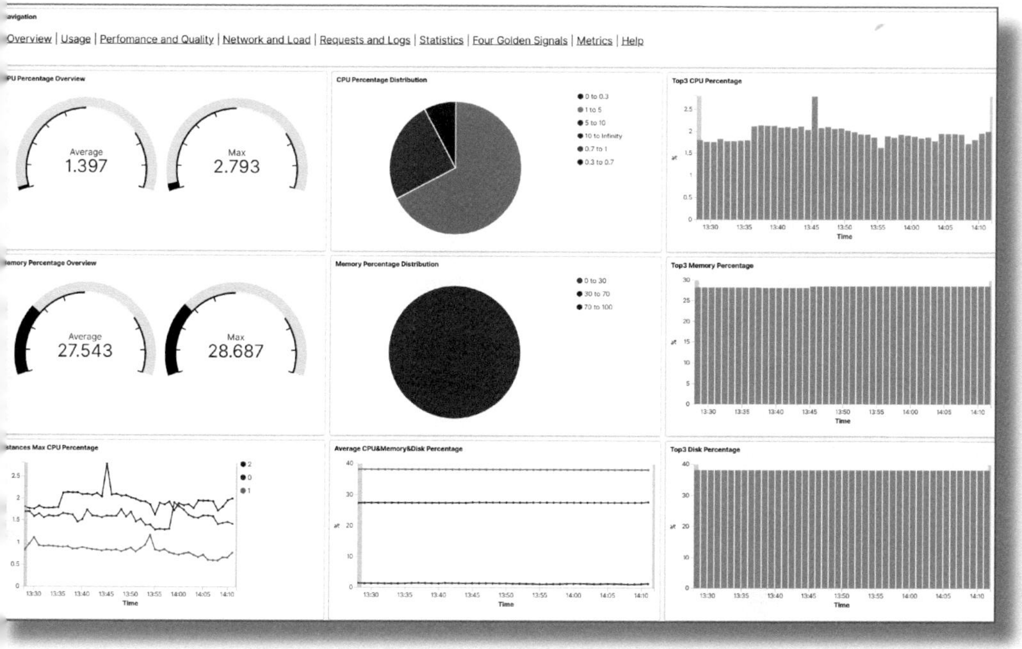

Abbildung 4.72: Kibana-Dashboard – Anwendungsmetriken

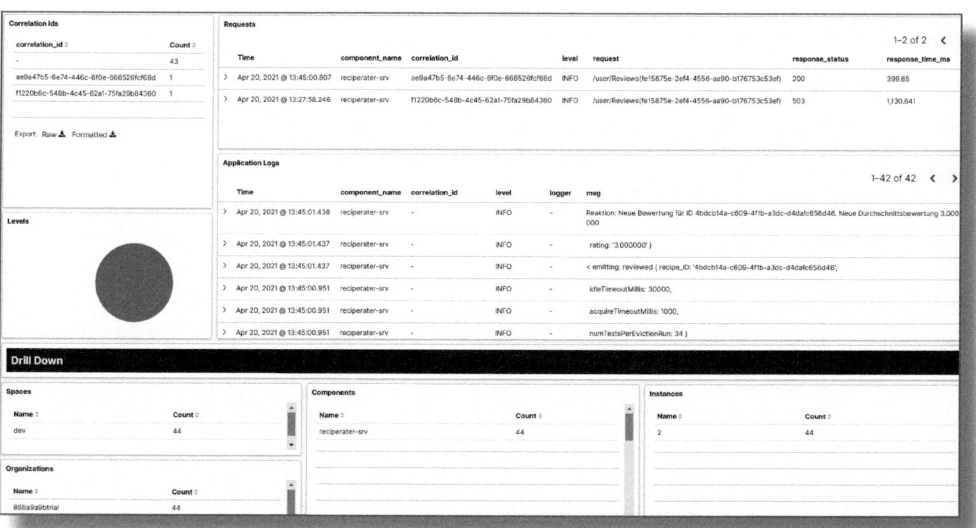

Abbildung 4.73: Kibana-Dashboard – Anfragen und Protokolle

Sie sehen die verschiedenen Protokollebenen und könnten mithilfe spezieller Protokollbibliotheken die CORRELATION_ID der Anfragen mit Ihren Anwendungsprotokolleinträgen verknüpfen. Auf diese Weise filtern Sie die Logs auf die jeweilige Anfrage. Eine solche Logging-Bibliothek ist das npm-Paket *@sap/logging*; es stellt Logging- und Tracing-Funktionalitäten für Node.js-Anwendungen bereit. Sie können weit über die einfache `console.log`-Anweisung hinausgehen, indem Sie Korrelationen, Protokollebenen, verschiedene Anwendungskomponenten oder Informationen in *SAP Passport*, einem alternativen Authentifizierungsverfahren zu S-User-ID und -Passwort, hinzufügen.

Doch selbst mit der einfachen `console.log`-Anweisung bietet Ihnen der Dienst noch gute Möglichkeiten, Ihre Protokolle zu analysieren. Merken Sie sich z. B. die CORRELATION_ID einer Anfrage und wechseln Sie über die Elastic-Navigation auf die DISCOVER-Seite von Kibana (siehe Abbildung 4.74).

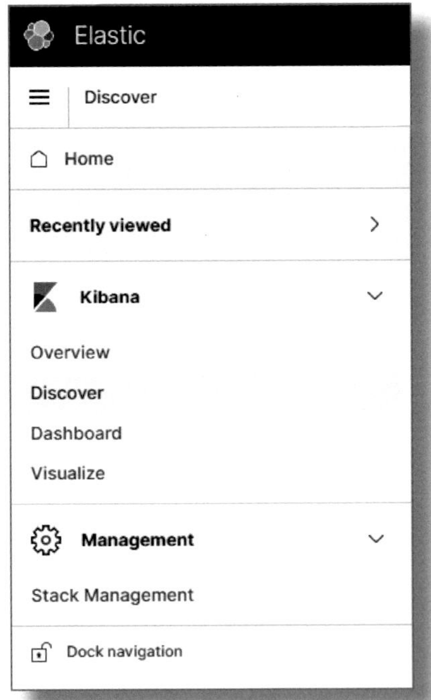

Abbildung 4.74: Elastic – Navigationsmenü

Wenn Sie nun die gemerkte Correlation-ID in das Abfragefeld einfügen, werden alle Log-Einträge nach diesem Wert durchsucht und diejenigen gefunden, die diesen Wert enthalten (siehe Abbildung 4.75).

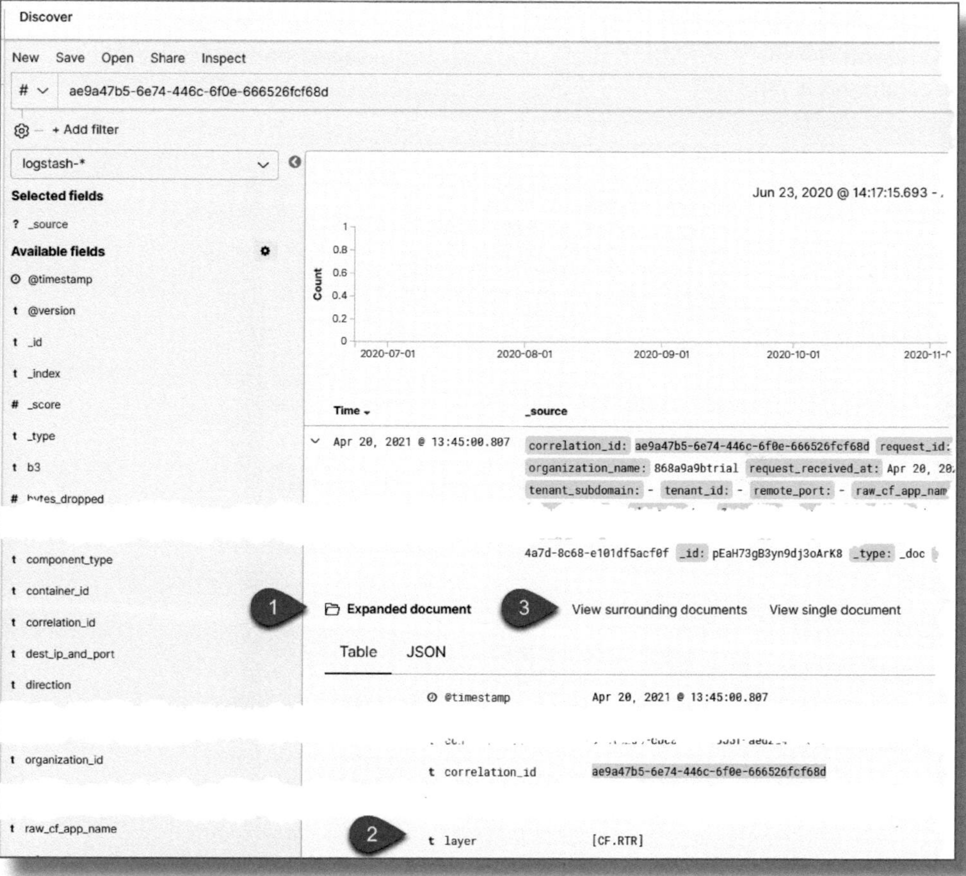

Abbildung 4.75: Kibana – Discover-Tab

Wenn Sie einen dieser Einträge über EXPANDED DOCUMENT ❶ erweitern, sehen Sie die protokollierten Werte in einer Tabelle. Mit Blick auf den Eintrag LAYER ❷ sehen Sie [CF.RTR] – also hat der Cloud Foundry Router dieses Protokoll geschrieben.

Neben EXPANDED DOCUMENTS sehen Sie die Schaltfläche VIEW SURROUNDING DOCUMENTS ❸. Dort werden Ihnen andere Einträge aufgelistet, die um die Zeit des zuvor betrachteten Eintrags herum geschrieben wurden. So können Sie schnell Anwendungsprotokolle identifizieren, die im Zusammenhang mit dieser Anfrage geschrieben wurden, selbst wenn Sie die Korrelation nicht speziell protokolliert haben (siehe Abbildung 4.76).

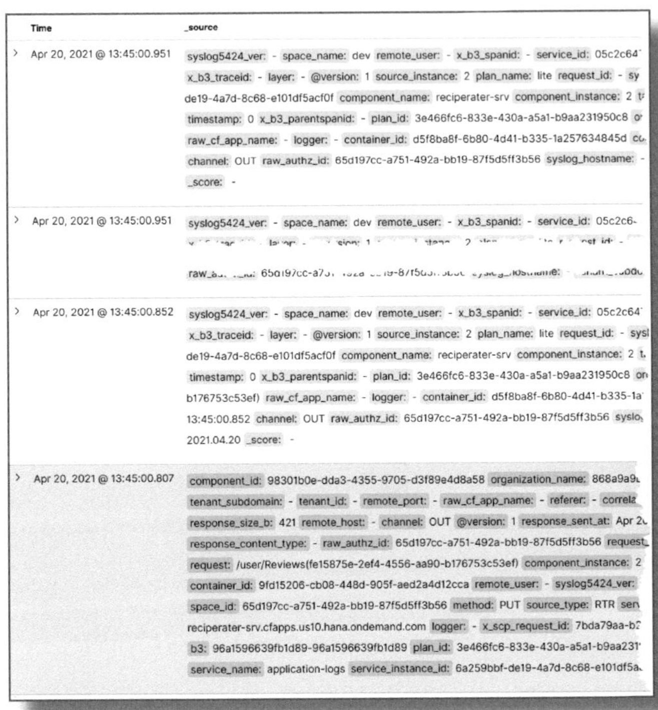

Abbildung 4.76: Kontext eines Protokolls

Lassen Sie uns resümieren: Der *SAP Application Logging Service* stellt Ihnen sowohl Anwendungsprotokolle, die von Cloud Foundry stammen, als auch Protokolle, die explizit von Ihren Anwendungen selbst ausgegeben werden, in einer ansprechenden Benutzeroberfläche zur Verfügung. Sie erhalten weitere Metriken, wie den Zustand und die Ressourcennutzung Ihrer Anwendung, oder können sogar die Nutzung

Ihrer Anwendung oberflächlich analysieren, indem Sie die Anfragemuster betrachten. Größtenteils ist dies in vorkonfigurierten, einfach zu verwendenden Dashboards möglich. Damit sollten Sie die Stärken des Service kennen, der Ihnen erlaubt, eine nachträgliche Analyse durchzuführen und grundlegende Muster während der Aufbewahrungszeit der Protokolle zu erkennen.

4.7 Zusammenfassung

In diesem Kapitel haben Sie gelernt, wie Sie Ihre Anwendung in der Cloud bereitstellen: zunächst manuell mit einer Cloud-Foundry-nativen Methode unter Verwendung des CF-CLI-Befehls `cf push` und der SAP-spezifischen Variante der Verwendung einer MTA, daran anschließend automatisch mit dem Service Continuous Integration and Delivery und dem SAP Cloud Transport Management. Anschließend haben Sie einen kurzen Einblick in die Themen Anwendungsskalierung und -protokollierung erhalten. Das nächste Kapitel befasst sich mit einer Übersicht weiterer Services, die für die Erweiterung der Anwendung infrage kommen könnten.

5 Weitere Dienste und Abonnements im Überblick

Mit dem bisher erworbenen Wissen rund um die Plattform, Service-Instanzen und Abonnements kennen Sie bereits die grundlegenden, sich wiederholenden Schritte einer Anwendungsentwicklung auf SAP BTP, die Sie auf die eine oder andere Weise im Umgang mit allen Services der Plattform wiederfinden. In diesem Kapitel möchte ich Sie nicht mit weiteren Implementierungsdetails konfrontieren, sondern Ihren Blick noch einmal weiten. Welche Dienste oder Abonnements könnten für Ihre Anwendung außerdem interessant sein?

5.1 SAP Extension Suite – Development Efficiency

Die Lösungen im Bereich »Development Efficiency« der Extension Suite helfen Ihnen hauptsächlich bei der Erfüllung entwicklungsbezogener Anforderungen. Sie ermöglichen es Ihnen, die Aufgaben effizienter anzugehen, indem Sie sich nicht selbst um die Implementierung der Funktionen kümmern müssen. Einzelne dieser Lösungen schalten wiederum weitere Funktionalitäten der Plattform frei.

5.1.1 SAP Custom Domain Service

Bislang haben Sie Ihre Anwendung mit einer neutralen URL wie *https://<org-name>-dev-reciperater-srv.cfapps.eu10.hana.ondemand.com* aufgerufen. Solche Routen müssen in der Kombination aus Anbieter und Region eindeutig sein. Die perfekt zu Ihrer App passende Route könnte also schon vergeben sein. Und gerade für den Zugriff auf Benutzeroberflächen wäre bei einem produktiven Einsatz mit Kunden eine URL wie *https://rezepte.espresso-tutorials.de* wünschenswerter. Demnach sollten Sie Ihre Anwendung unter Ihrer Domain konfigurieren und bereitstellen. Zu diesem Zweck steht Ihnen der *SAP Custom Domain Service* zur Verfügung. Dieser ermöglicht es Ihnen, Ihre eigene Domain zu konfigurieren, um Ihre Anwendung öffentlich zugänglich zu machen, anstatt eine von SAP zur Verfügung gestellte Standard-Subdomain wie etwa *cfapps.eu10.hana.ondemand.com* zu verwenden.

5.1.2 SAP Cloud Identity Services – Identity Authentication

Prüfen Sie für den produktiven Einsatz neben der Domäne auch den Identitätsanbieter. Standardmäßig ist dies in SAP BTP der SAP ID Service (vgl. Abschnitt 3.6.3). Er hat Ihnen bei Ihren Tests erlaubt, sich schnell und einfach anzumelden. Allerdings ist es fraglich, ob Sie Kunden auffordern möchten, ein SAP-Konto anzulegen, bevor sie sich bei Ihrer App anmelden.

Aber auch für die eigenen Mitarbeiter mit SAP-Konto hat dieser Identitätsanbieter Schwächen. So können Sie dort keine Gruppen oder benutzerdefinierten Werte konfigurieren, sodass Sie spätestens beim Versuch, gruppenbasierte Aufgaben oder Berechtigungen zu vergeben, an Grenzen stoßen. Sofern Sie keine Lösung eines Drittanbieters wie Microsoft Azure Active Directory verwenden möchten, können Sie die *SAP Cloud Identity Services* nutzen. Mittels *Identity Authentication* wird die Benutzererfahrung durch Authentifizierungsmechanismen, Single Sign-On, On-Premises-Integration und komfortable Self-Service-Optionen vereinfacht. Es lohnt sich insbesondere ein ausführlicherer Blick auf diesen Servicebereich, wenn Sie Benutzer aus einem On-Premises-SAP-System wiederverwenden möchten.

5.1.3 Object Store on SAP BTP

Eine Anwendung mit Rezepten ohne Bilder von den Speisen ist nicht sehr ansprechend. Die Speicherung von Bildern in einer SQL-Datenbank ist allerdings sicher nicht die effizienteste Lösung. Stattdessen könnten Sie den *Object Store Service* auf SAP BTP nutzen. Er ermöglicht das Speichern sowie Verwalten, also das Erstellen, Hochladen, Herunterladen und Löschen von Objekten. Dieser Dienst ist spezifisch für die jeweilige IaaS-Schicht wie Azure Blob Storage, Amazon Web Services und Google Cloud Platform. Läuft Ihr Konto auf einer AWS-Infrastruktur, würde der Service AWS S3-Buckets erstellen und sichere Anmeldeinformationen an die Anwendung weitergeben, um auf die Buckets zuzugreifen. In diesen Buckets könnten Sie Ihre Bilder sowie andere Dateien hosten und sie Ihren Kunden zur Verfügung stellen.

5.1.4 SAP Data Privacy Integration

Da wir gerade von Kunden sprechen: Ein Bereich, der für einen Entwickler, der eine Kundenherausforderung löst, wahrscheinlich nicht oberste Priorität hat, ist der Datenschutz nach DSGVO. Für ihn gibt es aber wiederverwendbare Services, die seine Anwendung mit Datenschutzfunktionen versorgen. Der *Data Privacy Integration Service* vereint die verschiedenen Datenschutzfunktionen für Geschäftsanwendungen. So können Sie Aufbewahrungs- und Sperrregeln verwalten, um personenbezogene Daten und zugehörige Transaktionsdaten für Anwendungen, die auf SAP BTP aufbauen, unabhängig vom verwendeten Datenmodell zu sperren oder zu vernichten. Sie können die betroffenen Personen identifizieren und sie darüber informieren, welche ihrer Daten von einer Anwendung oder einem Service gespeichert und verwendet werden. Der Service bietet Ihnen außerdem eine Reihe von APIs, um die Datenschutz-Compliance zu verbessern.

5.1.5 SAP Feature Flags Service

Wenn Sie sich gefragt haben, wie Sie eine Anwendung direkt in der Produktivlandschaft bereitstellen können, könnten automatisierte Tests helfen, die im vorliegenden Buch jedoch nicht behandelt werden.

Ein weiterer Aspekt ist, wenn Sie nicht sofort alle neuen Funktionalitäten an jeden Kunden ausliefern wollen. Um deren Rollout zu steuern, werden oft *Feature Flags* eingesetzt. Damit Sie funktionale Teile

Ihrer Anwendung ein- und ausschalten können, müssen Sie den entsprechenden Quellcode in einen *Toggle Point* einbetten, der auf ein bestimmtes Feature Flag verweist. Im Toggle Point greifen Sie auf den *SAP Feature Flags Service* zu und geben den Namen des Feature Flags an. Abhängig vom Auswertungsergebnis des Feature Flags (aktiv oder inaktiv) bedient Ihre Anwendung die Funktionalität in diesem spezifischen Toggle Point. Auf diese Weise können Sie mit dem Service neue Funktionen aktivieren oder deaktivieren, ohne die Anwendung wiederholt deployen oder starten zu müssen.

Der SAP Feature Flags Service implementiert demnach ein gängiges agiles Entwicklungskonzept, das es Ihnen ermöglicht:

- konkrete Funktionalitäten basierend auf bestimmten Konditionen bereitzustellen,
- die Bereitstellung von Funktionalitäten, die Änderungen in mehreren Komponenten oder Microservices erfordern, zu synchronisieren sowie
- Funktionalitäten schnell zurückzunehmen.

5.1.6 SAP Alert Notification Service for SAP BTP

Wenn es ein Problem mit Ihrer Anwendung gibt, möchten Sie sicher nicht erst zufällig beim Durchsehen der Protokolle darüber stolpern. Der *SAP Alert Notification Service* ist ein Dienst aus dem DevOps-Portfolio von SAP BTP. Er beherrscht das Sammeln wichtiger technischer Informationen aus SAP BTP Services und kann auch Informationen über benutzerdefinierte Szenarien innerhalb Ihrer eigenen Umgebung verarbeiten, wie beispielsweise eine benutzerdefinierte Situation in Ihrer Anwendung.

Jede der gesammelten Informationen – entweder direkt von der Plattform kommend oder ein benutzerdefiniertes Szenario repräsentierend – wird in ein gemeinsames Modell übersetzt. Dieses ist darauf ausgelegt, automatisch Echtzeit-Benachrichtigungen und -Warnungen über Ereignisse zu senden, die für das Unternehmen und den Betrieb von Interesse sein könnten. Clients können sich für den Empfang von Ereignissen gemäß ihren Interessen anmelden und den am besten geeigneten Kanal für die Zustellung wählen. Ein solcher Kanal kann eine E-Mail, ein benutzerdefinierter Webhook, ein externes System oder sogar ein Ereignis sein, das von einer API abgerufen wird. Mit einem benutzerdefinierten Webhook kann der SAP Alert Notification Service Ereignisse an jeden öffentlich existierenden REST-Endpunkt senden. Er unterstützt jedoch auch nativ die Integration mit mehreren externen Systemen wie Slack, Microsoft Teams, VictorOps oder ServiceNow.

5.2 SAP Extension Suite – Digital Experience

Die Digital-Experience-Lösungen in der Extension Suite unterstützen Sie dabei, das Benutzererlebnis Ihrer Anwendung zu verbessern. Durch Integrationen können Sie z. B. zusätzliche Kanäle bereitstellen oder Interaktionen mit Ihren Anwendern eingehen.

5.2.1 SAP Forms Service by Adobe

Für Ihre Anwender wäre eine PDF-Version der Rezepte zum Download sicherlich ansprechend. Doch wie können Sie solch ein PDF anbieten, am besten gleich inklusive aktueller Bewertungen und Kommentare des Anwenders? Hierfür bietet sich der *SAP Forms Service* von Adobe an. Mit ihm generieren Sie Druck- und interaktive Formulare über die Adobe Document Services.

5.2.2 SAP Document Management Service

Wie verwalten Sie Dokumente und wie Rechnungen, wenn Sie Zahlungen anbieten? Funktionen zur Dokumentenverwaltung lassen sich direkt in Ihre Geschäftsanwendungen integrieren. Der *SAP Document Management Service* bietet mehrere Optionen, beispielsweise Dokumentverwaltungsfunktionen entweder mithilfe einer integrationsfähigen Komponente oder einer wiederverwendbaren UI-Komponente (für Ihre Geschäftsanwendungen) zu erstellen. Dazu verbinden Sie ein CMIS-kompatibles On-Premises- oder Cloud-Repository Ihrer Wahl mit dem Document Management Service und nutzen die Funktionen der Anwendung – oder Sie verwenden die Repository-Option, mit der Sie Ihre Dokumente über den Service sicher speichern und verwalten können.

Auf diese Weise erweitern Sie Ihre Anwendung um eine Dokumentenverwaltung, ohne Zeit von der Entwicklung Ihrer Kernfunktionalität abzweigen zu müssen.

5.2.3 SAP Conversational AI

Ich bin bisher sehr wenig auf Benutzeroberflächen eingegangen. Auch hier haben Sie verschiedene Optionen. Innerhalb des SAP-Ökosystems ist SAPUI5 mit der *SAP Fiori UX* die bekannteste Option. Sie wird vor allem in Anwendungen für Ihre Mitarbeiter bevorzugt, da sie die vertraute Oberfläche der SAP-Systeme fortführt. Für Applikationen, die sich an Ihre Kunden richten, können Sie aber auch andere Frameworks wie *React* verwenden.

Möchten Sie sich vom Programmieren der Benutzeroberflächen entfernen, bietet die SAP für die Benutzerinteraktion No-Code- und Low-Code-Lösungen an. Mit *AppGyver*, der letzten Akquisition von SAP, steht eine solche Low-Code-Lösung für die Erstellung von mobilen Anwendungen zur Verfügung.

SAP Conversational AI ist eine Plattform zum Anfertigen leistungsstarker, auf die konkreten Bedürfnisse größerer Unternehmen ausgerichteter Chatbots. Sie bietet eine einheitliche Oberfläche zum Trainieren, Erstellen, Testen, Verbinden und Überwachen solcher Chatbots. Für Anwendungen, die in der Cloud-Foundry-Umgebung betrieben werden, erreichen Sie durch die Verwendung desselben Service ohne großen Aufwand eine nahtlose Integration. So vereinfachen Sie den Zugang zu Informationen und ermöglichen personalisierte, menschlich anmutende Konversationen.

5.3 SAP Extension Suite – Digital Process Automation

Der Fokus der Lösungen aus dem Bereich *Digital Process Automation* der Extension Suite liegt einerseits darin, sich wiederholende Prozessbestandteile zu automatisieren und andererseits, die Verantwortlichkeit und Anpassungsfähigkeit der Geschäftslogik von den Entwicklern an die Fachabteilung zurückzugeben.

5.3.1 SAP Workflow Management

Bei SAP Workflow Management nur an Workflows zu denken, greift zu kurz. Diese Lösungssuite ermöglicht es Ihnen, Workflows zu digitalisieren, Entscheidungen zu verwalten, eine durchgängige Prozesstransparenz zu erhalten und Prozesse in einem Low-Code-Ansatz zu konfigurieren.

Mit *SAP Workflow Service* können Benutzer Workflows erstellen, ausführen und verwalten. Dieser Dienst nutzt für die Modellierung den De-facto-Standard *Business Process Model and Notation* (kurz BPMN), um ein gemeinsames Verständnis zwischen Geschäftsanwendern und Entwicklern zu fördern. Mithilfe mehrerer Workflows erlaubt der Entwickler dem Anwender, einen Prozessablauf ohne weitere IT-Beteiligung zu konfigurieren und so die Prozesseffizienz zu steigern.

SAP Business Rules Service unterstützt Sie mithilfe von Geschäftsregeln bei der Digitalisierung und Automatisierung von Entscheidungsprozessen. Er kapselt die dynamische Entscheidungslogik von der Anwendungslogik, sodass Sie die Entscheidungsfindung aus Ihrer Anwendung auslagern und Regeln aufrufen können, die das Ergebnis bestimmen. Auch hier wird mit *Decision Model and Notation* (kurz DMN) ein De-facto-Standard zur Modellierung der Regeln genutzt. Diese Regeln können dann vonseiten der Fachabteilungen angepasst werden, um das Verhalten der Anwendung zu ändern, ohne dass die IT eingeschaltet werden muss.

Schließlich wird durch den *SAP Process Visibility Service* eine durchgängige Sichtbarkeit der Prozesse in einer einzigen Ansicht erreicht.

Im Kontext der Anwendung könnten Sie beispielsweise Rezeptvorschläge oder auch Diäten und Allergien mit dieser Lösungssuite verwalten.

5.3.2 SAP Intelligent RPA

Für den Fall, dass Sie wiederholende Aufgaben haben, die Sie nicht durch den Aufruf der APIs einer Anwendung lösen können, empfiehlt sich *Robotic Process Automation (RPA)*. Dabei handelt es sich um eine Softwaretechnologie, mit der Sie auf einfache Weise Software-Roboter erstellen, einsetzen und verwalten können, die menschliche Handlungen bei der Interaktion mit digitalen Systemen und Software nachahmen, um auf diesem Weg Geschäftsprozesse im Unternehmen zu automatisieren.

5.4 SAP Integration Suite

Die SAP Integration Suite wird zur Verknüpfung von Anwendungen eingesetzt. Mit dem Message Broker SAP Event Mesh haben Sie in Abschnitt 3.6.2 bereits eine asynchrone Möglichkeit unter Verwendung von Ereignissen kennengelernt. Die Suite selbst bietet diesbezüglich noch mehr Funktionen: von einem Portal für Entwickler bis hin zum Stammdatenmanagement.

5.4.1 Integration Suite

Das wichtigste Angebot in diesem Bereich ist die gleichnamige *SAP Integration Suite*. Sie verbindet und kontextualisiert Prozesse sowie Daten, sodass Sie neue Anwendungen schneller und unabhängig von anderen IT-Teams erstellen können. Zu ihr gehören verschiedene Services wie SAP Cloud Integration und SAP API Management.

Sie haben sich vielleicht gemerkt, dass die primäre Art und Weise, wie Ihre Anwendung mit der Außenwelt kommuniziert, APIs sind und sein sollten. Das gilt ebenso für SAP-Anwendungen und -Services. APIs in SAP-Lösungen verwenden jedoch unterschiedliche Protokolle, Dokumentationen und Zugriffsmechanismen. Damit Sie eine einheitliche Sicht auf die in den Lösungen verfügbaren APIs erhalten, um entscheiden zu können, welche Sie integrieren möchten, bietet die SAP in der Cloud einen zentralen Katalog von APIs mit einer Testumgebung an. Dabei handelt es sich um den *SAP API Business Hub*, verfügbar unter der URL *https://api.sap.com*. Über ihn können Sie Ereignisse, vorkonfigurierte Geschäftsprozesse und mehr erkunden. Aber lassen Sie uns für einen Moment auf die API-Seite konzentrieren.

Die von Ihnen im Verlauf des Buches erzeugte Anwendung stellt drei verschiedene Services mit unterschiedlichen Funktionalitäten zur Verfügung. Da es sich dabei um OData-Services handelt, könnten Entwickler, um deren Verwendung zu verstehen, die Metadaten-Dokumente lesen. Allerdings wäre das nicht sehr effizient.

Alternativ können Sie ein zentrales Portal bereitstellen, um Ihre APIs zu veröffentlichen, zu erklären und zu überwachen – also eine ähnliche Funktionalität wie den SAP API Business Hub. Dies ist das *SAP API Management*, eine einheitliche Oberfläche zur Verwaltung und Überwachung von APIs über verschiedene Plattformen hinweg. Sie können darüber ausgewählte Daten freigeben, und Anwendungsentwickler rufen mittels des SAP API Management erstellte API-Proxys auf, statt direkt auf Services zuzugreifen. So können Sie beispielsweise Produkte mit mehreren APIs einrichten und Entwicklern oder Anwendungen erlauben, eine bestimmte Anzahl von Aufrufen Ihrer APIs in einem vorgegebenen Zeitrahmen durchzuführen.

Der nahezu synonym mit der SAP Integration Suite verwendete Service ist jedoch *SAP Cloud Integration* (ehemals SAP Cloud Platform Integration (CPI)). Diese Lösung unterstützt die End-to-End-Prozessintegration durch den Austausch von Nachrichten. Sie hilft Ihnen, Cloud- und On-Premises-Anwendungen mit anderen SAP- und Nicht-SAP-Cloud- oder On-Premises-Anwendungen zu verbinden und Nachrichten in Echtzeit in verschiedenen Unternehmen, Organisationen oder Abteilungen innerhalb einer Organisation zu verarbeiten.

5.4.2 Connectivity Service

Wenn wir über Integration und On-Premises-Systeme sprechen, darf *SAP BTP Connectivity* nicht unerwähnt bleiben. Dieser Service stellt eine sichere Verbindung zwischen Ihren Cloud-Anwendungen und On-Premises-Systemen her. SAP BTP Connectivity bietet zwei Dienste für die Cloud-Foundry-Umgebung: den *Connectivity Service* und den *Destination Service*. Ersterer bietet einen Konnektivitäts-Proxy, mit dem Sie auf On-Premises-Ressourcen zugreifen können. Den Destination Service kennen Sie bereits aus Abschnitt 4.4.2. Sie können mit ihm über die Zielressource alle technischen Informationen abrufen und speichern, die Sie benötigen, um Ihre Anwendung mit einem Remote-Dienst oder -System zu verbinden. Durch die Kombination beider Services lässt sich über den SAP Cloud Connector eine Verbindung zu einem On-Premises-System herstellen und so auf die lokalen Schnittstellen zugreifen.

6 Zusammenfassung und Zukunft

Veränderung ist ein zentrales Merkmal unserer heutigen Welt. Sie haben im Laufe des Buches viel über den Einsatz der SAP Business Technology Platform gelernt. Die Stärke der Cloud liegt darin, sich dynamisch an veränderte Situationen anzupassen. Da auch die Lösungen einem ständigen Wandel unterzogen sind, ist es mir wichtig, dass Sie vor allem die Konzepte im Umgang mit der Cloud-Entwicklung und den angebotenen Diensten verstehen, und nicht so sehr die Details der einzelnen Schritte. In diesem abschließenden Kapitel möchte ich kurz zusammenfassen, was Sie gelernt haben und Ihnen einige Hinweise zum Umgang mit neuen Services und Abonnements geben.

6.1 Was bleibt

Im Kern konzentriert sich SAP BTP auf die Umsetzung und Bereitstellung von nativen Cloud-Anwendungen, entweder in Form von Erweiterungen für SAP-Standardanwendungen oder als eigenständige Anwendungen. Dabei spielen sowohl Standards und Open Source als auch strategische Partnerschaften mit anderen IT-Unternehmen wie Amazon, Microsoft und Google eine zentrale Rolle. Außer auf deren Infrastrukturkapazitäten können Sie teilweise auch direkt auf Serviceangebote dieser Anbieter zugreifen.

Für die Entwicklung und Bereitstellung von nativen Cloud-Anwendungen stellt die Geschwindigkeit, mit der sich grundlegende Technologien und Konzepte weiterentwickeln, Anwender wie Anbieter vor besondere Herausforderungen, wie beispielsweise die unterschiedlichen Technologien für native Cloud-Anwendungen von Cloud Foundry über Kyma bis hin zu Serverless zeigen.

Der Fokus der SAP in Bezug auf SAP BTP hat sich verändert. Es geht weniger um die Bereitstellung der SAP-eigenen Infrastruktur, und auch die proprietäre Plattformumgebung Neo ist ein Auslaufmodell, sondern vielmehr um den Mehrwert und die erleichterte Nutzbarkeit der Dienstleistungen für Kunden. Diese werden Schritt für Schritt abstrahiert und vereinfacht oder austauschbar gemacht. Das sehen Sie zum Beispiel am CI/CD-Service, den Sie im Verlauf des Buches kennengelernt haben. Ursprünglich bot das Projekt »Piper« Pipelines zur Implementierung von CI/CD-Prozessen an, die SAP-Spezifika in Ihren Jenkins-Server integrierten. Dies wurde aufgegriffen und vereinfacht, indem Sie den CI/CD-Service als Option abonnieren können, anstatt selbst einen Jenkins-Server betreiben zu müssen. Anfänglich war dafür noch eine Konfigurationsdatei im Code erforderlich. Wie Sie gesehen haben, ist dies nicht mehr notwendig. Die Konfiguration ist jetzt direkt in der Serviceoberfläche möglich. Zwar haben Sie nicht die Flexibilität, die der Betrieb eines eigenen Jenkins-Servers bietet, aber in den meisten Fällen überwiegen die Vorteile aufgrund der reduzierten Komplexität und des deutlich geringeren Aufwands.

Das ist eine Art Evolution, aber manchmal gibt es auch eine Revolution. Eine solche sprunghafte Weiterentwicklung spiegelt sich zum Beispiel in den verschiedenen Umgebungen der SAP BTP vom ursprünglichen proprietären Stack hin zur Nutzung von Open Source wider. Vom anfänglichen Neo über die Cloud Foundry bis hin zu den heutigen Multi-Cloud-Umgebungen hat die Komplexität der Wahlmöglichkeiten zugenommen. Sie können auf verschiedene Arten und in unterschiedlichen Umgebungen Anwendungen erstellen, die jeweils ihre Vor- und Nachteile haben. Diese Entwicklung erfordert, dass Sie sich auf die Vielfalt einlassen und experimentieren. Und die Auswahl wird weiter wachsen, da sich zukünftig wahrscheinlich weitere alternative Konzepte ergeben werden.

Programmiermodelle wie das SAP Cloud Application Programming Model sollen Ihnen die Arbeit erleichtern und sie flexibel halten. Sie haben gesehen, dass Sie sowohl eine SQLite- als auch eine HANA-Datenbank ohne Änderung Ihres Anwendungscodes parallel nutzen können. Ähnlich verhält es sich mit Schnittstellen. Sie haben OData verwendet, könnten aber auch reine REST-Schnittstellen und perspektivisch Technologien wie GraphQL bereitstellen. Sie können CAP-Anwendungen, mit einigen Anpassungen, nicht nur in der Cloud-Foundry-Umgebung, sondern auch in der Kyma-Umgebung anbieten.

Was also bleibt, ist der Wandel. Sie werden zunehmend in Situationen kommen, in denen Sie sich mit neuen Services und Abonnements auseinandersetzen müssen, um bestimmte Anforderungen zu lösen. Sie haben in diesem Buch einige dieser Services kennengelernt und genutzt, aber es gibt noch viele weitere, auf die ich hier nicht eingegangen bin. Vom Dokumentenmanagement bis hin zu Workflows, von SAP bis hin zu Lösungen von Drittanbietern – Ihnen steht eine Vielzahl von Optionen zur Auswahl+. Zum Abschluss möchte ich Ihnen noch eine kurze Anleitung an die Hand geben, wie Sie die ersten Schritte einer Anwendungsentwicklung mit den meisten SAP-Services meistern können.

6.2 Neue Services entdecken

Nachdem Sie Ihren Anwendungsfall konkretisiert und eine Auswahl getroffen haben, in welchen Bereichen Sie Funktionen differenzieren bzw. standardisieren möchten, stellt sich meist die Frage, ob ein Service diese Aufgabe erfüllen kann. Als Anlaufstelle für auf SAP BTP angebotene Services dient das *SAP Discovery Center*, erreichbar unter *https://www.discovery-center.cloud.sap*. Sie können dort auf den Servicekatalog zugreifen (siehe Abbildung 6.1).

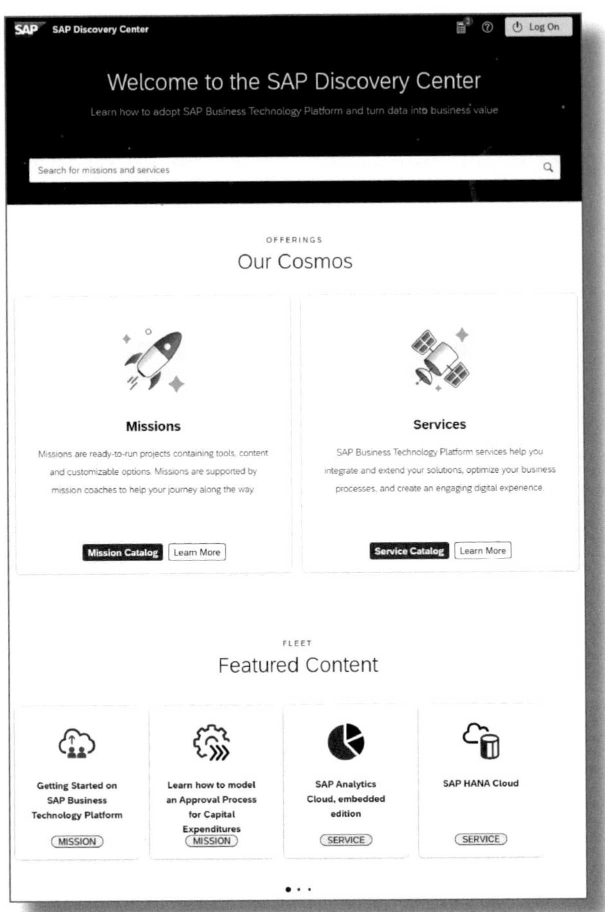

Abbildung 6.1: Startseite des SAP Discovery Center

Dieser enthält die meisten der derzeit erwerbbaren Services. Allerdings ist nicht jeder Service in jeder Region und bei jedem Anbieter verfügbar. Wenn Sie sich bereits für eine Kombination aus Anbieter und Region entschieden haben, sollten Sie einen Filter auf diese Kombination setzen. Es wäre ärgerlich für Sie, wenn Sie verschiedene Services nutzen möchten, nur um in einem späteren Schritt festzustellen, dass ausgerechnet diese nicht in der von Ihnen genutzten Umgebung angeboten werden. Lassen Sie uns das am Beispiel des bereits bekannten Service SAP Continuous Integration and Delivery betrachten.

Öffnen Sie die Filter im oberen Menü und beschränken Sie den Anbieter auf AWS und die Region auf EUROPA (FRANKFURT). Das reduziert die Service-Auswahl von 88 auf 74. Sie sehen also, dass einige Services bei diesem Anbieter und in dieser Region nicht verfügbar sind (siehe Abbildung 6.2).

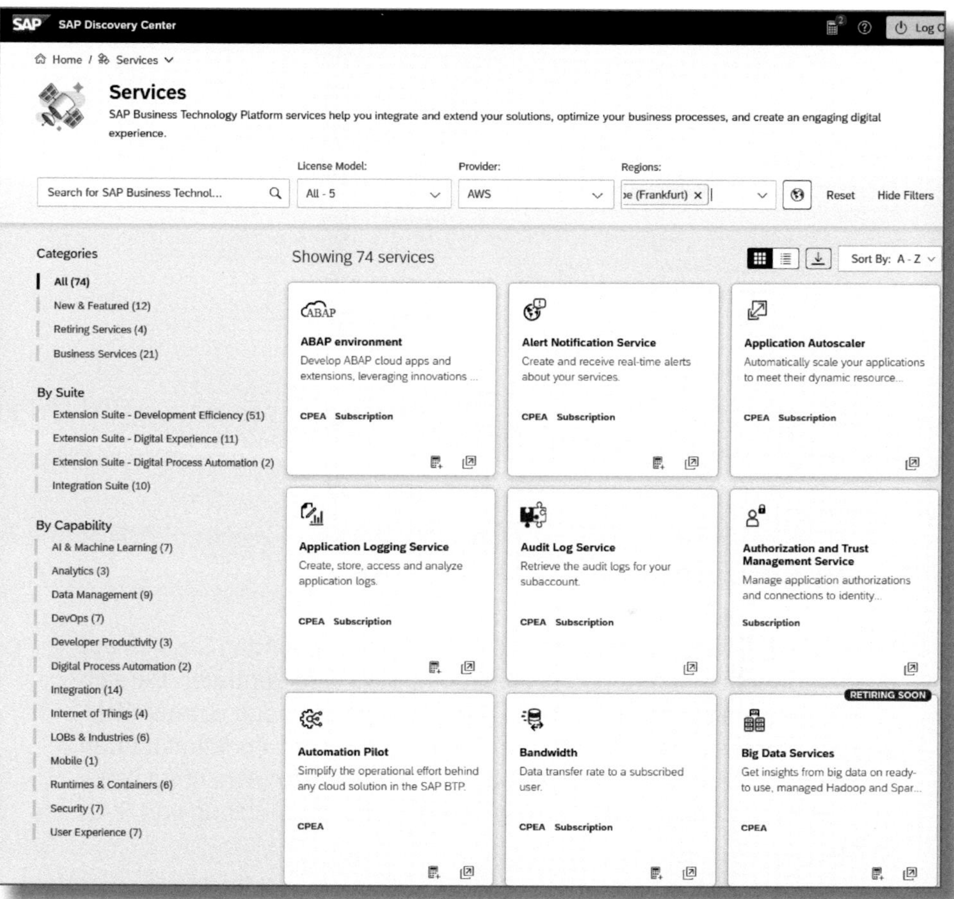

Abbildung 6.2: Servicekatalog

Suchen Sie nun im Suchfeld nach *CICD*. Als Ergebnis erhalten Sie nur den CI/CD-Service. Wie Sie an den Kategorien auf der linken Seite erkennen können, ist der Service zum einen der EXTENSION SUITE im Bereich DEVELOPMENT EFFICIENCY und zum anderen dem Fähigkeitsbereich DEVOPS zugeordnet (siehe jeweils die kleine (1) in Abbildung 6.3). Über diese Zuordnungen können Sie umgekehrt auch neue Services in den Bereichen finden.

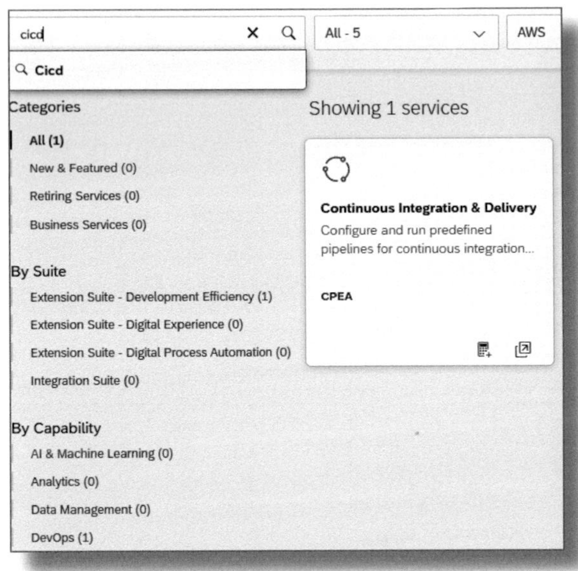

Abbildung 6.3: CI/CD-Service im Servicekatalog

Wenn Sie auf die Kachel für einen Service klicken, befinden Sie sich auf dessen Übersichtsseite (siehe Abbildung 6.4). Den zentralen Bereich nimmt eine Kurzbeschreibung ein. Hier können Sie noch einmal überprüfen, ob dieser Service die von Ihnen benötigten Funktionalitäten abbildet. Die rechte Seitenleiste bietet nützliche URLs, wie etwa Links zum SAP Help Portal, zur Learning Journey und zur Meldung von Störfällen.

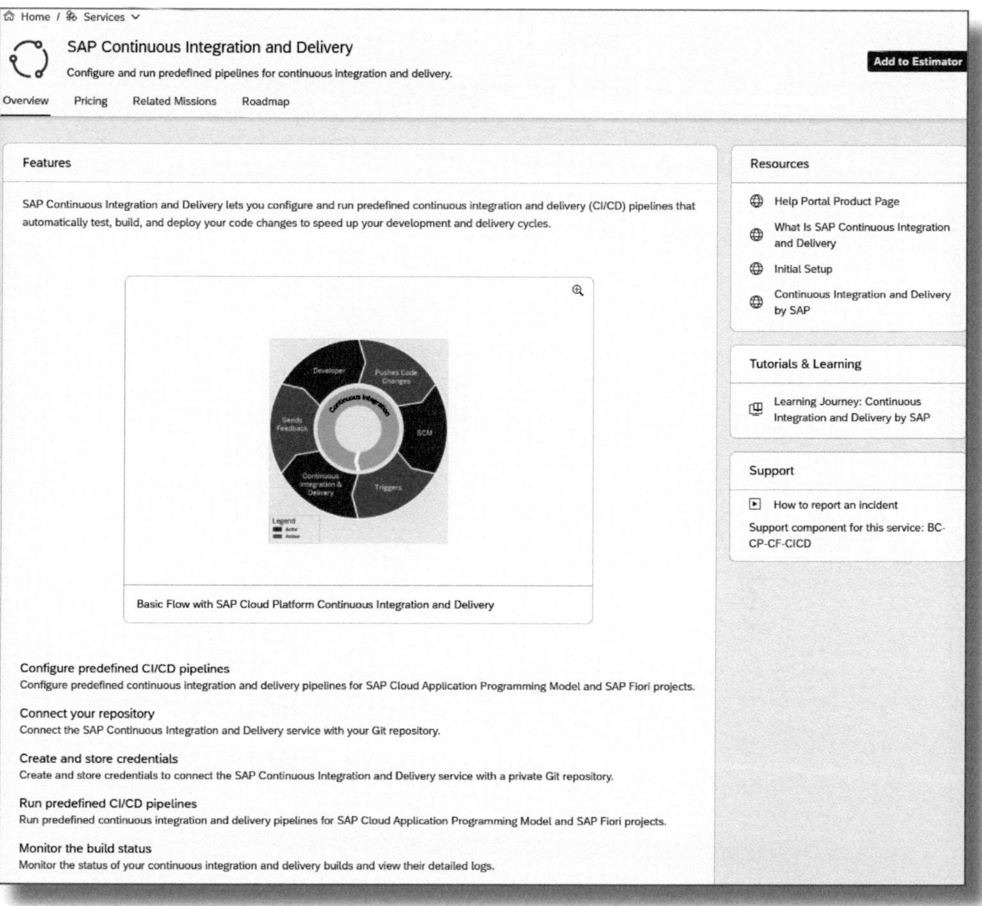

Abbildung 6.4: Übersichtsseite des CI/CD-Service im Servicekatalog

In den meisten Fällen ist das SAP Help Portal die beste Quelle für Informationen über die Konfiguration und den Funktionsumfang (siehe Abbildung 6.5).

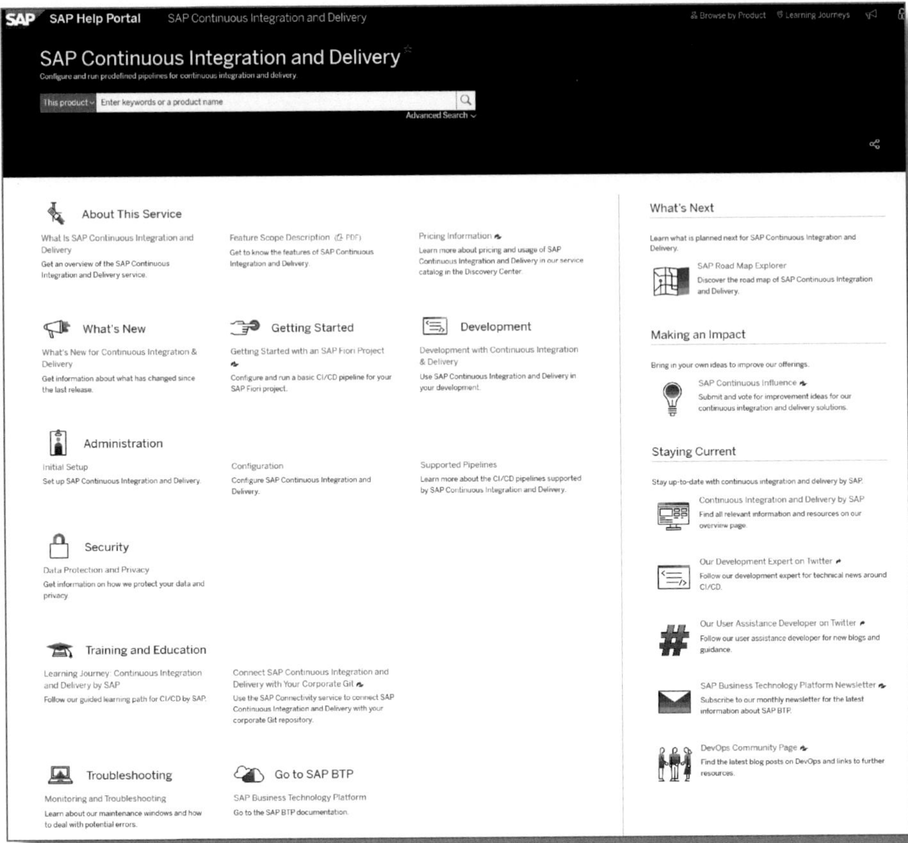

Abbildung 6.5: SAP Help Portal

SAP Education und das zugehörige Produktmanagement erstellen üblicherweise die *Learning Journey* und aktualisieren sie mindestens einmal jährlich. Dort finden Sie, unterteilt in verschiedene Erfahrungsstufen, Verweise auf offizielle Kurse und Zertifizierungen, openSAP-Kurse und andere hilfreiche Ressourcen (siehe Abbildung 6.6).

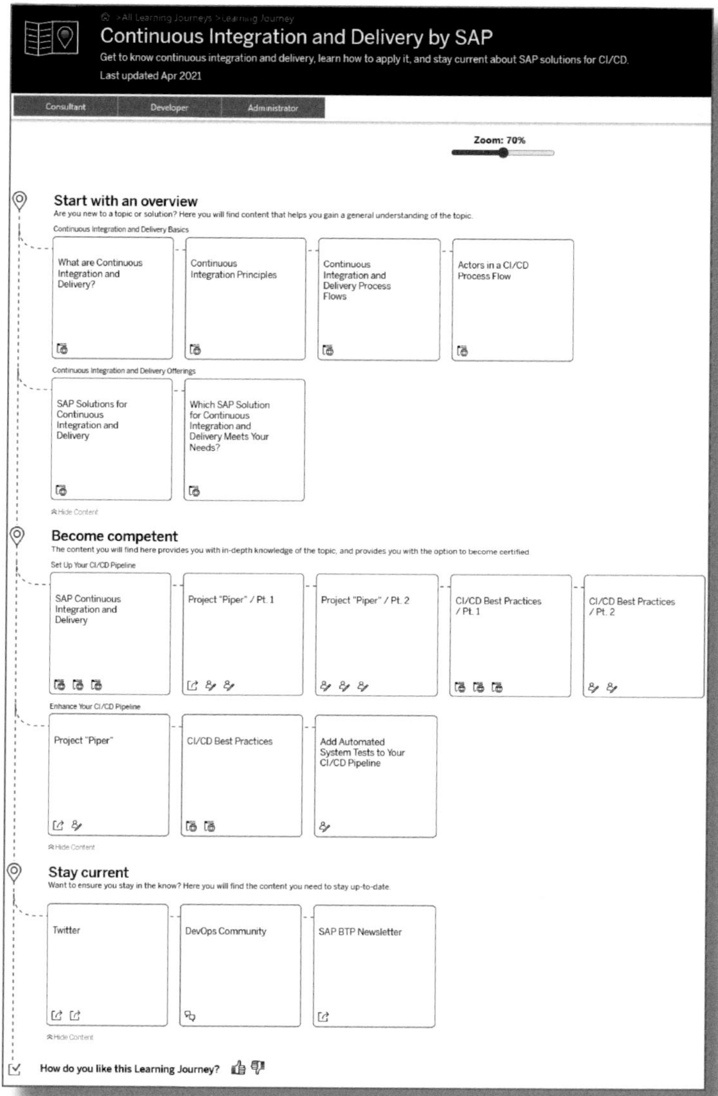

> All Learning Journeys > Learning Journey

Continuous Integration and Delivery by SAP

Get to know continuous integration and delivery, learn how to apply it, and stay current about SAP solutions for CI/CD.

Last updated Apr 2021

Consultant | Developer | Administrator

Zoom: 70%

Start with an overview

Are you new to a topic or solution? Here you will find content that helps you gain a general understanding of the topic.

Continuous Integration and Delivery Basics

What are Continuous Integration and Delivery?

Continuous Integration Principles

Continuous Integration and Delivery Process Flows

Actors in a CI/CD Process Flow

Continuous Integration and Delivery Offerings

SAP Solutions for Continuous Integration and Delivery

Which SAP Solution for Continuous Integration and Delivery Meets Your Needs?

Hide Content

Become competent

The content you will find here provides you with in-depth knowledge of the topic, and provides you with the option to become certified

Set Up Your CI/CD Pipeline

SAP Continuous Integration and Delivery

Project "Piper" / Pt. 1

Project "Piper" / Pt. 2

CI/CD Best Practices / Pt. 1

CI/CD Best Practices / Pt. 2

Enhance Your CI/CD Pipeline

Project "Piper"

CI/CD Best Practices

Add Automated System Tests to Your CI/CD Pipeline

Hide Content

Stay current

Want to ensure you stay in the know? Here you will find the content you need to stay up-to-date.

Twitter

DevOps Community

SAP BTP Newsletter

Hide Content

How do you like this Learning Journey?

Abbildung 6.6: SAP Learning Journey

Gehen wir für weitere Informationen noch einmal zurück zum SAP Discovery Center. Im Reiter PRICING finden Sie die verschiedenen Servicepläne und deren Kosten (siehe Abbildung 6.7). Sie können diese auch in einen Kalkulator einfügen, um die Kosten abzuschätzen, die bei der Kombination von Services entstehen würden.

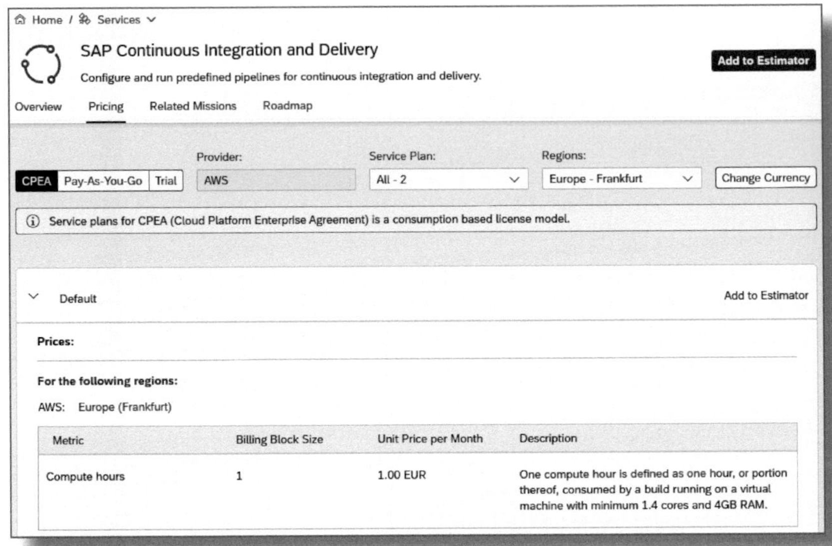

Abbildung 6.7: Preisinformationen im SAP Discovery Center

Schließlich ist noch der Reiter ROADMAP erwähnenswert. Hier erhalten Sie einen Blick auf zukünftig zu erwartende Funktionalitäten (siehe Abbildung 6.8).

Es handelt sich dabei meist um eine reduzierte Übersicht der Roadmap. Die detailliertere Produkt-Roadmap ist unter *https://roadmaps.sap.com/* zu finden.

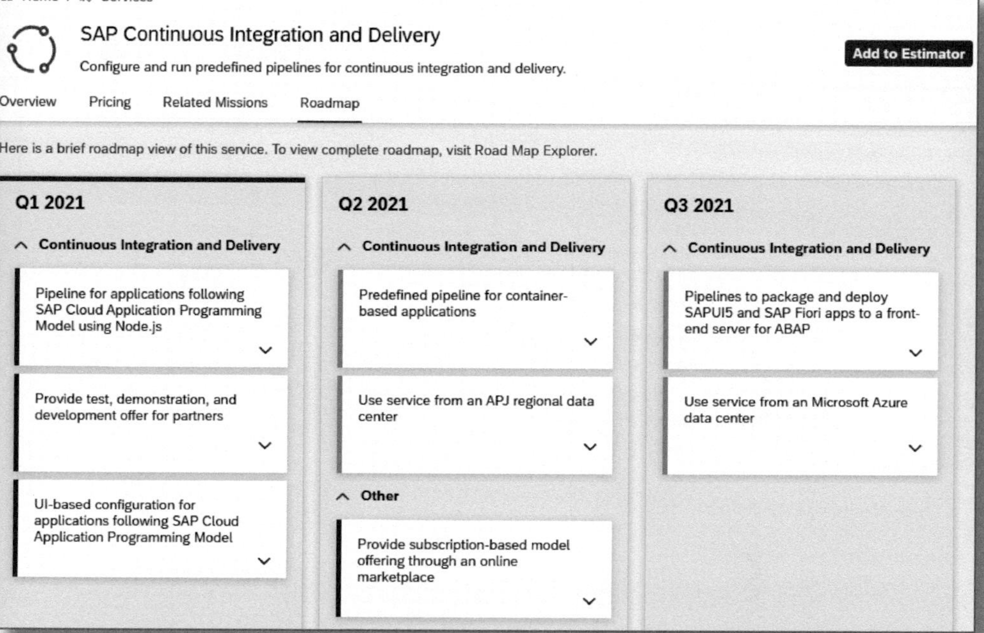

Abbildung 6.8: Produktroadmap im SAP Discovery Center

Eigene Roadmap erstellen

Meine Empfehlung ist, dass Sie im SAP Road Map Explorer Ihre eigene Roadmap mit den von Ihnen erworbenen Services erstellen und speichern (siehe Abbildung 6.9). Auf diese Weise können Sie die von der SAP geplanten zukünftigen Entwicklungen mit Relevanz für Ihren Einsatzbereich leicht nachvollziehen.

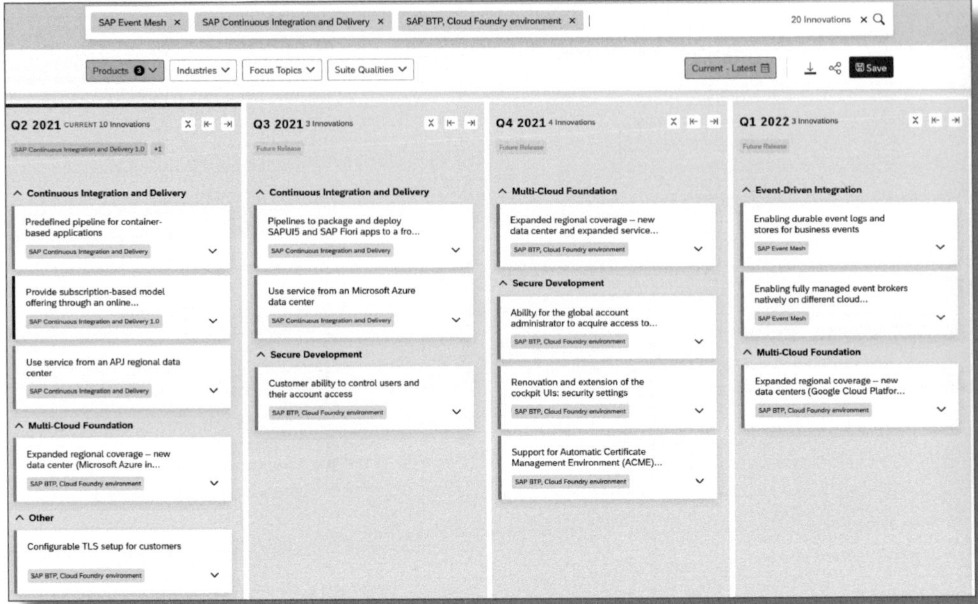

Abbildung 6.9: Produktroadmaps im SAP Road Map Explorer

Sobald Sie sich für Services entschieden haben, stellt sich die Frage, wie Sie sich darin möglichst schnell zurechtfinden. Denn wie Sie sehen konnten, haben einige Services, wie beispielsweise SAP Event Mesh (siehe Abschnitt 3.6.2), spezifische Konfigurationsparameter oder Anforderungen. Ich empfehle Ihnen dazu folgendes Vorgehen:

- Suchen Sie zuerst im SAP Help Portal nach Setup- und Konfigurationsleitfäden. Diese führen Sie in der Regel durch die ersten Schritte und bieten einen einfachen Absprung zur ausführlichen Dokumentation.
- Wenn Sie an der einen oder anderen Stelle eine benutzerfreundlichere Anleitung wünschen, empfehle ich einen Besuch im *SAP Developer Center* unter *https://developers.sap.com*. Hier finden Sie in der Rubrik »Tutorials« verschiedene Schritt-für-Schritt-Anleitungen. Diese erklären selten das Warum, aber sie führen Sie zur Lösung Ihres Problems. Wenn Sie z. B. nach CI/CD suchen, finden Sie eine Anleitung, wie Sie Ihr unterneh-

menseigenes GitHub-Repository mit dem SAP-CI/CD-Service verbinden (siehe Abbildung 6.10).

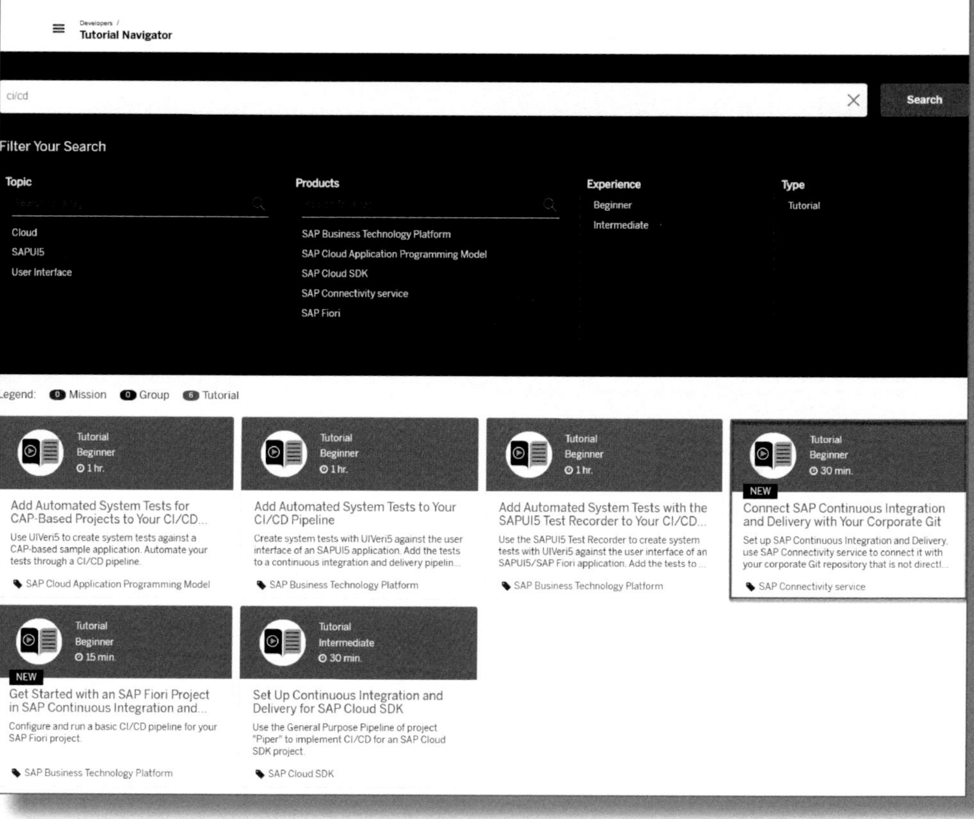

Abbildung 6.10: Tutorials im SAP Developer Center

- Sollten Sie dort keine Lösung für Ihr Problem finden, lohnt sich ein Blick in die *SAP Community* unter *https://community.sap.com/*. Dort finden Sie Blogbeiträge, Fragen und Antworten zu verschiedenen SAP-Themen (siehe Abbildung 6.11). Mithilfe von Schlagworten können Sie die Themen, die Sie interessieren, schnell eingrenzen und sogar abonnieren.

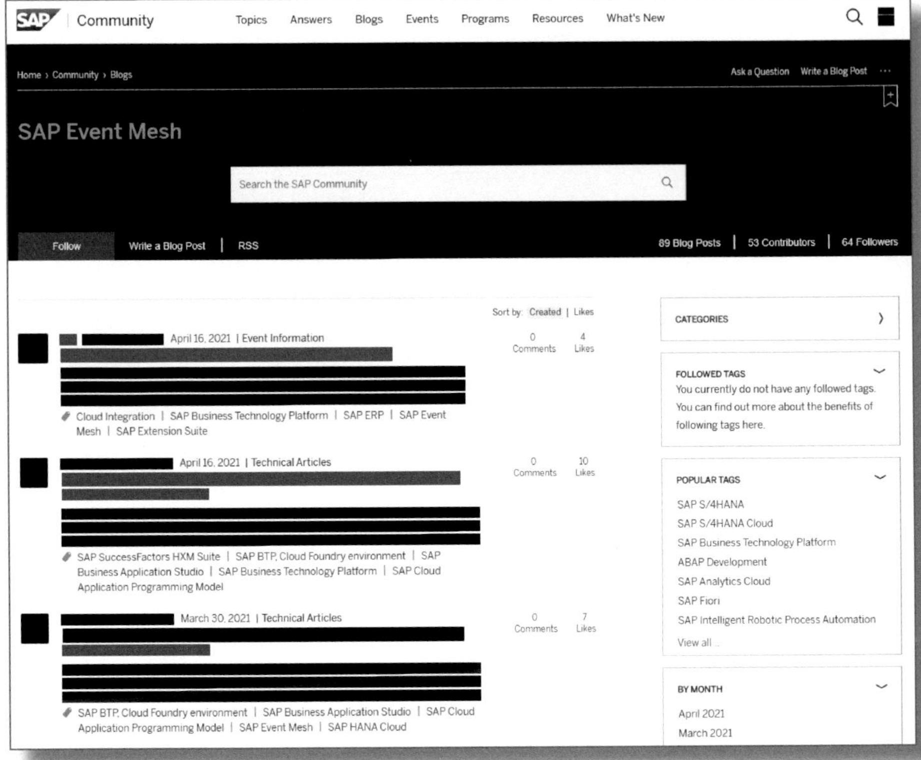

Abbildung 6.11: SAP Community

Abschließend haben Sie immer die Möglichkeit, Bücher oder externe Berater zurate zu ziehen. Beides kann sinnvoll sein, je nachdem, wie viel Zeit Sie selbst in die Arbeit und den Umgang mit einem Service investieren wollen.

6.3 Ausblick

Sie kennen nun die theoretischen Grundlagen für die Cloud-native Anwendungsentwicklung und haben die ersten praktischen Schritte auf SAP BTP erfolgreich gemeistert. Doch wohin wird die Technikreise noch gehen? Werden Sie langfristige Stabilität für die Ihnen erteilten

Aufgaben finden? Diese Fragen lassen sich im Vorfeld kaum eindeutig beantworten.

Eines kann man allerdings heute schon mit Sicherheit sagen: Sie werden sich an die dynamischen Anforderungen gewöhnen müssen, denn es werden Ihnen zukünftig immer schneller immer mehr Möglichkeiten angeboten, von der Umgebung bis hin zu Programmiersprachen und Diensten: Verwenden Sie Java oder JavaScript, transportieren Sie mit dem SAP-CI/CD-Service oder SAP Cloud Transport Management, mit beidem oder keinem davon? Darauf gibt es keine pauschale Antwort. Denken Sie vielmehr über Ihre Anwendungsfälle und Ihre Anforderungen nach. Fragen Sie sich selbst:

- Welche Abstraktionsebene ist für Ihre Anwendungsfälle sinnvoll? Müssen Sie in der Lage sein, die Konfiguration der Server zu beeinflussen, oder reicht es, zu wissen, dass Ihr Code nach dem Aufruf einer bestimmten URL ausgeführt wird?
- Welche der neuesten Angebote und Technologien sollten Sie aufgreifen, um Ihre Services zu differenzieren, und wo ist es effizienter, weiterhin auf Ihre ausgereiften und vertrauten Lösungen zu setzen? Waren beispielsweise die neuen Funktionalitäten der Paketzustellung wie »Ihr Paket ist noch 7 Stationen entfernt« sinnvoll?
- Wie können Sie am besten einen Mehrwert für Ihr Unternehmen schaffen? Lohnt es sich etwa, alle Benutzeroberflächen mit einem soeben veröffentlichten Framework umzugestalten, weil es auf Twitter als **die** neue Technologie angepriesen wird? Oder sollten Sie Ihre Zeit lieber in eine neue Workflow-Engine investieren, mit der Sie Ihre Arbeitsabläufe produktübergreifend orchestrieren können?

Mit der Entwicklung Ihres Unternehmens können sich die Antworten ändern. Überprüfen Sie daher von Zeit zu Zeit den Status zu diesen Überlegungen.

Letztendlich ist die Technologie nur ein Mittel zum Zweck. Sie wird eingesetzt, um effiziente Lösungen für unsere Herausforderungen zu schaffen. Es wird im Laufe der Zeit immer bessere Lösungen geben, aber wenn Sie wegen der vielen Implementierungsdetails in Schockstarre verfallen, werden Sie keinen Mehrwert schaffen. Fangen Sie an, schauen Sie, ob Sie die Situation mit Ihren aktuellen Werkzeugen lösen können, und passen Sie den Plan an. Die einzige Konstante ist das Lernen. Ich vertraue darauf, dass Sie es schaffen werden!

Sie haben das Buch gelesen und sind mit unserem Werk zufrieden? Bitte schreiben Sie uns eine Rezension!

☛ Unser Newsletter

Bleiben Sie stets informiert!

Aktuelle Neuerscheinungen und exklusive Rabattaktionen einmal im Monat per Mail direkt an Sie:

Melden Sie sich noch heute an unter *http://newsletter.espresso-tutorials.de*.

A Der Autor

Tobias Steckenborn ist Prokurist der Consolvis GmbH, einem auf SAP-Business-Technology-Platform-Lösungen spezialisierten Unternehmen. Von Bahrain bis Neuseeland hat er in verschiedenen Branchen und in unterschiedlichen Großprojekten für diverse nationale und internationale Kunden gearbeitet. Dabei agiert er meist an der Schnittstelle zwischen IT und Fachbereich.

Zuvor war er Business Process Consultant der SAP Practice Unit for Utilities in EMEA, wo er sich auf die SAP Service Cloud und die Verbesserung von Geschäftsprozessen mit der SAP Business Technology Platform konzentrierte.

B Index

Z

C Disclaimer

Die in diesem Werk wiedergegebenen Gebrauchsnamen, Handelsnamen, Warenbezeichnungen usw. können auch ohne besondere Kennzeichnung Marken sein und als solche den gesetzlichen Bestimmungen unterliegen. Sämtliche in diesem Werk abgedruckten Bildschirmabzüge unterliegen dem Urheberrecht der SAP SE, Dietmar-Hopp-Allee 16, 69190 Walldorf.

In dieser Publikation wird auf Produkte der SAP SE Bezug genommen. SAP, R/3, SAP NetWeaver, Duet, PartnerEdge, ByDesign, SAP BusinessObjects Explorer, StreamWork und weitere im Text erwähnte SAP-Produkte und -Dienstleistungen sowie die entsprechenden Logos sind Marken oder eingetragene Marken der SAP SE in Deutschland und anderen Ländern. Business Objects und das Business-Objects-Logo, BusinessObjects, Crystal Reports, Crystal Decisions, Web Intelligence, Xcelsius und andere im Text erwähnte Business-Objects-Produkte und -Dienstleistungen sowie die entsprechenden Logos sind Marken oder eingetragene Marken der Business Objects Software Ltd. Business Objects ist ein Unternehmen der SAP SE. Sybase und Adaptive Server, iAnywhere, Sybase 365, SQL Anywhere und weitere im Text erwähnte Sybase-Produkte und -Dienstleistungen sowie die entsprechenden Logos sind Marken oder eingetragene Marken der Sybase Inc. Sybase ist ein Unternehmen der SAP SE. Alle anderen Namen von Produkten und Dienstleistungen sind Marken der jeweiligen Firmen. Die Angaben im Text sind unverbindlich und dienen lediglich zu Informationszwecken. Produkte können länderspezifische Unterschiede aufweisen.

Der SAP-Konzern übernimmt keinerlei Haftung oder Garantie für Fehler oder Unvollständigkeiten in dieser Publikation. Der SAP-Konzern steht lediglich für SAP-Produkte und -Dienstleistungen nach der Maßgabe ein, die in der Vereinbarung über die jeweiligen Produkte und Dienstleistungen ausdrücklich geregelt ist. Aus den in dieser Publikation enthaltenen Informationen ergibt sich keine weiterführende Haftung.

Weitere Bücher von Espresso Tutorials

Tobias Steckenborn:

Schnelleinstieg in SAP® Cloud Platform Workflow

- Optimierung des Geschäftsprozessmanagements mit SAP
- Modellierung von Geschäftsprozessen mit BPMN
- Gestaltung von Workflows auf SAP Cloud Platform
- Erstellung von Oberflächen zur Bearbeitung von Aktivitäten eines Workflows

http://5427.espresso-tutorials.de

Eik Sunke:

Cloud-Entwicklung in SAP HANA®

- Einstieg in die cloudbasierte Softwareentwicklung
- SAP-HANA-XSA-Plattform für eigene Softwareprojekte verwenden
- Entwickeln mit HANA CDS, Java, Node.js, Python und SAPUI5
- Inklusive vollständiger MTA-Beispielanwendung

http://5516.espresso-tutorials.de

Jörg Böke:

Schnelleinstieg in SQLScript für SAP HANA®

- Einführung in SAP HANA SQLScript
- Anwendungsbeispiele von SQLScript in Prozeduren, Funktionen und BW/4HANA
- SQLScript in ABAP Core Data Services (CDS) für Reportingzwecke
- Tipps und Tricks für den performanten Einsatz von SQLScript

http://5519.espresso-tutorials.de

Viktor Laufer, Rüdiger Deppe:

ABAP-Programmierung unter SAP S/4HANA®

- Entwicklungsumgebung: HANA-Objekte mit Eclipse entwickeln
- Datenbankprogrammierung: Sichten auf der SAP-HANA-Datenbank anlegen
- Vergleich: SQLScript versus die alten ABAP-Befehle
- HANA-spezifische Techniken: Textsuche und Entscheidungstabellen

http://5533.espresso-tutorials.de

Johannes Gerbershagen:

Praxishandbuch SAP® Gateway

- Basis des Programmiermodells ABAP RESTful
- SAP-seitige Implementierung des OData-Protokolls
- Schnittstelle für UI5-Apps
- Praxisnahe Tipps für Entwicklung, Test und Debugging

http://5648.espresso-tutorials.de